文史述论

姚奠中 著

商务印书馆
The Commercial Press
创于1897

2015年·北京

图书在版编目(CIP)数据

文史述论/姚奠中著.—北京:商务印书馆,2014
(山右中文学术丛书)
ISBN 978-7-100-10914-7

Ⅰ.①文… Ⅱ.①姚… Ⅲ.①文史哲—中国—文集
Ⅳ.①C53

中国版本图书馆 CIP 数据核字(2014)第 275324 号

本书获得
中西部高校提升综合实力中央财政专项支持计划:
中国语言文学学科建设经费支持

文 史 述 论

姚奠中 著

商 务 印 书 馆 出 版
(北京王府井大街 36 号 邮政编码 100710)
商 务 印 书 馆 发 行
山西人民印刷有限责任公司印刷
ISBN 978-7-100-10914-7

2015 年 1 月第 1 版 开本 787×1092 1/16
2015 年 1 月山西第 1 次印刷 印张 19¾
定价:43.00 元

目　录

序　言

姚奠中先生的学术思想与实践

　　姚奠中先生是章太炎先生最后的一位弟子，也是当代少见的博学鸿儒。他淹贯经史子集，艺精诗书画印。冯其庸先生对他的评价是："雄才博学百年身，四海堂堂第一人！""论学于今推独尊，章门一脉赖传存。"霍松林先生也说："姚老奠中先生雄才博学，其人品学问书艺均为当代典范。"周汝昌先生的评价是："姚奠中先生身为鸿儒，而通于艺者亦造上乘……非等闲可望其项背。"近日，这位大儒于山西大学家中安坐仙逝，习近平、俞正声、刘云山等党和国家领导人以及学术界、文化界的许多名流，先后用不同方式表示哀悼。认识与不认识而前来吊唁的人多达二千余。人们在痛惜、哀悼一代大师离去的同时，也在思考这样一个问题：用当代学术界普遍采取的评价指标——项目级别、课题经费、文章档次、专著数量等来考核，姚奠中先生似乎表现平平，何以当代几位泰斗级的前辈对他却有如此高的评价？何以会得到这么多人发自内心的尊崇和景仰？我们在梳理姚先生的学术思想及其治学实践的过程中，发现了其中的奥秘。

　　百年来，在西方文化的冲击下，中国学术由以札记、评点、注释、考辨为主要形式的研究格局，变而为纵横驰骋的论说、演绎。由对精神内核的把握与探求，变而为对问题的学科归类与系统研究。虽说成果累累，前所未有，然而中国学术也由此改变了原初的方向，逐渐脱离了传统以健全人格为第一要义的治学宗旨与明道救世的治学理念，而走向了以著述为能事的技术性竞争；

用西方概念规范中国学术成为普遍法则，中国文化的精魂在被规范中不断流失；学者以专深为能，以填补所谓空白为荣，而不知博通融贯、回真向俗。学术研究失去了为人类创造健康、快乐、幸福生活服务的原则，变成了少数人谋生、获利的手段。"学而时习"的"不亦说乎"，为论文生产的数量、质量要求带来的疲惫、焦虑所取代。学术与人格分离，学术与人生分离，学术与社会分离。著作等身，人格萎地，剽窃之风，愈演愈烈，学界英俊，接连早逝，这一幕幕现实，变成了时下的哀叹曲。然而正是在浩浩荡荡的人群于"西行"颠沛之中发出无奈的感叹时，回首发现了姚奠中先生——这位充满欢乐的百岁老人，他坚守着中国学术传统的方向，笃志进德修业，由此而成就了他的高尚人格、雄才博学与百岁之躯。千百万人"高山仰止"的感受和敬意，正是在这样的背景下产生的。

　　著名学者吴相洲先生说："姚奠中先生是中国学术正脉的守护者。"我认为这个评价十分精准。所谓中华学术正脉，就是未被西方观念和概念所规范的中华传统学术。正是在对中华学术的坚守中，姚先生成就了他的百年辉煌人生。

　　姚奠中先生是如何守护这个中华学术正脉的呢？我们可从以下三个方面来论述。

一、秉持"修己治人"的治学理念

　　早在 20 世纪 40 年代，姚奠中先生就精辟地概括中国学术说："中国之所重，惟在所谓'内圣外王'之道，亦即'修己治人'之道也。虽间有偏重，而大较则不出此范围。道家然，儒家亦然，其他各家亦无不然。而西人于此等问题，则远不如中国之博大精深也。"（《姚奠中论文选集·论治诸子》）"修己"是要提升自己；"治人"是要用智于世。这是中国传统的一种治学理念。孔子说："古之学者为己，今之学者为人。"荀子也说："君子之学也，以美其身；小人之学也，以为禽犊。"这是两种不同的价值取向。"为人"则是"小人之学"，其目的是把学问作沽名钓誉之具，以著述为能事，夸博于世，邀取名利。"为己"则是"君子之学"，旨在"美身"，提升自己的精神境界与人生智慧，以求用于"化民易俗"的济世事业中。清儒李容在《与友人书》中曾说："著述一事，大抵古圣贤不得已而后作，非以立名也。"又批评他的朋友说："比见足下以其所著诸书，辄出以示人，人之服我者固多，而议我者亦复不少。其服我者，不过服我之闻见精博，能汇集而成书也。其议我者，直谓我躬行未懋，舍本趋末，欲速立名，适滋多事也。"意思是说专事著述，拿著作向人炫耀，是一条舍本趋末之路。

从 20 世纪西风始倡之日起，中国学术界就开始把这条"舍本趋末"之路合法化、合理化，到 20 世纪后期"趋末"之学变本加厉。大学校园里在纯粹以项目、成果论英雄的价值导向下，出现了延聘、缓聘、低聘、解聘等等的用人政策，使得很多学人——从博士生到教授，在生存竞争与利益驱动之下，变成了生产文章、著作的机器，失去了"健全人格"的概念，也失去了以健康、快乐、幸福为原则的人生目标。很多人已无暇考虑内在精神的提升或如何去培养德才兼备的人才，而是一心为著述、为论文、为博士文凭、为职称、为绩效工资、为虚荣奋斗。许多书不是去读，而是检索、查找，在电脑上搜索，根本谈不上"学而时习之"。读书的目的是要在其中获取信息，网罗写文章的材料，提高文章生产效率，快出成果，多出成果，而不是提升自身的修养。在生存压力下，有人焦虑、抑郁，甚至自杀；有人人格变态，沦为文窃；有人为争"高产"，而付出生命代价。

在这种潮流中，姚先生则始终坚持"君子之学"的原则，他曾为学生拟定十则教条，其中第一条就是"以正己为本"，而他自己则躬身行之，终身不倦。他并不是没有受到时代潮流的冲击，但他知道，提高自身的素质与人格境界比著述更重要。因而不汲汲于去做著述竞争，而是把读书、看报、自省当作每天的功课，以人格修养为第一要义。为此他也曾失去了本来可以获得的学术荣誉和地位，但他没有表示出一点儿遗憾来。最终他却获得了他人想获得而未能获得的崇高声望，达到了常人难以企及的人生境界。这种境界的标志，便是能为人所不能为。今略举数端以为明之：

时下学界时因经济而生纠纷，而姚先生则视金钱为济世之物，"凡民有丧，匍匐救之"，每邻人有丧或国家有难，他上礼、捐资，往往是山西大学最多的。生前他把百万存款捐给社会，成立了国学教育基金；把书画捐给山西大学，建立了艺术馆。他的四个子女也各拿出了一部分钱，来支持父亲的义行。这不仅反映了他自己修养所达到的境界，而且也反映了他由"正己"而确立的"以从义为怀"的家风。

时下高校教师多以著述为能事，而姚先生则始终定位自己是一位教师，育人始终被放在第一位。学生上门求教，从不拒绝；社会上的求学者，也络绎其门。对他教过的本科生，大多他都能呼出其名。在1978年为他平反、恢复教授名誉的大会上，学校的一位领导在念到他的名字时，特意做了介绍，说："此人很有学问，是老师的老师，希望他能为国家多培养些人才。"所谓"老师的老师"，即对他学问的肯定，也说明了他不仅教学生，也在教老师。具以使自己成名的文章，对他来说反成了余事。临终前在医院的病床上，大夫问他是谁，做什么的，他用左手吃力地写了五个字："姚奠中教师"。

时下知识群体每以张扬个性为美，稍有成就，便以大腕自居，恃才傲物，难以容人，有谁说自己水平不行，那便会终身成仇。姚先生则以仁人之心对待身边事物，允恭克让，从不给人难堪。有一年他负责职称评审，当他夸一位老学生材料不错时，一评委告他："你这学生在背地里还骂你呢，你不值得为他说话。"姚先生却出人意料地说："政策又没有规定，说学生骂老师就不能评职称的呀。"他的宽容大度，让在场的人都感到吃惊。

时下学人重著述而轻修养，著述之外，兼诗、书、画、印者寥若晨星，而姚先生则把读书、治学、书法、绘画、篆刻等俱当作了人生修养的课程，将这几方面的知识和体验，融汇一体，熔铸成了他的人文素质。20世纪80年代，先生到柳州参加关于柳宗元的学术研讨会。与会代表参观了柳侯祠后，会议承办方准备了纸墨笔砚，希望学者们能留下墨宝。姚先生则即兴作诗，挥毫立就。其诗曰："迁客何妨去柳州？好山好水足相酬。牛刀小试终堪慰，民到于今说柳侯。"不仅用词贴切，而且立意新颖，境界高远，笔力雄健，为在场者所叹服。

这就是他人生修养所达到的一种境界。他像一棵大树，或许如他自号所云，是一棵"老檬"。从经济学的角度来看，"其大本拥肿而不中绳墨，其小枝卷曲而不中规矩"，没有经济实用价值。然而他巨大的绿荫，营造了一方文化生态，成为我们时代的一个文化标志。无数旅途疲倦者，在这里休息、避日、解困，振作起了继续前进的精神。当这棵大树失去的时候，人们顿时会感到空虚，精神似乎失去了归依。有人觉得姚先生在山西无人不晓，凡与他接触过的人，无不感受到他的人格魅力。可在娘子关外，却知者不多。但要知道，一个人最了解他的就是自己周围的人。如果周围人对他的评价很高，这说明此人名不虚传。如果周围的人对他评价低，而在外名头却很大，这多半为江湖术士之类。我有一个比喻：火有两种，一种是虚火，一种是实火。虚火老远都能看见，像房屋失火，即属此类。这种火连红薯也烧不好，给周边人带来的只能是灾难。而实火，远处看不见，周边人却能感受到它带来的做饭烧水的实惠。姚先生就是这样的实火。

"治人"则是要"用世"，要对现实问题进行思考。姚先生在给学生拟定的教条中，强调"以用世为归"，这里体现出的是一种责任感，一种使命感。追根溯源，章太炎先生推崇的明末清初的大学者顾炎武就曾说过："君子之为学，以明道也，以救世也。"（《文集》卷四《与人书二十五》）"明道"、"救世"，这体现的是一种胸怀，一种境界，一种以天下为己任的精神。章太炎先生本名炳麟，字枚叔，之所以要叫太炎，就是出于对顾炎武先生崇敬的缘故。他说："上天以国粹付余。自炳麟之初生……至于支那闳硕壮美之学，而遂斩其统绪，国故民纪，绝于余手，是则余之罪也。"（《太炎文录初编·癸卯狱中自记》）不难看出太炎先生那种强烈的文化使命感来。作为章太炎先生的关门弟子，姚先生继承了章先生的这种传统，他在讲台上给学生说："现在的大学分科，历史系讲授的是世界史、中国史，把历史分成了两半；哲学系主要讲授的是西方哲学，中国哲学变成了附庸。只有中文系是以'中'字打头的，因此承传中国文化的使命就落在了中文系的头上。"从顾炎武，到章太炎先生，再到姚先生，我们从中看到了中国传统知识分子一脉相传的精神。这种使命，姚先生始终坚持着，坚守着，从而影响了他的学术价值趋向。他是在这种理念之下做学问的，因而在他早期的论文中，便频繁提到"民族之精神"、"固有文化"的问题，频繁提到中国学术特色的问题。而在此后的教学实践中，也无时不坚持此理念。他无论早年办荔汉国学讲习班，还是晚年设立国学教育基金，其志无不在于中华文脉之承传。此与时下唯名利是务者，其精神境界之高低相去何啻天壤！

二、坚守中国学术的传统路径

如果说"学以正己"、"学以用世"，这是治学的理念，那么坚守传统学术的路径，则是一个治学方法问题。姚先生在这方面最突出的有两点：第一，坚持文史哲不分，反对学科分割过细。第二，坚持秉本执要，反对用西方概念规范中国学术。

"坚持文史哲不分，反对学科分割过细"，这是针对当下所谓科学的教育与学术思想而做出的抉择。自从西方学术输入中国之后，"科学"思想便开始占据主导地位，建立分科的知识体系，成为现代学术的一个主要走向。这种分科的知识体系，非常有利于技术层面上的单项突破，也有利于问题深入，如终身研究诸子，就可把诸子中许多细微的往往根本不被人所注意的问题拿出来讨论，专著也可因此一本接一本地产出。也正因如此，科学思想与分科的实践，创造了现代学术的辉煌。但由此推进的结果，使得学科越分越细，越分越多。一个学科之中又分开了若干个方向。因此在大学校园里，出现了很多专业性很强的研究机构和研究方向，如"中文"学科里，一个古代文学，还要分开先秦、两汉、魏晋南北朝、唐宋、元明清等几个研究方向，搞"先秦文学"的不涉足于"唐宋文学"，搞"唐宋文学"的不过问小说戏剧。在一个语言学科中，也要分开古代汉语、现代汉语。而现代汉语中又要分开语法、修辞、方言、语言学概论等不同方向。历史、哲学等各个学科，情况都大致相同。最使人感到不安的是，在这种学科分割中，学科之间出现了高大的隔离墙。几乎每一个学科的人，都守护着自己的领地，如同封建诸侯一般。于是出现了一个新的名词："学术圈子"。属"圈子"中的成果，则要么写书评以捧之，要么摘引以宣之。若非"圈子"中人进入自己的领地，则要么以笔伐之，要么冷漠视之。此种风气愈演愈烈，以致学术失去了正常的评价判断。

在这种"分科知识体系"被强化的背景下，学校专业设置、教师职称评定、社科成果评奖、人才支持计划等等工作，都制定了相应的制度与评价标准。由此而形成了一条条著作技术生产线，"专家"丛出，"大家"消失。一个很显著的事实：在20世纪早期，由于有中国传统学术的早期教育和旧学功底，涌现出了如章太炎、王国维、胡适、郭沫若等一大批大师级的人物。而20

世纪后半期至今，在分科教育的培养模式下，半个多世纪过去了，文史哲领域却没有培养出一个大家公认的大师来。同时以此为背景的评价制度，使一些本可成为"大家"的人才，在所谓"没有稳定的研究方向"、"杂而不专"的非议中，被排出支持计划之列。一些狭小而偏的问题被发掘，且以创新与填补空白的名义被宣传、奖励。而一些重大的综合性的问题，却无人问津。这种种问题引起了有志之士的担忧。

在这种潮流中，姚奠中先生则始终坚持着"以小学为基础，文史哲不分"的治学传统。他认为：当下分科的学术格局，虽然有利于具体问题的深入，但并不利于问题的根本性解决。面对具体问题的时候，"具体分析"固然重要，但更应该注意"整体把握"。整体把握下的具体分析，才有可能把问题看透彻。站在地球上看太阳，认为太阳围着地球转是颠扑不破的真理。但如果站在宇宙间看，则发现正好相反。学术研究也是如此。但要整体把握，就必须有广阔的学术视野，拆除学科之间的隔离墙。庄子在《天下篇》中提出过两个概念，一个是"道术"，一个是"方术"。所谓"道术"，就是对事物做全面性、整体性把握的学问，是对道的全面体认，所把握的是基本精神。而"方术"则是拘于一方的学问，它所得到的只是事物的局部，根本不能把握大道的基础精神。"方术"是由"道术"分裂而形成的。方术之士各执一端，就像是耳目口鼻，虽都有各自的功能，却不能相通。鼻子能嗅到味，却不能嗅到颜色，嘴能尝出酸甜，却不能尝出声音。把事物割裂开来分类认识，自然难以获得对事物本质的真正把握。现在这种过细的学科分类，其实就是庄子所说的"方术"，学者也变成了庄子所谓的"一曲之士"。此虽然有利于一得之见，但对学术整体的发展十分不利。

正是基于这种认识，姚先生在指导研究生时，一直强调要从小学入手，由小学入经学，通文史，而后归于诸子。他认为，只要把这个基础打扎实，在这个基础上就可以要文而得文，要史而得史。但要走他这条路很艰难，因为这要有很大的知识储备。如同用铁制器，要打造一根针很容易，有一点铁就够了，而要打造一个锤子，显然几百根针的铁也不够。而且针可以扎得很深，锤子却不行，没有深度。这在一般人看来，就是锤子不如针了。正是由于针"投入少，产出多"，所以学术界人们都争着去做"针"，在自己专业的一亩三分地上，做上几年，就成专家了，立起一面旗帜，建立一个高地，自己便称起老大来。但要知道，锤子砸下去产生的震撼力，是一千根一万根针也做不到的。而且一个锤子的铁，既可以打造很多针，也可以造茶杯、茶壶、菜刀等等的许多工具。但若只是一根针，那就只能是针，其他的什么也做不了。现在大学校园里培养人才，大多是在制造针，而不是制造锤子。姚先生也深明打好"国学"根基之艰难，因此对于学生，他根据不同情况，因材施教。对年龄偏小的，则要求从小学入手。而有些学生对小学没有兴趣，或者年龄偏大，他则强调文学史必须通，历史必须要读，这则是硬性要求，而且还要布置这方面的作业，不允许学生只抱住唐或宋一小段文学而不及其他。他自己则是经史子集，不曾偏废。因而读了《姚奠中讲习文集》，很难说出他搞的是历史还是文学，而书画界的专家，又把他认作是泰斗。这就是文史哲融通的结果。

为了打破"分科知识体系"培养人才的局限，姚先生几十年来，一直想在太炎先生教学经验的基础上，结合自己的教学经验，建立一套新的教学模式，并落实于教育实践中。有人曾做过研究，民国时期，章太炎先生一人培养的著名文史学者，比北大、清华加起来都多。其中一个原因，就是因清华、北大采用的是西方的分科教育模式，而章太炎先生则是传统的"以小学为基础，文史哲不分"的教学模式。故而姚先生相信，要想培养大家，就需要坚持走"以小学为基础，文史哲不分"的路。但是因受到现行教育观念与教育体制的制约，始终未能实现。这成了他晚年的一大遗憾。2007年，山西大学国学研究院成立时，姚先生信心百倍，以为他的教育理念有望得以实践了。当得知国学院不能招收本科生时，他非常沮丧，但也很无奈。在给章念驰先生的信中说："我教书六七十年，局于'功令'之内，很难有所作为。不愿随时俯仰，却终于无可奈何。"

其次是"坚持秉本执要，反对以西方概念规范中国学术"。百年来，中国人从社会界到学术界，都不约而同地进行着一项工作，即以西方人的概念规范中国人的行为。在学术界最先是胡适、冯友兰，他们把西方的概念拿来，大谈方法论、本体论、宇宙论等，把中国哲学割裂成西方哲学的模式。许多人只感到这样的观点很新，而却不考虑这样做的结果，使中国学术的精神在失血中逐渐消亡。到20世纪后期，各个领域几乎全部为西方概念所占有。用支解中国学术的方式，迎合西方的理论，几乎成为一种时髦。在许多学者的笔下，经常是一串西方人的名字和西方人的语言，而自己却只能跟着西方人说，有学者称此为"失语症"。甚至出现一种很让人悲丧的情况：一旦中国的实际不能满足西来概念要求的条件，便会有人感到羞惭，以为"技不如人"。而一旦中国的实际越出了西来概念的范围，便不惜削足适履。一个显著的例子："国学"作为一个承传中国文化知识体系与价值系统的学术载体，至今在大学校园落不了户，一个重要的原因就是不符合现行的学科分科规则。然而却很少有人思虑：在现行的学科专业中，还没有哪个学科可以替代国学的。不少高校成立了国学院，将文史哲三个专业的力量组织在一起，这是当下为救学科分割之弊采取的措施。但是许多国学院，无论是教学，还是科研，文史哲三股力量仍在"自治"，并不能真正地融合。原因在于分裂已久，如同水泥，已各自凝固。所以这种合起来的文史哲，与文史哲不分还是两个概念。

对于这种研究方式，姚先生在 20 世纪 40 年代所撰写的《论治诸子》中就开始了批评。他批评胡适、冯友兰说：像他们这样做学问，把中国的学术按西方概念来划分，把要害的东西都丢掉了。他们所说的方法论、本体论、宇宙论等问题，中国学术中虽然也有，但不是中国学术的本质，而是皮毛！比如先秦诸子，其所论核心问题就是"修己治人"，而并非所谓的宇宙论之类。基于此种认识，姚先生始终坚持用传统方法研究传统学术，对西方的研究方式与概念只做参考，而不为其所左右。对问题不是从理论或概念出发，而是始终面对事物本身。不做长篇大论，而是短小而精，直奔主题，一针见血。不求建构什么大的理论和体系，而是解决阅读中存在的问题，辨明是非，求文本之意义获得澄清。如他的《书注与读书法》《论治诸子》《〈庄子〉内篇间绎》《〈礼运〉大同辨》诸文以及读书札记，无一空论，无一不是为解决读者困惑而发的，实践的意义非常突出。

当下也有不少学者发现中国学术被西方概念绑架而导致的传统断裂的危机，于是在不同的研究方向上不约而同地发出了"现代转型"的呼声。这种提法是有问题的。因为我们是站在全人类利益的高度来看待文化的。一种文化对人类的未来有好处，我们就要接受它、推广它，而不是站在某种文化的立场上，来为它的生存着想。如果把自己定位为儒家，就要谈儒家文化怎样转型，要为儒家的继续生存、发展考虑。有人谈道教文化的现代转型，那显然又是站在道教信徒的立场上来考虑问题的。谈古代文化的现代转型，那显然是站在民族文化本位主义的立场说话的。但这不利于异质文化交流、融合，也不利于正确认识、分析民族传统文化。我们现在要打破民族本位主义，从全人类的整体利益来考虑问题。要考虑怎样才能把各种文化中最精髓的内容提取出来，为人类未来发展服务。

中国传统学术是在不断汲取新的文化营养的基础上发展起来

的，它是人类积累了五千年的智慧之果，这种文化有一种博大的胸怀和气概，它面对的是全天下，而不是某个个人、民族和国家；追求的是万世太平，而不是眼下的利益。这种文化蕴含的智慧和价值体系，只有通过中国传统学术的路径才能发现、汲取，如果用西方的一套观念和概念来分析它、归纳它，它的精髓便会丧失。同时，也只有打破文化本位主义，才能对这种文化做出正确的认识和估价。

三、践履"回真向俗"的学术路线

"坚守传统学术路径"是治学的方法，而"回真向俗"则是治学的方向、路线选择。姚先生曾书录章太炎先生《菿汉微言》中"自揣平生学术，始则转俗成真，终乃回真向俗……"一节，悬于书屋，这里反映了他对太炎先生的怀念，同时也表达着他的学术思想与志趣。对太炎先生提出的"回真向俗"，学人有不同理解。而姚先生的"回真向俗"，则切实地表现在他"以博学为知，以用世为归"的追求中。"真"是对知识的追求，对学术问题的研究，"博学"即体现着对"真"的把握。"俗"则是对现实的关注，对当下问题的思考，"用世"即要将知识、学问变成一种眼光和智慧，来分析处理现实中遇到的难题。这就是"回真向俗"。《礼记·学记》中提到君子要"化民易俗"的问题，此中蕴有提高全民素质的指导思想。"向俗"也意味着要"化民成俗"，使社会更多民众得到良好的知识培养。今人每言"深入浅出"，其实这也是"回真向俗"的一种表现形式，"深入"追求的是"真"，"浅出"面向的是"俗"。只有"深入"，才能"浅出"；只有得"真"，才能化"俗"。

"回真向俗"的学术路线选择，是一个学者社会责任感和文化使命感的体现。现代学术界，由于受到西方价值观与当下学术价值体系的左右，大批学者出于功利目的，一味追求理论创新、填补空白之类的学术荣誉，"弃俗从真"。一些面对社会大众的读物，在不少高校不仅不算学术成果，甚至不计"工分"。这样，逐渐形成了一种观念：研究的问题懂的人越少，就表示水平越高；多数人关注的问题，反而被认作缺少学术含量。把研究变成了名利经营，无心向民众说话。一些水平高的学者，则视学术研究为高级娱乐活动，只要学术圈子里有几个人说好，自己便洋洋得意起来。

姚先生则不然，他不以解决学术难题为高，而以解决眼下所需要的问题为要。他觉得自己是教书的，首先需要研究和解决的应该是教学问题。因而为了教学之需，他编写了《中国文学史》《中国哲学史》《中国史略》《中国古代文学作品选》《先秦文学》《汉魏六朝文学》《唐宋文学》《元明清文学》等讲义，虽未编讲义但曾讲授过的课目有"说文研究""庄子研究""中国戏曲史""文艺学""中国文论""汉书艺文志""中国文学史十讲"等，还多次应中学教师之需做中学语文教学的约题讲座。当时在中文系，若有哪门课没有人上了，只要领导说一声，或学生有要求，自己便义不容辞。像如此繁多的教学课目，又涉及了文史哲三个不同的学科，一般学者一是难以胜任，二是很少愿意去做。尽管这些讲义大多浅显、通俗，没有多少学术性可言，但要言不烦的"秉本"之论，却体现了他的学术眼光和功力。

其次是解决教学中遇到的问题。姚先生把自己的文集命名为"讲习文集"，就很能说明问题。姚先生解决的是哪类问题？又是如何解决问题的呢？举例来说，柳宗元的《江雪》是普及读物及中小学教材中都曾出现的的篇目。元、明以降很多人分析这首诗，都认为这首诗的主题是写渔翁的。有人说渔翁是高士，有人说是隐士，还有人说是穷苦百姓。而姚先生的分析是：诗的题目是"江雪"，说明它重在写雪，写寒冷的环境。"千山鸟飞绝，万径人踪灭"，漫漫天地间看不到一个人影，自己就在那个寒冷的环境下生活，表现出了冷酷的环境对作者心灵造成的压力。所以这首诗的重点不是写渔翁，而是通过渔翁体现出了作者在严酷的环境中坚持奋斗的精神。再如白居易的《长恨歌》，也是大中学校的教材中出现的，许多人认为是写唐玄宗和杨贵妃的真挚爱情的，姚先生则抓的是标题的"恨"字，恨什么，谁在恨。想一想，大难临头，唐明皇为了保全自己，让杨贵妃去送死。杨贵妃难道不恨吗？《长恨歌》里写杨贵妃没有死，她不愿意见唐明皇，因为她恨死他了。再如王昌龄《芙蓉楼送辛渐》，"寒雨连江夜入吴，平明送客楚山孤"，这也是一首妇孺皆知的诗。但这两句诗是什么意思，人们并不甚清楚。李汉超解释说："夜入吴"的是诗人和他的朋友。社科院编的《唐诗选》也说：诗是写寒雨之夜，诗人陪客进入吴地。但是既然是送客"夜入吴"，为何又说是"平明送客"，这不相互矛盾吗？姚先生则抓住诗的标题，认定"送客"地点在"芙蓉楼"，又抓住"平明送客"四字，认定"送客"的时间是"平明"，主语是诗人。由此而认定，"入吴"的不可能是诗人，而是"雨"。像这样的问题，在大学者看来太小了，不值得思考，但这却是千百万人都熟知的古典名篇，其解释的错误称之"误人子弟"，亦不为过，故不可不认真对待。这种文章看起来容易，实则颇显功力，也见境界。因为要摆脱现行学术评价体系的制约，思考社会需求，调整研究方向，需要有一种超越世俗名利的精神。只有为大众着想，为人类五千年智慧与文化精神的承传着想，才有可能做到。同时还需要有一种水平，能在别人以为没有问题的地方发现问题，在别人以为有问题的地方看到不存在问题，这都需要有功力。因此姚先生"回真向俗"的学术思想，体现出的不仅仅是学术观点，更重要的是学术水平与胸襟、胆量、境界。

　　人文学科研究的目的，是建造人类精神文明的灯塔，让人类的航母在灯塔的指引下，沿着健康、快乐、幸福的航线平稳前行。姚先生的学术思想与实践证明，坚守中国传统学术正脉，有利于健全人格，达到人生的最高境界；有利于把握和领悟中国文化的基本精神，并在这种精神的驱动下，确立人文学者的社会角色，投身于现实"化民易俗"的实践中，从而完成建造人类精神文明之塔的使命。而一个世纪的"西行"之路，我们看到的结果却是：学术的大繁荣掩盖下的人类精神大坠落。人文研究完全背离了原初的目的而走向了反面。不可否认，西方的学术研究路线，在知识层面的开掘上远高于中国传统学术，然而在精神的层面，完全失去了引人向上的功能。如何调整当下学术的研究方向与方法，完成人文学科为人类建造精神文明之塔的使命，姚先生坚守中华学术正脉的治学实践，已给出了答案。

刘　毓　庆

书注与读书法

一

古书之难读，由于古语古事之不明；古语古事之不明，由于训诂考据之不备；训诂考据之不备，是书注之未臻完善也。是以欲明先哲之精神，则必先读先哲之书；欲先哲之书读之溥，则必先使其书昭然著明，怡然理顺，而注疏整理为首要矣。

然此大业，未能猝成，于注疏未经整理之前，而欲学者之不废简册，则于此困难之中，犹当有其读之之法，庶不至因难而退，荡灭旧贯，使民族之精神，竟坠于地也。今更申整理古注与读古书之法于次。

二

自昔注书者，或曰传，或曰笺，或曰解，或曰诂，或曰训，或曰说，或曰记，或曰微，或曰述，或曰学，或曰章句，或曰解故，或曰说义，或曰注疏，或曰通释，或曰义疏，或曰正义，皆其流也。语其阙也，则汉氏之传注，尚未明经之什五[①]；语其芜也，则释五字之文，至于二三万言。[②] 阙则晦而不明，芜则劳而少功，此其所以未善也。予尝论经传以下书注之失约分三端：

一曰：但明典故，而不详本义也。如郭璞之释《尔雅》也。于"哉"、"俶"、"落"、"权舆"、"始也"之下，则云：《尚书》曰："三月哉生魄"，《诗》曰："令终有俶"，又曰"访予落止"，又曰："胡不承权舆"。于"林"、"烝"、"君也"之下，则云：《诗》曰："有壬有林"，又曰："文王烝哉"。此皆但言其出处，而"哉"、"俶"、"落"、"权舆"之何以训"始"，终未明也。"林"、"烝"之何以训

"君"，亦未明也。又如李善之注《文选》也，于傅季友《为宋公至洛阳谒五陵表》"伊洛榛芜，津涂久废"下注云："《蜀志》许靖《与曹公书》曰'袁术方命圮族，津涂久塞'。"于"伐木通径，淹引时月"下注云："《东观汉纪》曰'岑彭伐树木开道，直出黎丘'。"此皆广采群书，而于"榛芜"、"津涂"、"淹引"之旨，固未明也。

二曰：但录事实，而不求诂训也。如《文选》于刘越石《答卢谌书》"国破家亡，亲友凋残"下注云：崔鸿《前赵录》曰："刘聪僭位于平阳"，又曰："聪遣从弟曜攻晋，破洛阳"，又曰："遣子粲攻长安陷之"。而于"凋残"之义则不言也。又如裴松之注《三国志》，则备采异文，详录佚事，文语之释，初不涉及。（文繁不俱引）

三曰：但诠大旨而不问字诂也。如王逸注《楚辞》屈平《卜居》"屈原既放三年"下云："违去郢都，处山林也。""不得复见"下云："建造策谋，披胸心也。""蔽障于谗"下云："遇谄佞也。""心烦虑乱"下云："意愤闷也。""不知所从"下云："迷瞀眩也。"而于各句之文字，竟不释矣。

以上三失，皆非作注者之学识不博，用力不勤，乃因其注意点之不同，故遂失解书之本旨。至于训诂之未精，考据之未确，与夫"望文生义"、"增字解经"之类，此属于作注者本身之功夫与其本书之优劣，此不俱论也。

三

上既言古昔书注之失如彼矣，则读之者，自不易了。而整理之方，不可不求也。盖注书者，欲其意不明者，因注而遂明也；事不知者，因注而遂知也，故必训诂考据，二者并备而后可。兹拟作注之要点如次：

一曰字音：凡本读、异读、叶音之属属之。

二曰字义：凡本义、引申、借义、通用之属属之。

三曰名物：凡草木鸟兽、典章制度，异名同实，同名异实之属属之。

四曰故实：凡史实掌故之出处始末之属属之。

一二为训诂之事，三四为考据之事，若以此为例，就各书之所涉及者，依次而释，则整齐划一，条理井然矣。清季朴学者流，学博力勤，于此二事，皆优为之；然其弊也，又多失之繁芜，故以王伯申、郝兰皋之博精，其所为书，犹多冗辞，此则剪裁之功，亦注书之要事也。如：《释诂》"哉"训"始"，郝氏疏之云："哉者，才之假音。"《说文》云："才，草木之初也。"经典通作"哉"。《尚书大传》云："仪伯之乐舞鼖哉。"《诗》云："陈锡哉周。"郑俱以"哉"为"始"也。郭注下文"茂勉"，引《大传》"茂哉，茂哉"，《释文》或作"茂才"。《书》云："往哉汝谐"，《张平子碑》作"往才汝谐"。"哉生魄"，《晋书·夏侯湛传》作"才生魄"。是才、哉，古通。

按此一段，除明"哉昔为才"外，但举一有力之证即可，不烦多引。而正续《经解》诸儒之著述，繁冗尤甚，所以不免"支离破碎"之诮也。[③]此言为注者，但当求其义之昭晰而已。

四

上既明各书注之短矣，而其长亦可得而论。故读之之法，必先明其短长。盖各书之注，以其注意点之不同，故必偏废，然亦其偏废之故，而有偏长。约而言之，可分四类。

一曰详训诂（包括考据而言）：汉儒之书是也。

二曰明大义：宋儒之书是也。

三曰备掌故：《文选》李注之类是也。

四曰重文法：世俗之文注是也。

因之四长，衡以所需而用之，自异于盲目求之者矣。盖世之读书者，其目的所在，亦不外四端。

一曰欲求深造也，二曰欲求应用也，三曰欲求多闻也，四曰欲学文章也。

如欲求深造，则当先求训诂之通。欲求训诂之通，则当精研于文字形声义之学，而后可以据之以明大义，而后可以因之以获新义，而后可以明前人之所未明，通前人之所未通，而后一经群经，至于诸子百家，无不淹贯，要必以一名一字之彻底始。

如欲求应用，则当首以大义为重。虽训诂之事，仍不可废，然于古注之中，但择其善者为依据，固不必一言一物，事事研讨之也。故一篇之内，要义不过数点，一卷之中，精华亦自有限，取其助我而已，何必尽详。

如欲求多闻，欲学文辞，则习掌故储其材，别文法以利其器可矣。然此于读书之事亦末矣。且为文者，首须"言之有物"，次须"言之有序"。亦即所谓"持之有故，言之成理"也。而有物，有序，有故，成理者，必先预之以学。故留意于掌故文法者，仅可为初学言之而已。

五

要之，整理书注，为发扬固有文化中刻不容缓之事，唯与民国以来整理国故者之所为有别。盖整理书注，欲其"简"、"当"，而整理国故者，犹绎其余绪也④。至于书注既善，学者易攻，其效之大，可不待言矣。今学者苦无善注，但能先定本身读书之目的，而后因其所需，以定进行之途径，庶亦不至徒劳少功也。

此文特就平居读书所感之困难，加以思索整理而成，所引之书，取当发凡，不赅不备，在所难免，识者倘就其意而教之，则幸甚！

作者附志

1943 年 5 月

注释：

① 章太炎先生常云：马郑注《尚书》，能解者仅得十分之五，至清代孙星衍、江声，始明其六七，王引之、孙诒让始明其七八，余始明其八九，馀（余）一分尚须诸生勉之也。

② 桓谭《新论》云："秦近君说《尧典》篇目，十万余言，但说'曰若稽古'三万言。"

③ 自魏晋义疏以来，迄于清季，疏证日繁，一字之释，往往数十百家，连篇累牍，转相抄录，若一一分析之，而其字之义，或仍未解，此最宜剪裁者也。

④ 时贤之整理国故者，恒以科学方法为标帜。然考其所为，亦仅为古书多增数解，而此数解，又未必能合于原意也。至其造说不根，牵强附会者，尤不在少。所为益多，繁芜益甚，是国故终未能整理也。

论治诸子

引　言

　　诸子初兴之时，各尊所学，各行所知，其所言论，皆与当时社会相切合，虽各家注意之点不同，而其人俱存，则与世无隔阂之忧。即其人云亡，而其党徒或皆亲见闻而知之，虽有改易，其大体不至隐没也。及旷日既久，传授都绝，"言语异声，文字异形"（此指语言文字之流变言），而后人所处之时势，又与古迥不相侔，于是诸子之言，"暗而不明"。后之人，或理其训诂，或征其事迹，虽用力之勤，而其能否得诸子之真，未可知也。韩非有言："孔墨之后，儒分为八，墨离为三，取舍相反不同，而皆相自谓真孔墨，孔墨不可复生，将谁使定世之学乎！"（《显学》篇）况居二千余年之后，而尚论二千余年之前者哉！然学术之进展，在于因故而创新；学者之任务，欲其穷原以竟委，惟其[1]得真之难，而治之之术，乃不可以不究，爰以所见，略陈于次。

一、论前人治诸子之得失

两汉以来

　　秦火而后，诸子销声，向歆父子之《七略》，乃有整理诸子之专篇，然其言仅曰：某家者流，出于某官，其长何在，其弊如何而已。（《汉书·艺文志》即袭《七略》者）其渊源当否，今所不论，即其所论"长"、"弊"，亦仅视某一流派之趋势，于各家固未能一一深究也。（刘向《别录》间有存者，亦仍止概括各书之大意

---

　　[1]　编者注："惟其"同"唯其"，下文同。为尽量保留原文早年面貌，故此。

而已。)

魏晋人偏好《老》、《庄》，平叔、辅嗣与阮、嵇诸人，偶有妙论，然每与《老》、《庄》本旨不合，以其思索多而用功少也。郭子玄唯以自然解《庄》，亦殊蔽于时习，虽成一家言，亦不免"六经注我"之嫌。故其成就，未为多也。自兹以下，迄于宋、明，研习诸子者，诚亦有之，殊少创获可言。

清儒于经典而外，旁及诸子，校勘辑轶，以至注疏，一时称盛。其著述之大者，如《孟子正义》(焦循，原属经部，今以入子部)、《庄子集释》(郭庆藩)、《荀子集解》(王先谦)、《墨子间诂》(孙诒让) 之属，所长乃在名物训诂，考据之事，寻其义理，每不贯彻。其见于《读书杂志》(王念孙)、《诸子平议》(俞樾)，所谓"豁然冰释"、"怡然理顺"者，亦特在章句之间，不及一书之通旨，一人之学说也。故即搜绍绝学而言，清人之功，为不可没，然其成就，亦适至是而止。

现代各家

胡适之曾言："至章太炎，始于校勘、训诂之外，别成一有系统之诸子学。《原名》、《明见》、《齐物论释》，皆为空前著作。其所以如此精至者，以其精于佛学，先有佛家之因明学、心理学、纯粹哲学，为比较印证之资，故能融会贯通，于墨、庄、惠、荀学说中，得一系统"，云云。(详见《中国哲学史大纲·导言》) 此言太炎先生之成就，在其于诸子之能做系统之研究，而其所以能得系统，则在以佛学、心理、哲学比较印证。胡氏所评当否，今所不论，唯胡氏之作《中国哲学史大纲》，实即欲采用此法，而以西洋哲学为比较印证之资也。

近人治诸子，皆喜比附西洋哲学，观其书中，充满"宇宙论"、"本体论"、"方法论"等名词可知，而胡适之、冯芝生实为其冠。(胡、冯二氏尚不拘泥其名词) 不知于中国各家学说无深刻之研究，则比附大未易言也。（以下就哲学史立论，以哲学史中诸子为主要部分故也。）

蔡孑民之序胡氏《中国哲学史大纲》也，极推重其"倚傍西洋哲学"，"以构成适当形式"之为难能，冯芝生于其《中国哲学史》之《绪论》中，首即谓"今欲讲中国哲学史，其主要工作之一，即就中国历史上各种学问中，将其可以西洋所谓哲学名之者，选出而叙述之"，是胡、冯二家皆以西洋哲学为骨干以研究中国哲学，而周秦诸子部分，彼等亦即以此法治之也。

然所谓"倚傍西洋哲学而构成适当形式"者，以中国本无此形式，而不得不倚傍西洋以构成此形式也；夫以本无此形式之诸子，而加以外来固定之形式，其吻合与否，与吻合之程度如何，与是否有削足适履之弊，至足虑也，且其可以此形式括之者，为全部，抑一部？为主体，抑枝节？其不能以此括之者，皆为无价值，抑尚有价值？此皆首宜注意之问题也。

又所谓"就中国历史上各种学问中，将其可以西洋哲学名之者，选出而叙述之"者，是先承认中国学问仅一部分可以西洋哲学名之也，此言极有分寸，而吾人更宜注意者，则在除此一部分外，是否尚有高深精要，最可宝贵之学问在也。

就中西哲学之实质而言，其不同至为显著，其同者非枝节，则其表面也。西洋哲学中之宇宙论、本体论、价值论、方法论之属，诚皆可以由中国诸家学说中抽出之；然此所抽出者，显非诸家精神之所在，盖彼主于求"知"，此主于求"用"，基本态度即不同也。如老、庄、孟、荀之言宇宙（即言天、言自然等），非以求知宇宙之底蕴，乃在于说明"人……法自然"（《老子》二十五章），"天地与我并生"（《庄子·齐物论》），"存其心，养其性，所以事天"（《孟子·尽心上》），"天有其时，地有其材，人有其治，夫是之谓能参"（《荀子·天论》）之人生行为而已。以其目的之不同，故其论宇宙之处，皆就直观所得之自然现象而为言，若以此类材料为某家之宇宙论，则其不如西人之博大精深，固其所也。（西人宇宙问题之复杂，及派别之多，皆远非中国所可及。）至于本体、价值、知识、方法等问题，则中国亦从无此等纯粹之学说。中国之所重，唯在所谓"内圣外王"之道，亦即"修己治人"之道也。虽间有偏重，而大较则不出此范围。道家然，儒家亦然，其他各家亦无不然。而西人于此等问题，则远不如中国之博大精深也。故胡、冯二君之方法，即使于其所画范围内，可以自圆其说，然绝不能以此而得诸家学说之精神，亦不能视为治诸子之方法也。至二君之著作之成就如何，则亦非此文之所能论矣。

准上所言，是古今各家于治诸子之学，虽所得深浅不同，然其治之之法，实未臻完备也。

二、论治诸子应有之基本功夫

入与出

荀卿有云："慎子有见于后，无见于先；老子有见于诎，无见于信；墨子有见于齐，无见于畸；宋子有见于少，无见于多。"（《天论》）又云："墨子蔽于用，而不知文；宋子蔽于欲，而不知得；慎子蔽于法，而不知贤；申子蔽于势，而不知知；惠子蔽于辞，而不知实；庄子蔽于天，而不知人。"（《解蔽》）夫惟其有见，故有卓特独得之知；惟其有蔽，故各是其是，各非其非，而不能相通也。

今欲见诸子之所见，则必登其堂，入其室而后可。汉学尊师承而重家法，其蔽良深，然欲知汉学之底蕴者，则非求助于师承家法不可。诸子虽无明显之师承家法，然一家之学，不容以别家之观点观之，亦不容以别家之思想乱之也。尽捐成见，"不以所已藏，害所将受"（《荀子·解蔽》）。寝馈游息其中，然后可以"自彼则不见，自知则知之"（《庄子·齐物论》）。吾人每初读一书，即辄以好恶私意是非上下之，则于昔人卓特独得之知何由得见？终亦一无所得而已。

至欲去诸子之所蔽，则又必出其藩篱，尽脱羁绊而后可。儒墨之是非，儒墨不能自定也，而必兼知儒墨，不囿一方者始能定之。各家之是非，各家不能自定也，亦必兼知各家，不囿一隅者始能定之。若"学一先生之言，则暖暖姝姝，而私自说"（《庄子·徐无鬼》），终必"见笑于大方之家"而已。故"大知观于远近"（《庄子·秋水》），而后能知"通道为一"，而后各家之得失，乃有可言。故凡世人之固陋者，皆能入，而不能出者也。

异与同

庄生有言："自其异者视之，肝胆楚越也；自其同者视之，万物皆一也。"（《德充符》）此为治一切学术之常法。盖天下无绝对相同之二物，亦无绝对不同之二物也。故自其异点观之，无物不异；自其同点观之，亦无物不同。惠施所谓"万物毕同毕异"是也。求其异，所以得其特点；求其同，所以观其会通。能异则精深，能通则博大。

中国哲学与西洋哲学之不同，前已言之。而宋明理学，复与周秦诸子不同，儒道名法，又各不同，孔、孟、荀不同，老、庄不同，商、申、韩不同，惠施、公孙龙不同。同一"道"也，老、庄、孔、孟、荀、墨皆不同；同一"仁"也，儒、道、墨各家亦皆不同。即就诸子中任提一问题，无二家绝对相同者。孔子之言修己也，以"忠"、"恕"为本，盖以己为度而以行为实践者也。大学之言修己也，以格物、致知、诚意、正心为本，是先以知识心理之修养为基，而后见于行为也。孟子之言修己也，以"存心养性"为本，而后及于"居仁由义"也。老子之无为也，乃"为之于未有，治之于未乱"（《六十四章》）。庄子之无为也，乃"顺物自然，而无容私焉"（《应帝王》）。韩非之无为也，乃以法为准，而不用私知也。此其相异之处，正其特点所在，亦即其学说所以能独立者也，能求其异，斯得之矣。

孟子言性，荀子亦言性，其注意之问题同。孟子称"人皆可以为尧舜"，荀子称"涂之人可以为禹"，其结论同。孔子之"信而好古"，老子之"执古之道"，其法古同。孔子云："礼云礼云，玉帛云乎哉"（《阳货》），老子云："礼者，忠信之薄"（《三十八章》），其务本同。孔子赞大舜之"无为"，尧之"民无能名"，老子、庄子并称"无为"，其理想同。孔孟崇仁义，墨子亦崇仁义，儒家尚贤，墨家亦尚贤，其用以治世之术同。墨子尚功利，宋钘亦尚功利，荀子亦尚功利，韩非亦尚功利，其所尚同。荀子重礼，韩非重法，其实质同。周秦诸子各"持之有故，言之成理"（《荀子·非十二子》），魏晋玄学、宋明理学，亦各"持之有故，言之成理"，其皆占学术史上之重要地位同。中国诸子以下，为文史诸学外独一学术，其言论各有其理则，其思想各有其系统。西洋哲学亦然，其学术之性质同。哲学所以领导人生，科学所以扩大人生，其为人生同。凡此不可殚举。此其相同之处，正其学与他学息息相关之处，而其学之价值与应用，亦于此始能表见也。能求其同，斯得之矣。

荀卿论制名之要曰："推而共之，共则有共，至于无共而后止，……推而别之，别则有别，至于无别而后止。"（《正名》）名固如是，实亦宜然。此即异同之术，亦即今世所谓"分析"与"综合"之术也。

参验与默契

韩非云："无参验而必之者，愚也；弗能必而据之者，诬也。"（《显学》）孟子云："以意逆志，是为得之。"盖昔人之情，与今人之情，有其同；而昔人之时势，与今人之时势，有其异。有其同，斯有可通之理；有其异，斯有隔蔽之忧。惟其异，故必取于参验；惟其同，故可会以默契也。

孟子攻杨墨为"无父"、"无君",征之杨墨之书,不然也。荀子谓"庄子蔽于天而不知人",征之庄书,不然也。以立场之不同,非有古今之差也。王弼以"自然"解《老》,以《老》解《易》,征之《老》、《易》,不然也。苏轼谓"李斯以荀卿之学乱天下",征之荀、李之书,不然也。(李斯无书,散见于《史记》各篇。)邹衍称"儒者所谓中国者,于天下,乃八十一分居其一分耳",儒者所谓九州,乃九州之一,(详见《史记·孟子荀卿列传》)征之事实,非尽唐大无凭之词。禹平水土之事,诸子所称与其他经籍,皆可参互印证,而今贤以欧美运河拟之,而不置信,细按诸书,揆其情理,未见有可疑之点也。故于时移世异,异说杂陈之际,所可以为依据者参验而已。

"知其不可为而为"(《论语·宪问》),"天下有道,丘不与易也"(《论语·微子》),孔子之人格,即见于此。"天地与我并生,万物与我为一"(《庄子·齐物论》),"今也以天下惑,余虽有祈向,不可得也,不亦悲乎?"(《庄子·天道》),庄子之胸怀与忧世之情,亦皆可见。孟子以齐宣、梁惠,皆可王天下,世人皆可以为圣人;于修己,则"反身而诚,乐莫大焉"(《尽心上》);于治人,则"以齐王,犹反手也"(《公孙丑上》),其乐观之状跃然在目。荀子言修养,则"化性起伪"(《性恶》);言行事,则"端悫诚信"(《修身》);言为学,则"锲而不舍"(《劝学》);言治国,则"礼义节奏"(《强国》),其戒惧之貌,亦俨然可见也。故荀子"诵数以贯之,思索以通之"(《荀子·劝学》),因其言语行事,以体会其心情与人格,与其学说之动机,与其所感之问题,则对其人其书,皆可有具体之认识,亦即所谓默契也。

如上所云,虽不必能得诸子之真,亦固当免于浅尝固陋之诮,而亦庶可以得攻错之益。至于校勘、训诂、考据、整理,斯皆另有专攻,此所不及也。

1948 年 2 月于昆明

诸子略论

诸子所处的具体时代，是春秋末到秦统一（约公元前479—前221）的二百五六十年。这时期的时代特点，就是社会大变乱。旧奴隶制的周王朝的典章制度之类，一起由瓦解而走向全面崩溃，而新封建制，才在各地刚刚开始，还远远没有完成。司马迁在《史记·自序》中所说"春秋之中，弑君三十六，亡国五十二。诸侯奔走不得保其社稷者，不可胜数"，指的还仅是瓦解崩溃的前一阶段；到后一阶段战国开始时，周初所封的几百个国家，已剩下没有几个了。一般叫作"战国七雄"的赵、魏、齐、楚、燕、韩、秦等大国，已大半属于新兴政权了。随着旧贵族的垮台，新贵族的兴起，把一切礼乐、文教、风习都打乱了。而这中间在政治、文化上最活跃的，就是各类知识分子——"士"。所谓"百家争鸣"局面，就是在这样的基础上形成的。班固在《汉书·艺文志》上登录有著作流传到汉代的人，就有一百八十九家。分为流派，则叫作"九流"——儒、道、阴阳、法、名、墨、纵横、杂、农，再加小说，则叫作"十家"。他说这些家"皆起于王道既微（指周代衰亡），诸侯力政（指新兴各国），时君世主，好恶殊方。是以九家之术，蠭（同蜂）出并作；各引一端，崇其所善，以此驰说，取合诸侯"，说明了诸子兴起的历史背景和政治目的基本符合实际。由于这些人大都有学问、有能力、有眼光、有抱负，而且多半过着和平民相近的贫困生活，这就使他们对社会的了解，远远超过一般统治阶层。他们关心政治，反对黑暗，勇于干预现实，为改革现实出谋划策，提出一系列自成体系的方案；与此同时，他们也努力探索人生，探索社会与自然，从而得出一些规律性的结论。这就使诸子散文的思想内容，达到既十分丰富，又十分充实的地步。在写作方法上，他们个个都能自辟蹊径，各具特色；既具有相当严密的逻辑力量，又多半具有鲜明的写作风格，给后人创造了多方面的经验，树立了良好的典范。尽管由于他们的阶级出身、政治经历、思想路线不同，表现于作品中，也自然会有进步、落后之别，但这些绝不能机械地拿来对待某人、某家，而应具体人、具体事、具体作品，做具体分析，以达到批判继承的目的。先秦诸子，现在能看到的不足二十种。就散文看，应以《论语》、《墨子》、《孟子》、《庄子》、《荀子》、《韩非子》为代表，而《管子》、《老子》、《商君书》、《晏子春秋》、《鬼谷子》、《公孙龙子》、《吕氏春秋》中，也有不少好文章。

先看《论语》：

《论语》一书，不是孔子的作品，而是"孔子应答弟子时人，及弟子、时人相与言而接闻于夫子之语"（见《汉书·艺文志》）的记录。实际执笔的人，是孔子的几个学生和学生的学生。它虽不是孔子所写，但以记录孔子的言行为主，而所表达的思想内容，也正是孔子的思想。孔子的先世是宋国的贵族，他父亲做过鲁国的郰邑大夫。可是孔子三岁丧父，家庭贫困了下来，所以他后来回忆说"吾少也贱"。由于他是没落贵族，又好学，所以有机会广泛地学习贵族文化，对旧文化很有感情；又由于幼年生活贫困，接触的社会面宽，所以他的思想意识又能突破旧的范围而有所前进。他的一生，主要进行着两种活动：一是奔走各国，希望实现自己的政治抱负；一是广收学徒，培养人才，把希望寄托在下一代。前者失败了，后者却使他成为中国文化发展史上第一个巨人。《论语》中所表现的孔子思想的核心是"仁"。"仁"的最直接的解释是"克己复礼"，也就是要恢复到周礼，而所谓"正名"，则是政治上的具体措施。其目的是维护奴隶主阶级的统治，当然也有改良成分在内。所以孔子政治思想是保守的。"仁"的另一直接解释是"爱人"，这是要加强人与人之间伦理关系的维系。而"忠"、"恕"、"孝"、"悌"、"信"等等，都是由此派生的。这一套含有社会经验在内，虽对统治阶级的统治有用，但对人民之间的团结，也不是全无用处。所以孔子的人生哲学，对后世一直起着很大影响。作为散文的《论语》一书，虽一般被称为"语录体"，一两句或几句话就是一章，不成篇幅，但也有一部分完整的短篇，写得很好。像《子路、曾皙、冉有、公西华侍坐》章，写了几个学生和孔子的谈话，反映了他们师生间的教学生活，也流露了孔子的寂寞心情。当子路等三人在老师要求下叙说自己的愿望和信心时，而曾皙却那样散漫地鼓着瑟；孔子问他的志愿，他所答竟是及时行乐。奇怪的是孔子却"喟然叹曰：吾与（赞成）点（曾皙的名字）也"。文章中不但写了对话，还把这几个人物的动作、态度、言谈、语气和心情都表现了出来，显得生动活泼，达到散文的很高水平。其他如《季氏将伐颛臾》、《楚狂接舆》、《长沮桀溺》、《子路从而后》等章，都写得很好。《论语》值得重视的还有一点，就是：从总体看，简直是一本以孔子为中心的传记文学。它所创造的孔子这一人物形象，是一个"仁者"的代表。他富于同情心，富于正义感；博学而又谦虚，谨慎而又倔强；章节虽不一定连贯，但却把孔子的仪态、动作、声音、笑貌，刻画得十分鲜明，尤其是连孔子的内心世界、思想感情、精神状态，都一一揭示了出来，给人以具体的美的感受。有一次，孔子的学生子贡见孔子想做官却不肯放下架子，便借个比喻来问道：这里有一块美玉，您看是："韫椟（藏物的匣子）而藏诸（之乎）？求善贾（价）而沽（卖）诸？"（用匣子藏起好呢？还是找个出高价的卖掉好呢？）孔子回答说："沽之哉，沽之哉，我待贾者也。"（我是要卖的，我是要卖的，我只是要等好价钱呀！）双方都用的比喻，却说得那样坦白！孔子在卫国，有一天去拜会了卫灵公夫人——漂亮的南子，子路知道了，很不高兴，便把孔子急得赌咒；又一次，子路问："假如卫灵君要您替他治国，您先抓什么?"孔子说:"抓'正名'。"子路批评说:"有这样做的吗? 先生真太迂阔了!"孔子立刻来了个反批评，说子路太粗野，接着提出来有名的"正名"理论。这种例子，俯拾即是。写出活生生的人，没有一点概念化。说明《论语》运用语言的技巧，已达到很高的程度。

再看《墨子》:

《墨子》一书，也不是墨翟自己写的。也是墨子死后，学生们的记录的汇集。墨子生在孔子之后、孟子之前，那时儒家学说已盛行一时。他早年也是"学儒者之业"的，可是发现了儒家的弊端，因而采取了反对儒家的态度，特别反对儒家的礼、乐和"厚葬"、"六服"。他组织了强有力的学派，也是政治团体;他不怕吃苦，专门舍己为人。他为"兼爱天下"的理想奋斗了一生。《墨子》书中的中心思想是"兼爱"。"兼爱"是无差别地爱，爱的实质则是"利"。他认为空说爱人，而对人无利，那就毫无意义。把爱具体到实利，正是平民的观点。和一般儒家所标榜的"仁"，有本质的不同。"兼爱"的另一面是"非攻"。儒家也反对攻战，但墨子的"非攻"，不是空话，它不仅是理论，更重要的是实践，要能做实际反抗。他派他的学生带着他的守城器械，去替宋国守城（见《公输般》），便是具体说明。至于他的《尚贤》，也和儒家尊贤不同。他主张"农与工肆之人"，只要贤能，就举他管理政治，儒家根本不可能。他在一定程度上代表了工人、农民等劳动者的利益和愿望。其他《非乐》、《非儒》、《节用》、《节葬》等篇都是从改善人民生活出发，而反对统治阶级的奢侈浪费的。所以《墨子》中，除过《天志》、《明鬼》作为推行学说的手段，带有宗教性的落后一面外，墨子在先秦诸子中，是进步倾向很显著的一家。《墨子》散文的最大特点，是明白如话。他为了提高宣传效果，使用通俗的语言，旁征博引，比喻多方;对每一问题，常反复强调，层层推进;深入浅出，以理服人。他在《非命》篇中，提出立论的标准，即所谓"三表"，即"有本"、"有原"、"有用"："上本于古者圣王之事"，"下原察百姓耳目之实"，"废（发）以为刑政，观其中（合）国家百姓人民之利"。也就是说，要根据历史经验，观察社会现实，通过实践来检验效果。这三个标准，使墨子的散文，更富于组织性和逻辑性。《墨子》书中，还有用对话记叙轶[1]事的，如《耕柱》、《贵义》、《公孟》、《公输》等篇，有故事，有人物，也很具有文学气味。

再谈《孟子》：

《孟子》一书，是孟轲和他的学生万章、公孙丑等人合写的。其中语录体的札记部分，应该是学生的记录，而长篇论辩部分，则可能为孟子本人的笔墨。孟轲（公元前372—前289），邹县（今山东邹县）人。他生长的时代是战国中期，正是学者和政治家最活跃的时期。他在这个人才辈出的时代里，高举孔子的旗帜，成为儒家的大师。但我们对于孟子，不只是看他和孔子相同的地方，更要看他和孔子不同的地方；不重在他因袭前人，而重在他个人的创造。由于时代不同了，孟子所要服务的对象，已不是鲁定公、哀公一类的奴隶主统治者，而是齐宣王、梁惠王一类新封建阶级的君主。因之，他的思想和文章，不是为旧贵族唱挽歌，而是为新主人画远景。他发展了孔子的"仁"为"仁义"、"仁政"，他认为"仁政"的基础是解决好人民的经济生活问题。首先要使人民有"恒产"，而"恒产"的目标是使他们"仰足以事父母，俯足以畜妻子，乐岁终身饱，凶年免于死亡"，具体措施，则是实行"井田"。有些人把孟子主张的"井田"说成恢复奴隶制，那是闭眼瞎说。孟子所说的"井田"是"八家同井，井九百亩"，每家有百亩私田，另替公家代耕十亩作为租税，税额等于收入的十一分之一；另有五亩作为住宅和搞副业。这样就可以保证"八口之家，

---

[1]　编者注："轶"同"逸"，下文同。为尽量保留原文早年面貌，故此。

可以无饥"，老人们也可以"衣帛食肉"，试问世界上哪有这样好的奴隶生活呢? 实际上这只是孟子的一种美妙的幻想，尽管实现不了，但却体现了他改革现实的善良愿望。他要求统治者"省刑罚，薄赋敛"，"不违农时"，来发展生产。他反对"争地"的侵略战争和残酷的剥削压迫，他指出之所以出现"庖有肥肉，厩有肥马，民有饥色，野有饿莩"的事实，是因为统治者"率兽食人"。他认识到人民对巩固统治的重要性，提出"民为贵"的论点。他指责桀、纣那样的君主是"一夫"，杀了他们不算弑君，如此等等，使他的散文内容，具有鲜明的人民性。所以就哲学思想看，孟子基本上是唯心论者，有不少形而上学的论点；但从文学上看，他却始终面向现实，反映现实，并企图改革现实，写出了不少十分感人的好作品。

孟子自述和齐宣王的一次长谈(《牵牛章》)，是一篇代表作。他首先用"仲尼之徒无道桓文之事者"一语，斩断齐宣王对齐桓、晋文霸业的向往，转上了对王道的宣传。他用诱导启发的方法，抓住对方的一件小事 (不忍见牛死)，指出这点动机就是"仁"，就是"仁政"的开端。一面迎合对方的野心，批判他的方法；一面引导他通过"推恩"走上"保民而王"的道路。然后提出原则、重点和方案。作者在文中全处在主导地位。他可以使对方迷惘、笑、悦、"笑而不言"以至谦虚起来完全被征服。真写得既从容又曲折，有层层譬喻，有有意夸张，有正说，有反说，有论证，而归结于所要进行的宣传。它的艺术成就，特别在于它能使读者如闻其声，如见其人。

孟子以"善辩"著名，所以他的书中，论辩的文章占着主要位置，特别是有些长篇的论辩，更是气势充沛，笔锋锐利，立论驳议，挥洒自如。他善于抓住论敌的特点，单刀直入；有时却从容不迫，迂回前进。至于旁征博引、譬喻、寓言，无不得心应手，达到了写作技巧的高度。像《齐桓晋文之事》章 (写仁政)，《庄暴见孟子》章（写与民同乐），《夫子加齐之卿相》章（写养气），《有为神农之言者》章（批判农家），《好辩》章（距杨墨），《鱼我所欲也》章（写舍生取义），《宋轻将之楚》章（写义利之辨），《齐人有一妻一妾》章（刺钻营）等等，都是有名的篇章。试看《有为神农之言者》章，一开始叙述了：许行师徒和陈相、陈辛兄弟两批人到滕国来参观孟子所推行的"仁政"和井田试验。陈相一见许行，便被许行的言行征服了，而对孟子的一套起了怀疑，并从学说上提出了挑战。许行学说的核心是，好的君主，就要"与民并耕而食"，要求君主和农民一起劳动，一起吃饭，免掉一切剥削，比孟子的"仁政"彻底多了。孟子如果驳不倒许行，在滕国就待不下去。孟子一下子吃透了许行所鼓吹的绝对化了的"并耕"说，意味着否定社会分工，于是从容不迫地从生活细节上设问：许子吃饭吗？粮食是自己种的吗？穿衣吗？布是自己织的吗？戴帽吗？帽料也是自己织的吗？用锅做饭，用铁器耕地吗？锅和农具也是自己做的吗？答复是只有粮食是自己种的，其余都是用粮食换的。孟子再问一句：为什么不都自己做，都从家里拿出用算了，何必麻烦地到市上换这换那。逼得陈相只好说"百工之事，固不可耕且为也"。这一下就被孟子抓住了："然则治天下，独可耕且为与！"连百工都不能兼办，难道治天下这样的大事，就可以兼办吗？接着便列举历史上的圣帝明王如何费尽心力来为民办事的故事，对陈相做正面教育，进一步严厉批评陈相跟许行走，是背叛了学周公孔子的老师——陈良，而走向下流。至此，陈相全被批倒了，但还提出来许行的物价政策，孟子再予以批驳。文章便到此为止。从文章看，孟子用轻松的谈话引出对方的自我矛盾，然后展开凌厉的攻势，使对方没有还手的余地。而孟子的气概、语言、精神面貌，也使我们如见其人，如闻其声。

　　孟子自诩"好辩"，但除了大量论辩文外，还有像《齐人有一妻一妾》那样有故事性的短文，已具备小说的雏形，而《揠苗助长》、《弈秋教弈》等，则又是很好的寓言。他的散文，气势很壮，善于譬喻，尽管有些论点在逻辑上并不严密，而行文上却有难以抗拒的力量。

再谈《庄子》：

和孟子同时，出现了一位道家的大师——庄子。庄子之前，道家已经有创始者老聃和庄子常称道的列御寇、阳子居。但现在的《老子》一书，全文五千言，分八十一章，每章篇幅很短，基本上用韵，可称为哲理格言诗，不算散文。《列子》书，现存的是东晋伪书，阳子无书。只有《庄子》，是道家学说中惟一 [1] 伟著。

庄子（约公元前 355—前 275），名周，蒙（今河南商丘）人。曾做过漆园（今山东菏泽南）吏。他的生活很贫苦，穿着粗麻布衣，还打着补丁。曾向人借粮，还曾以编织草鞋为生。他不肯做官，曾拒绝楚威王的聘请。他是一个绝顶聪明而又博学的人。他对社会丑恶的现实极端憎恶，但对人却又有丰富的热情，他激烈、勇敢，但又消极、逃避。他苦闷、沉思，终于走入玄想。作为一个哲学家、思想家来说，他是一个唯心主义的大师；而作为一个文学家来说，却是一个伟大的浪漫主义的散文家。

庄周的书《庄子》，现存三十三篇。内篇七，大概是晚年作品，有完整的唯心论思想体系，但也不时发射着批判社会的光芒。外篇十五，杂篇十一，部分是早年作品，有很激烈的言论，主要针对当时的统治者；部分是自己思想的说明，可以看出他的一些正面见解；部分是门人的附益，仍包括一些精辟见解和一些轶事旧闻；只有《说剑》一篇，可能是庄辛著作的误入。

现在人一般说庄子代表没落贵族，主要因他的书中，有不少消极出世思想和理论上的主观唯心倾向而言。其实这种判断是不准确的。我以为不必这样硬划阶级。我们应该看他的言论：反对

---

[1]　编者注："惟一"同"唯一"，下文同。为尽量保留原文早年面貌，故此。

什么，赞成什么，为哪些人，站在哪个阶级立场上说话，来评价他的是非，而不应该把他的牢骚激愤和一些反话作为评论根据。我以为庄子思想的主要特点，是对黑暗现实所采取的批判和鞭挞态度。他敢于指出"君子"们制定的"经式义度"是欺骗，他警告利用"圣知之法"来巩固自己政权的统治者，终不能免为"大盗"所窃；他指出"窃钩者诛，窃国者为诸侯；诸侯之门而仁义存焉"，揭穿"诸侯"即"大盗"的实质，"仁义"为"大盗"服务的真情，直接鞭笞了统治者。进一步，他批判五帝三王，认为"五帝三王之治天下，名曰治之，而乱莫甚焉"；"大乱之本，必生于尧舜之间，其末存乎千世之后"。这是针对假借古圣来为统治者服务的政客们的。本来称颂五帝三王，是当时学界的风气，连商鞅那样"惨礉少恩"的法家，见秦孝公时都首先谈帝王之道，因之，对帝王的否定，就直接打击了那些奔走于侯王之门的政客们。再进一步，庄子揭露了躬行仁义的"圣人"。他借盗跖的话说孔子"作言造语，妄称文武"，"不耕而食，不织而衣，摇唇鼓舌，擅生是非"，"迷惑天下之主"，以"徼幸于封侯富贵"。结论是"盗莫大于子"。实际上画的是当时游士的丑恶嘴脸。最深刻的是庄子还指出"仁义""非人之情"，是使后世"人与人相食"的祸根！在几千年的阶级社会中，对统治阶级的一整套的批判，是再没有比庄子更深刻的了。他把整个阶级社会的罪恶看透了，这难道有半点为奴隶主阶级说话的气味吗？这就难怪他向往着原始社会的传说"甘其食，美其服，安其居，乐其俗"，而君主的责任，只应是"安其（指民）性命之情"，"顺物自然"，"无为"。这些诚然是庄子的主观幻想，但也可以成为推动人们追求美好生活的动力。

庄子散文在思想上的卓绝之处，主要在于他对残酷现实的深刻无情的批判。他敢于指斥当时的君主和"大盗"没有区别。因为"窃钩者诛，窃国者为诸侯"是当时常见的现实。他指责"君人"们制定的"经式义度"是一种"欺德"，而"赏罚"则使人民无法"安其性命之情"，他多次指出"仁义非人之情"是统治者欺骗人民的工具，其结果是"人与人相食"，他进一步指出"圣人"是盗贼的制造者，"圣人不死，大盗不止"，"掊击（打倒）圣人，纵舍盗贼，而天下始治矣"。他对各家所称颂的五帝三王，也一概予以抨击，说他们的治天下，"名为治之，乱莫甚焉"。就这样，统治阶级用以控制人民行为和精神的一切制度措施和理论依据，都在他的笔下显出了原形。值得注意的是，庄子这种极端激烈的言论，完全是从现实出发的，而且是出于热烈的同情心。他说："今世殊（诛）死者相枕也，桁杨（桎梏）者相推也，刑戮者相望也，而儒墨乃始离跂（抬足）攘臂乎桎梏之间！噫，甚矣哉！其无愧而不知耻也。"（《在宥》）血淋淋的现实，使他不能不激动，而以儒墨为代表的所谓"救世之士"，却跳着叫着，"摇唇鼓舌"以"侥幸于封侯富贵"，多么可耻！所以他自己坚决不做官，不"助桀为虐"。难怪他向往着"甘其食，美其服，安其居，乐其俗"的理想生活，难怪他想着"无君"、"无臣"的自由世界。当然他向往的世界，是不会有的，但这难道不是苦难中的人民求之不得的共同愿望吗？

所以，就对现实的观察来看，没有再比庄子深刻透彻的了，对黑暗的揭露，也没有再比他大胆勇敢的了，对人民肉体和精神所受的苦难，同样没有比他更痛切的了。因之，庄子的言论有非常积极的一面，即郭沫若所说"不失为革命的见解"的一面。但严酷的现实，他无法改变，于是陷入冥想，他要解决矛盾，结论是"无可奈何"，他要解脱痛苦，结论是只好"安之若命"。于是走向消极，走向出世，走向虚无！这显然是需要批判的一面。

"寓言十九，重言十七"，这是庄子主要的创作方法。也就是说全书十分之九是"寓言"，而"寓言"之中，十分之七是"重言"。"寓言"是编造个故事，来寄托自己的思想；而"重言"是编造故事时，借重古人的名字，以加强所说的权威性。由于庄子非常熟悉古代的神话传说，又十分熟悉各式各样的人物和自然界的万物万变，因而他能随手随口编出故事，运用丰富的资料和语汇，通过惊人的想象，巧妙的手法，来达到抒情说理的目的。他的书"差不多是一部优美的寓言故事集"（郭沫若语）。如果用西方浪漫主义的概念来套的话，庄子的散文，可以说最具有浪漫主义的特色了。《庄子》书中许多名篇，均是以若干故事组织而成的。从《逍遥游》、《齐物论》、《养生主》以至《秋水》、《至乐》莫不如此。在故事中，他塑造了一系列的人物形象。这些人物形象，特别是生活细节上，大都描写得具体生动，而更难得的是善于传神，他要读者"得意忘言"，而正以"不言之言"传达了言外之意的"神"。这对中国美学史的发展起了巨大的作用。

像《逍遥游》，既着重描画了大鹏的飞，又轻妙地描写了"蜩与学鸠"的"笑"；"笑"，既淡淡地嘲弄了小知小才者的不自量，又进一步说明大、小都有的局限。他就这样用故事形象来进行说理。像《齐物论》，连用十六个形容词来描写"万窍"的形状和声音，结合着总的声音、形状的描画来隐喻各家无意义的争辩。像《养生主》，描写"庖丁解牛"的动态和庖丁自述解牛的精神状态，即如何"以神遇而不以目视"，塑造了活生生的人物形象。《德充符》所写"子产"，自恃"执政"的骄矜，《在宥》所写"鸿蒙"的"游"，《秋水》所写"河伯"与"海若"的对话和"埳井之蛙"与"东海之鳖"的谈论，《盗跖》所写孔子的卑屈和跖的威严，《田子方》所写列御寇射，《则阳》所写"蛮触之战"……都写得形神兼备，正如鲁迅所评"其文则汪洋辟阖，仪态万千，晚周诸子之作，莫能先也"，而他对后世文学发展影响之大，也是很少有人能比的。

再谈《荀子》：

荀子是战国后期的重要思想家，是儒家学派的大师。儒家是从春秋到战国时代的势力最大的学派，而其代表人物，则除孔子之外，只有孟子可以和荀子并提。荀子本人的姓名、籍贯和生卒年，过去的记载上都不十分明确，所以我们要从这里说起。

荀本郇国之后，郇国为周文王十七子所封，地点在今临猗，字本从邑，旬声。但自《左传》以来，习惯都用草头荀。这和许国的许字本应作鄦，而习惯却写作许同例。荀子名况，时人尊称为荀卿。但同时又称为孙卿，这是由于"荀"、"孙"音近，口传易讹之故。和"荆卿"亦被称"庆卿"同例。《史记·孟子荀卿列传》称"荀卿，赵人"。战国后期，赵都邯郸，荀子是否可以说邯郸人？不行，因为不准确。我们认为荀氏祖先郇国在临猗。晋武公灭郇国，其后世为晋臣。献公时有荀息，墓在乡宁东十五里的柏山；文公时有荀林父、荀首兄弟。荀况是荀林父的后裔，见于《元和姓纂》（作者林宝，根据是荀氏家传）。他的故里在今安泽（今山西安泽县西北）。

本传说他"年五十，始来游学于齐"。"齐襄王（公元前283—前265）时，荀卿最为老师，齐尚修列大夫之缺。而荀卿三为祭酒焉"，"齐人或谗荀卿，荀卿乃适楚，春申君（公元前262始封）以为兰陵令"，"春申君死（公元前237）而荀卿废。因家兰陵（今山东峄县东五十里）"，"卒葬兰陵"。如果他在齐襄王十年（公元前273）到齐国，而那时五十岁，那他的生年当在周显王四十四年（公元前325）左右，楚春申君死于秦始皇二十五年（公元前222），则他当卒于是年之后。寿百岁余。孟子活动于齐宣王时期，荀子活动于齐襄王时期，相去五六十年。

战国是奴隶制彻底崩溃，封建制开始建立的剧烈变化时期，在时代的要求下，出现了百家争鸣局面。有书流传到汉代的一百八十九人，分为九个流派。其中最著名、影响最大的为儒、道、墨、法四家。

儒家重品德、重伦理、重教育；道家重自然、重自由、重性情；墨家重实践、重平等、重实利：法家重统一、重权势、重威慑。由于社会的剧变，他们服务的阶级对象不同，不能不随时调整他们的思想定论，但其面向现实，为改造现实而努力，却是共同的。即使被后人看作唯心主义出世思想严重的庄子，他的激烈的言论，对残暴的统治阶级来说简直是一个个的重磅炸弹！谁能说在改造现实中不起作用呢？

荀子生于各家之后，学习熟悉了各家学说，结合战国后期各国政治形势的现实，创立了他的学说，成为当时最大的学者，对总结诸子、开启未来，起了巨大作用。

荀子在学术思想上的巨大成就，不在于他吸收了前辈名家的长处，而在于他吸取每一家的学说的同时，都在原有基础上予以发展。他的学说的中心是"礼"，与之相辅而行的是"正名"。而"礼"和"正名"都是继承孔子而来的。孔子学说的核心是"仁"，而"仁"的实质是"礼"。"克己复礼为仁"，是直接对"仁"的解释。"仁"是指导思想，而"礼"是行为准则，而"正名"则是实现"礼"的必要步骤。但孔子提倡的"礼"是周礼，"正名"就是用周礼所定的名分来恢复已被破坏了的礼制。荀子的"礼"则既是指导思想，也是行为准则，但其实质却不是旧的周礼，而是从人类社会共同利益出发，建立一种新的社会秩序。所以他否定"世官"、"世禄"，而以能否实行"礼"作为阶级升降的标准。旧的王公大人之子孙，不符合这一标准，就降为庶人；反之，庶人之子孙能行"礼"，就可升为卿相大夫，把"礼"由维护阶级利益，变成打破阶级标准的工具了。这就大大发展了礼治思想。荀子的"正名"，也不是以周礼来正名分，而是确定事物之名，"制名以指实"，既要知道名无固宜，也要知道"约定俗成"。既而"明贵贱"，又要"辨同异"。这样就可以收到"名定而实辨，道行而志通"，也就是统一认识，统一思想的效果。比孔子的"正名"，丰富多了。孟子提倡王道，荀子也提倡王道，但孟子的王道的内容是"仁政"，出发点是"推恩"，目标是井田，同时反对霸道。荀子的王道，也注重以法服人，更重要的是通过尚贤使能、节用裕民等具体措施，做到富国、强兵，并以之作为行王道的基础，所以不反对霸道。可以说高纲领是王，低纲领是霸。比孟子更切实，符合战国时的实际。孔子谈人性，只说"性相近，习相远"；孟子则强调性善，说性是道法的根源；荀子也谈性，可是强调人性恶，说善是努力学习的结果。他们拿善恶来说人性，都是先验论，不科学。而说道法是后天的，则荀较孟为进了一步。孟子提倡法先王，荀子则提倡"法后王"，表面矛盾，实质并不如此。因为荀子自己也常提先王，而所谓先王是指周文武。他明确提出："文武之道"，"由之者治，不由者乱，何疑为"（《成相》篇），还每次提到周道，和孔子并无区别，只是反对"呼先王以欺愚者"而已。

春秋战国之间，天（上帝）的权威已逐渐动摇了，但孔、孟还谈"天命"。墨子更利用"天志"（《明鬼》）来推行自己的学说，只有道家对天的看法最进步，老庄都认识到天是自然，把万物包括人的变化，也看作不以人的意志为转移的不折不扣的自然规律，所以主张"无为"。而荀子除接受了他们的自然观而外，认为天不干预人事，人不必靠天，吉凶祸福不决定于天而决定于人，人只要认识自然规律就可以"制天命而用之"，把天人关系提高到一个全新的阶段，代表着新兴阶级积极向上的精神。

墨子较完整，即所谓"三表"法——上据历史，下看现实，最后看实践效果。但实行起来却往往被历史和现实中的现象所迷惑，抓不住本质。荀子不然：他既注重感官所及的现象，又注重心思所进行的推理，即由感性认识到理性认识。庄子谈理论修养有所谓"心斋"、"坐忘"，完全脱离了现实，荀子则提出"虚壹而静"几个字，虚是"不以所已臧害所将受"，壹是"不以夫一害此一"，静是"不以梦剧乱知"，显然是切实可行的。

名家以惠施为代表的"合同异"，以公孙龙为代表的"离坚白"，在逻辑思维上，对人的思辨，可以有启发作用，但荀子则从社会实践经验的角度上予以批判，对逻辑学的发展，起了促进作用。

在荀子面前，没有迷信，也没有绝对权威，对前辈学者他同意的予以肯定、发展，不同意的予以分析批判，在全面继承发展中创造了适应时代要求的新儒家。

下面谈荀子的法治精神。"四人帮"曾把荀子说成法家，而使之与儒对立，那是对荀子思想的极大歪曲。前边已提过荀子是儒家大师，对儒家学说有很大发展。前面也谈到作为他的中心思想的"礼"和"正名"，都源于孔子，这是一般思想史上谁也不能忽视的事实，不容抹杀。再从《荀子》全书来看：他的一生，讽诵的是《诗》、《书》、《礼》、《春秋》，信守的是仁义、孝悌、忠信，政治理想是"王政"、"王道"，最崇拜的人物是周公、孔子。是他把儒的地位抬到空前高的地位，天下哪里会有这样的法家呢？但是这不等于说荀子不重视法。他从战国末期的社会政治现实出发，认为只靠礼治是不行的，必须同时重视法治，使法成为实行礼和维护礼的强有力的手段。全书中经常礼、法并举，只是把礼放在第一位，法放在第二位而已。他说"隆礼尊贤而王，重法爱民而霸"，所以"学也者礼法也"，"非礼是无法也"（《修身》）。可见礼是第一位的，法是第二位的。所以他到秦国见到秦相应侯，应侯问到秦国的观感如何？他说第一是山川形势好；第二是百姓朴质、风俗好；第三是官吏严肃认真吏风好，高级官员出入公门没有私事，不拉扯，不搞团团伙伙；第四是朝廷上处理政务很迅速，工作效率高。可以称为"治之至"。但是政治空气很紧张，害怕天下人反对，原因是没有儒，不讲礼义（《正论》）。他还向秦昭王大讲儒教对治国的伟大作用（《儒效》）。可见他对法治虽是重视的、赞扬的，但不但不认为是十全十美，而且认为必须以儒家的礼义来统率，才是最好的，所以把荀子说成法家，完全错误。

荀子从根本看是儒家，但却是具有法治精神的新儒家。他对待"奸言、奸说、奸事、奸能，逃遁反侧之民"，要"教"要"须"（等待），要"责"要"罚"，而"才行反时者，死无赦！"（《王制》）。他认为"以善至者，待之以礼，以不善至者，待之以刑。两者分别，则贤不肖不杂"。他认为应该做到"无德不贵，无能不官，无功不赏，无罪不罚"（《王制》）。他认为"教而不诛，则奸民不惩；诛而不赏，则勤厉之民不劝"（《富国》）。他说"征暴诛悍，治之盛也。杀人者死，伤人者刑，是百王之所同也"，"治则刑重，乱则刑轻。犯治之罪固重，犯乱之罪固轻也"（《正论》）。他用民歌形式写道"治之经，礼与刑，君子以修百姓宁。明德慎罚，国家既治，四海平"（《成相》）。

所以荀子虽不是法家，但充分具有法治精神。这是儒家在新的政治斗争中，适应新兴地主阶级专政的要求的新发展。

秦代由李斯实行的是韩非的一套法家路线，得到最大的成功，但也暴露了最大的缺点，招致了最大的失败。汉兴改秦之败的结果，实行的基本上是荀学。荀学成为两千年封建专制社会统治思想。《汉书·艺文志》说儒"于道最为高"。法成了儒的组成部分。

再谈《韩非子》：

《韩非子》的作者韩非（？—前233），是韩国的庶公子。喜欢研究刑名法术之学。他曾和李斯一同拜荀卿作老师。李斯自己承认学问不及韩非。当时韩国已相当衰弱，韩非屡次上书给韩王安，无效，因而著书十余万言。他的书传到秦国，秦王政看到了大加赞赏，于是派兵攻韩，韩王派韩非去秦国求和，秦王想用他，却被李斯、姚贾害死。

韩非是法家学说的集大成者。法家商鞅明"法"，申不害重"术"，慎到强调"势"，他认为"法"、"术"、"势"都重要，不可偏废，而核心是"法"。同时他对诸子各家也都有所吸收。他继承了荀子由礼入法的趋向，而予以发展；对道家吸取了"无为"，而用以为"南面术"，并有《解老》《喻老》等篇，而道家"变"的观点，也据己而形成进化的历史观；对墨家"墨辩"和名家的名实论，都采用为自己的理论根据。但同时对于各家尤其是儒墨，又进行了尖锐的批判。他完密地建立了一套专制统治理论，所以很受秦始皇的欢迎。他的理论，在秦代是基本上实现了的。李斯全用他的学说，帮助秦始皇统一了六国，标志着法家的最大成就。但因把法绝对化，根本不要文教，结果民不堪命，二世而亡，又标志着法家的最大失败。在中国历史发展上，他的理论起了一定的推动作用，但在阶级斗争的角度上看，却有力地支持了统治阶级。当然像"刑过不避大臣，赏善不遗匹夫"（《有度》）的法治精神；"世异则事异，事异则备变"（《五蠹》）的发展观点；"无参验而必之者，愚也；弗能必而据之者，诬也"（《显学》）的科学态度，都具有进步意义。至于《说难》《孤愤》《和氏》《难言》等篇，则反映了当时智能之士的苦闷和处境的艰难。历史上的道术之士的悲惨遭遇，常使他痛心疾首而一再形于文章，是非常感人的。

作为思想家来说，韩非的贡献是不小的；作为散文家来说，韩非的成就，也非常突出，可作为战国末期散文的最大代表。本来法家最重视现实，要求随时代前进，韩非在这方面做了透彻的论述，结论是"世异则事异，事异则备变"。他反对复古，反对一切复古的言论，追求急功近利，主张"峭法""五刑"，认为"赏莫为厚，而信"，"罚莫为重，而必"。这种主张的进步性在于"法不阿贵"，"刑过不避大臣，赏善不遗匹夫"，除君主外，法对各阶层都是平等的。但由于强调法治的暴力镇压作用，为统治者残酷压迫和镇压人民，提供了理论根据。由于韩非把法令的权威绝对化，从而也把君主绝对化，于是对下要求绝对服从，反对辩论，从儒墨等"显学"，以至诸子百家，他认为都是有害的。秦朝的"焚书""坑儒""禁私学"等一系列政策，都是这种理论的必然结果。所以他的流毒就是长期的专制主义。韩非对自然界和社会事物的看法，是唯物主义的，他继承老子、荀子而予以发展。比老子积极，比荀子具体。他强调"听言、观行"来检验效果；通过"参验"来论定是非，表现了他对事物的科学态度。《韩非子》书中的五十五篇散文，是丰富多彩的。它是在刑名法术之学的指导下创造的一种条分缕析、组织严密、峻峭激切、独具一格的新文体。他长于说理，但说理必须"以功用为之的彀"，就是必须对国家政治有用才行。他不像荀子在辩论中常用决断语气说"是不然"，而是从容不迫地列举事实，分析道理，从而归纳出坚实的结论。他善于揭露矛盾，从矛盾揭露中，显示是非。特别是对论敌，常用"以子之矛，陷子之盾"的方法，使对方进退失据，然后阐明自己的论点。韩非对自己的论点，十分坚定；对错误的批判，不避任何权威。在辩论进行中间，总是从容、冷静，显得非常客观。对不同意见，总是用"或曰"二字提出异议，有时"或曰"之后，又来个"或曰"，客观地摆几种说法，引导读者共同进行分析。《难》一、二、三、四各篇，可做代表。四篇中，辩论了二十八个历史事件，来申明刑名法术之旨。文章的写法，完全是创造性的。韩非也有先提论点，后做论证的文章，像《内储》上下，《外储》左上下、右上下等六篇，每段都是先提出论点，然后以一系列的故事为证；每个故事都只用一语概括，联起来成为一个提纲，名曰"传"，成为后世"联珠"体的先导。韩非在写作过程中，大量使用对比手法。用现实中的事物相互对比，是常见的，而古今对比尤其突出。韩非散文中，还包不少"寓言"和"重言"。"寓言"全出编造，是小说的雏形；"重言"是借重真人真事，经过改造为自己服务，较之庄子，历史真实性更多些。其中有不少言近旨远、趣味隽永的作品。总之，韩非在散文史上，是有多方面贡献的，值得全面总结。

其他，不属于诸子，而实际却具有诸子散文特色的，有一部

《礼记》。过去把《礼记》作为"三礼"之一，作为儒家经典来尊奉，那是汉代儒家独尊之后被捧起来的，今天把它作为诸子散文来看，才符合实际。《礼记》这部书，是孔子和他的学生、以后的儒家学者所记所论和礼有关的文章的汇集。这些文章，有通论，有杂论，有制度，有杂说，有杂经。有取自《曾子》、《子思子》的，多数不知作者。从这些文章中，我们可以发现有许多值得称赞的作品。有的一篇文章就建立起一个理论体系，像《大学》、《中庸》、《儒行》、《学记》、《礼运》等都是。《大学》篇，提出了格物、致知、诚意、正心、修身、齐家、治国、平天下的一套理论，虽不免把复杂的社会政治问题简单化，近于主观幻想，但文章组织得层次井然，十分严密，颇有引人入胜之处。《礼运》篇，中心虽是强调"礼"的作用，但篇首提出的"大同"理想和"天下为公"的口号，却代表着诸子哲学的思想高度，虽不能实现，也对争取美好生活的人们起着鼓舞作用。《礼记》还记有不少传说故事，叙事简洁明朗、饶有风致，可以和《庄子》、《韩非子》中的"寓言"、"重言"相比美，也是不可忽视的。

如上所述，先秦诸子散文，成绩是空前的，对后世散文有无比巨大的影响，是古代文学中一份优秀的遗产。

《庄子》内篇间绎

《庄子》之难读，不徒文字而已，义理尤其大者。夫训诂明而后可言义理，固也，然不明义理之统系，训诂亦终不能明。今既合观全书，发为《通义》，更以融会贯通之观点，就其章节，而抽其义绪，条列于次，间有涉及训诂者，亦但求明晰，不复博征繁引也。

《逍遥游》篇从"北冥有鱼"至"圣人无名"，此为全篇之主文，旧说各有不同，略为二派：一则以为大鹏小鸠，皆为逍遥，郭象主之；一则以为鹏鸠皆有所待，皆未逍遥，唯至人乃逍遥耳，支遁主之。今按：此篇所讨论之逍遥，犹今人讨论快乐问题也。寻庄生之意，盖言快乐可别为二类：一曰自足快乐，二曰绝对快乐。就自足快乐言，则大鹏之"一举九万"，斥鸠之"翱翔蓬蒿"皆足快乐。使彼等果有自觉，则斥鸠之自以为"飞之至"，而大鹏亦未始不以为"飞之至"。故曰："适莽苍者，三飡而反"，"适百里者，宿舂粮"，"适千里者，三月聚粮"，明各有所适也。就绝对快乐而言，则鹏鸠皆非快乐。盖鸠之不能高飞，藉[1]资榆枋，无论也；即大鹏之"水击三千"，"扶摇九万"，亦皆有藉[2]于外力，亦未能自乐也。非特禽鸟，于人亦然。故更举三种境界不同之人"知效一官"者、"宋荣子"、"列子"，虽能各适其适（有自足快乐），然终犹有所待（不能绝对快乐），绝对快乐者，唯圣人乃能之。其所以为绝对者，即无论如何环境——或正或变（包括宇

---

[1] 编者注："藉"同"借"。为尽量保留原文早年面貌，故此。

[2] 同上。

宙人世一切现象）皆能乘而御之。故曰："若夫乘天地之正，而御六气之辨，以游无穷者，彼且恶乎待哉？"此精神上之最高境界也。审如郭义，则人人皆自然快乐，更不须修养，更不须举至人、圣人以为言矣，其弊使人无用。审如支义，则世界除圣人、至人外，竟无快乐可言，其弊使人遗世自逸。实皆与庄旨不合。

《逍遥游》篇："不食五谷，吸风饮露……大浸稽天而不溺，大旱金石流，土山焦而不热。"此状神人之特异也。《齐物论》篇："至人神矣，大泽焚而不能热，河汉冱而不能寒，疾雷破山，风振海而不能惊。"《大宗师》篇："古之真人，登高不栗，入水不濡，入火不热。"《秋水》篇："至德者，火弗能热，水弗能溺，寒暑弗能害，禽兽弗能贼。"《田子方》篇："夫至人者，上窥青天，下潜黄泉，挥斥八极，神气不变。若然者，其神经乎大山而无介，入乎渊泉而不濡，处卑细而不惫。"各节所举，与此同意。旧解多因文为训，不能实指其所以之故。一若神人、至人等，具有特殊神通，真如神仙家所云者。今按：至人、神人等名，乃为有特殊修养者之号。而所谓"入水不濡"、"入火不热"等特异之事，皆就其精神状况而言。盖其知识上已破除死生寿夭之见，而心理上亦遂觉与大化为一。故"不食五谷"可，"水不濡"、"火不热"，亦无不可。言其精神方面，免除一切灾害也。

《齐物论》篇："一受其成形，不忘以待尽，与物相刃相靡，其行尽如驰，而莫之能止，不亦悲乎！"刘申叔《庄子校补》云："'不忘以待尽'，《田子方》篇作'不化'，忘即化讹。不化，犹云弗变。下云：其形化，即蒙此言。郭注以'中易其性'为诠，易、化，义符。是郭本亦弗作忘也。"今按：此节文义，谓人有一形体，即不能忘之以待自然之命，乃与环境相割相磨，其死反致甚速，故深为悲之。审如刘义，则弗变二字，谓形体弗变耶？形体固无不变者，即庄子所称神人、真人，形体亦无言不变者。况此段乃悲悯常人之语，何以能言不变？且待尽二字何指？指待命尽邪，则命尽形乃变，义更不合。下文云："其形化，其心与之然，可不谓大哀乎！"正谓常人形化而心亦与之俱死，真是白生一世，可为大哀。与刘意适反。更按：郭注云："知者守知以待终，而愚者抱愚以至死，岂有能中易其性者也！"守知抱愚，皆释不忘，待终至死，皆释待尽。末句乃对此二种人评语。乃刘牵易字以释化，令人不解。故《集解》本忘作亡，当是故书。郭象读亡为忘，乃的训。《田子方》篇作化，乃亡之讹。盖"忘形骸"、"遗耳目"，为庄生常语，亦即至人、常人之别也。

《齐物论》篇："夫随其成心而师之"至"此之谓以明"。此为全篇之主要部分，庄生对知识之基本观念，胥在于此。郭注乃本其一贯听任自然之主张，以申明无是非之理；而后于人处是非之态度，则更一则曰："付之而自当"，再则曰："付之自若，而不强知也"，三则曰："圣人两顺之"，四则曰："因天下之是非，而自无是非也"。后人因之，遂以为庄生之说，为圆滑，为无用，甚至使社会退化。今按：郭氏以下各家，多所谓知其一，不知其二者也。详此段文义，其主要论点有二：一曰论知识之本身——此属于己身者——盖庄生深感世间是非之纷纭，因以追求人所以不能得真知之故。乃得二义：一者是非起于"成心"，此"成心"之"成"，亦有二因素，即本能之我见，与先入之知识也。其言"愚者与有焉"者，大抵本能之我见也；其言"道隐于小成者"，先入之知识也。（此亦佛书我执法执之比。）二者人所以不能去"成心"之故，在于观点不明。盖"自彼则不见，自知则知之"。人但见己一面，而不见另一面，故常执此一面为"是"，为"真"，而不知另一面亦有"是"有"真"也。偏蔽之原因既得，然后进而求破此蔽之法，乃亦有二：一者"莫若以明"，二者"照之于天"。明者，由明理而去蔽也；天者，本然而无人意参于其中者也。"照之于天"，乃所以求其本真。故观"以明"及"照之"诸字，即可知其非听任之谓矣。二曰论知识之对象——此属于外物者——外物存在之形式、性质等等，不因人之认识而变。以人之认识言，则"恢恑憰怪"，有"成"有"毁"，然以物之本来而言，则"道通为一"，"无成与毁，复通为一"。能作如是观，则所得者益近于真理，亦即"明"之道也。若是者，固已超于世俗是非之上，亦自不为世俗之争辩矣。此为求真知真理之实地功夫，其中大有事在，与听任之而不问者适反。

《齐物论》篇："天下莫大于秋毫之末，而泰山为小；莫寿于殇子，而彭祖为夭。"郭注云："夫以形相对，则泰山大于秋毫也；若各据其性分，物冥其极，则形大未为有余，形小未为不足；若以性足为大，则天下之足，未有过于秋毫者；若以性足非大，则虽泰山，亦可称小矣。"后人多从之。今按：郭注"性分"二字最要，言就性分自足言，则凡物皆可为大；就性分无余言，则凡物皆可为小，是谓天下物本无所谓大小也。实则天下物固本无所谓大小，而大小之对立，则又事实之不可泯者。《秋水篇》云："以差观之，因其所大而大之，则万物莫不大；因其所小而小之，则万物莫不小。知天地之为稊米也，知毫末之为丘山也，则差数睹矣。"此言大小之别，由比较而来。（差即比较。）《知北游》篇云："六合为巨，未离其内；秋毫为小，待之成体。"是六合之大，尚有包之者；秋毫之小，尚有构成之者。亦足与上文相发。盖人世不能无大小，而患蔽于大小。庄生则既知大小之不可无，又知大小之非绝对，故发此论，破世迷惑。寿夭等，亦复如此。

《齐物论》篇："六合之外，圣人存而不论；六合之内，圣人论而不议；春秋经世，先王之志，圣人议而不辩。"旧解于"存"字，多不留意，而各句层次，亦未明晰。今按：存者，察也。（见《尔雅·释诂》）论者，言说。议者，论其宜。（《说文》"论"训"议"，本义不别。朱骏声解"议"为论事之宜，今从之。）辩者，讼辩是非。言六合之外，但存察之而不言，以不能言也；六合之内，万物万事，为知识所能知，故可言说而不论所宜，以万物本无故宜也；《春秋》既为先王治世之陈迹，自当有其为治之标准，故因论其宜，而不讼辩是非。盖所谓宜者，必受时间空间之限制，宜于古不必即是于今；不宜于古，亦不必即非于今也。层次极明。

《养生主》篇："吾生也有涯"至"可以尽年"。郭注"以有涯"二句云："以有限之性，寻无极之知，安得而不困哉？"注"已而为知"二句云："已困于知，而不知止，又为知以救之，斯养而伤之者，真大殆也。"文义颇明，后人多从之。今按：郭义非也。此首六句，盖承《齐物论》而来。《齐物论》论知识曰："莫若以明"，曰："照之于天"，皆教人对事理做高一层看法，以得较真较高之知识；此处则因涉及绝对真理之不可得，令人知知识之限度。郭之误，在一"殆"字，此"殆"字指知识言，非指生命言也。所谓"以有涯随无涯殆已"者，言以有涯之生，求无涯之知，所得既属有限，而亦未必为真知，故曰殆也。所谓"已而为知者，殆而已矣"者，"已"训此。（见《释诂》）言此等知识，本不可靠，而犹自以为知者，则其蔽弥深，故曰"殆而已矣"也。审如郭义，则养生者竟不敢求知矣。与庄旨不合。（凡庄所谓去知，皆去常知而求真知，盖善养生者，亦必有极高之知识，能破除一切生死寿夭祸福之迷惑而后可也。下数句即就有此境界者而言。）"为善无近名，为恶无近刑"者，为，犹谓也。（见《经传释词》）言养生者之行为，不能以善恶言之。谓为善，则无近名——时人不称道之；谓为恶，则又无近刑——刑罚不加其身。"缘督以为经"者，督训理。（见《方言》）言因理以为常，亦犹"依乎天理也"。故遂有"可以保身"以下之效。

《养生主》篇："老聃死"至"遁天之刑"。此节各家异说纷纭，莫衷一是。今按：此宜与《至乐》篇"庄子妻死"一段参看。该篇庄子为惠子释其所以不哭而歌之故曰："是其始死也，我独何能无慨然。察其始，而本无生；非徒无生也，而本无形；非徒无形也，而本无气。"此处"始也吾以为其人也"者，言吾初与之友，以其为人，故及其死而吊之。亦犹庄生之不能"无慨然"也。"而今非也"者，犹庄生之"察其始"，而悟其"本无生也"。因人生之变，而悟人生之理，故可以释然矣。下文则秦失见其家人之哭，虽发于真情，而未解此理，故曰："是遁天倍情，忘其所受。"如此则致痛苦，是谓"遁天之刑"也。郭氏先定聃失为方外，遂格格难通。王先谦以《德充符》"天刑之"，解此"遁天之刑"为赞语，不知二句句法不同。前句"刑"为动词，此句"刑"为名词。而"刑天"二字须连读。即准彼处孔子所为"天刑之"者，亦可谓因其"遁天"也。

《人间世》篇："吾食也执粗而不臧爨，无欲清之人，今吾朝受命而夕饮冰，我其内热与！"旧解以臧字绝句。郭注云："对火而不思凉，明其所馔俭薄也。"与上下文义不合。今按：上文既言惟有[1]德者，始能免"阴阳之患"，此数句则设一比喻，引起下文。《释文》："执，简文作热。臧，一音才郎反。句至爨字。"今并从之。"吾食"之"吾"，当为"夫"，以语气，盖涉上下数吾字而讹。臧爨者，畜火也。数句盖言：凡食饭者，如但热粗糠，而畜火，则既不过热，自无欲凉之人。下文承之，遂言"今我朝受命而夕饮冰"，极欲求凉。"我其内热与"，言不能免"阴阳之患"也。与馔之俭薄无关。

《人间世》篇："颜回见仲尼"至"可不慎邪"。此三大段——颜回、叶公子高、颜阖——为全篇主旨所在，郭于篇题下注云："与人群者，不得离人，然人间之变故，世世异宜。唯无心而不自用者，为能随变所适，而不荷其累也。"今按：郭氏之言，是谓此篇仅告人以免累之法而已，其实大非。以下就三段分言之。第一段：颜回之目的在化人，孔子告以欲化人必先修己。故其言曰："古之至人，先存诸己，而后存诸人"，然后指出好"名"与任"知"之危，曰："名也者，相札也；知也者，争之器也，二者凶器，非所以尽行也。"然后研究颜回所恃以化人之道，最后告之以"心斋"、"虚己"之法，言如此乃可以成功。故曰："鬼神将来舍，而况人乎！"言其效不仅可以化人也。第二段：叶公子高目的诚在于求免患，然孔子则首告以"为人臣子者，固有所以不得已行事之情，而忘其身，何暇至于说生而恶死"，言人宜就所处之地位，尽其在我，不宜先求免患也。以此为先决条件，然后于任事之中，乃有可以注意之点尔。第三段，颜阖目的在安国保身，蘧伯玉则首告以"形就"、"心和"之法，而此"就"、"和"，仍有限度，不可过也。总括三段，不外以正己为本，以修养为急，以成事为归，其轻重明白如此，而郭不留意，蔽亦甚矣。

《人间世》篇："结驷千乘，隐将芘其所赖。"《释文》："隐，崔云：伤于热也。"王先谦据之云："连结千乘，热时可庇于其阴。"今按：王解与原句语气不顺。郭注："其枝所荫，可以隐芘千乘。"《释文》："向云：可以隐芘千乘也。"并"隐芘"二字连读。是"隐将芘"，当作"将隐芘"，传写误倒也。

《德充符》篇："申屠嘉兀者也"至"天刑之安可解"。此二段——申屠嘉、鲁有兀者叔山无趾——与本篇主旨，似不相属，各家亦随文为释，难惬人意。今按：本篇首段，"兀者王骀"，及四段"鲁哀公问"，皆力明有德者之自然为人所归，所谓"彼且择日而登假，人则从是也"，"德不形者，物不能离也"，是也。此二段更为德之内涵作一解，言德为内在之修养，不为外形所累，且告人以修德者，当务其内也。申屠嘉责子产曰："今子与我游于形骸之内，而子索我于形骸之外，不亦过乎！"叔山无趾语仲尼曰："今吾来也，犹有尊足者存"，并可证。盖此篇本以赞修德之效，因以兼论修养之功尔。

《大宗师》篇："知天之所为"至"所谓人之非天乎"，郭注此节文最繁，义亦颇精，惟其基本观念有误，故词旨全非。其首三句下注云："知天人之所为者，此自然也。则内放其身，而外冥于物，与众玄同，任之而无不至也。"今按：谓"天人所为皆自然"者，乃郭之根本错误，盖天所为自然，而人所为则为法自然而非自然。若人所为亦为自然，则入于不识不知，草昧之世；若法自然，则由明于自然之理，因自然之势，以日趋于文明之途。前者为本能的行动，而后者为意志的行动也。且此节论天人关系，仅就知识方面言，故"知"字特重。乃承《齐物论》而来。郭所谓"任之"者，乃行为问题，不宜牵合之也。故首三句即言能了解自然，能了解人为，为知之至。下文则分解如何乃"知天之所为，知人之所为"，"以其知之所知，以养其知之所不知者"，言就已知之理，以培养其未知者，如此则所知日长，故为"知之盛"。以下再进一步，论上法固为求知之法，然此等知识仍不可靠。盖凡知之所以可能，必有其所依之标准，此标准不定，则知亦不定。故曰："庸讵知吾所谓天之非人乎？所谓人之非天乎？"明天人之相系，未可明分界域也。全篇主旨：在明人宜宗法自然，而一开始则先指出知自然之难，发人深想。而后转入"且有真人，而后有真知"，明法自然亦须先有极高之修养也。

《大宗师》篇："以刑为体"至"而人真以为勤行者也"。郭注前四句云："刑者，治之体，非我为"；"礼者，世之所以自行，非我将"；"知者，自时之动，非我唱"；"德者，自彼所循，非我作"。今按：上文言真人之精神状况，此节则言真人应世之情况也。文义一层高于一层，每句"以"、"为"二字最要。以为，乃表真人之行动，郭于每句加以"非我"字，不知从何而来。"以刑为体"者，体，形也（见《诗·行苇笺》），"形乃谓之器"（见《易·系辞上》），言以形为器而已。器，犹今言工具。《天道篇》云："骤而语形名赏罚，此有知治之具，非知治之道"，正足注此。"以礼为翼"者，翼，辅也（见《广雅·释诂》），助也（见《诗·卷阿笺》）。言以礼为文、为治之辅助而已。"以知为时"者，时读伺，即覗，察也（见《广雅·释诂》）。言以智慧为伺察而已。"以德为循"者，循，行也（常训）。言以道德为行也。是真人虽不弃"刑"、"礼"、"知"、"德"，然皆不重视之也。下四句则更释其所以如此之故。其言"与有足者至于丘"者，丘，虚也（《说文》虚下注云："丘，谓之虚。"），言欲与人共生清虚之境也。末句则谓真人行事所以用"刑"、"礼"、"知"、"德"，皆因事制宜，合于自然。特世人不知，遂以为"勤行"耳。

《大宗师》篇："故其好之也一"至"天与人不相胜也"。此篇诸一字极重要，而各家并无明释。今按：此乃就真人情感上之好恶而言。言真人对外界，本无所谓好恶，仅视之为一变动体耳。一句言：言好则皆好。二句言：言不好则皆不好。三句言：以此为好恶合一，固为一。四句言：即好恶不一，亦仍为一。（以外界不为好恶而变故。）五句言：自然本无好恶，故能合一之者，是与天为友。六句言：人世不能无好恶，故亦可不一者，是与人为友。末句则言：天人难别，而实相通，不相角胜也。

《应帝王》篇："啮缺问于王倪"至"而游于无有者也"。此四段——啮缺、肩吾、天根、阳子居——各明治天下之一义。各家注多有隔膜，未能实指其主旨所在。今按：第一段论泰氏之治云："其知情信，其德甚真，而未始入于非人。"情，实也。非，责也。（见《穀梁传·宣十五注》）知信，德真，而未曾以责求之法施于人，此所以为有虞氏所不及。第二段论圣人之治云："圣人之治也治外乎？正而后行，确乎能其事者而已矣。"言圣人治人，首注意其性分之内，因其性而匡弼之，绝非如上文"出经式义度"，强人听之也。（郭注可参）第三段有云："顺物自然，而无容私焉，而天下治矣。"第四段有云："明王之治，功盖天下，而似不自己；化贷万物，而民弗恃；有莫举名，使物自喜；立乎不测，而游于无有者也。"所谓"无容私"，所谓"功盖天下"、"化贷万物"、"使物自喜"，所谓"似不自己"、"民弗恃"、"有莫举名"，皆可见其"生而不有，为而不恃，功成而弗居"之精神，及"民无能名"、"不知有之"之境界也。又按：《天地》篇云："玄古之君天下，无为也，天德而已矣。"又云："圣治乎，官施而不失其宜，拔举而不失其能，毕见其情事，而行其所为，行言自为，而天下化；手挠指顾，四方之民，莫不俱至，此之谓圣治。"《在宥》篇云："故君子不得已而临莅天下，莫若无为，无为也，而后安其性命之情。"皆可与此相发。故治天下之道，可括为二点：一、于民，则因其本性，使其自由发展；二、于己，则不用私知，勿求名利而已。

《应帝王》篇："无为名尸"至"亦虚而已"。郭注首六句云："因物则物各自当其名也"，"使物各自谋也"，"付物使各自任"，"无心则物各自主其知也"，"因天下之自为，故驰万物而无穷"，"任物故无迹"。观其"因物"、"使物"、"付物"、"无心"、"因天下"、"任物"与"各自"等字，充分表明纯任自然之旨。今按：此节所言，特就至人用心一面而言。自"无为名尸"以下八句，皆为"亦虚而已"四字注脚。盖至人之应世也，但求成功，名不必在己，谋不必己出，事不必独任，知不必自恃，此皆所以去矜伐之心也。如此，形尽于无穷之中，而神游于无迹之域，其所禀受于天者全归之，本身则毫无所见得。此忘我之境也，故以"虚"字括之。盖惟有如此修养者，乃能应世而为帝王也。

《应帝王》篇："南海之帝为儵"至"七日而浑沌死"。郭注"为者败之"。今按：浑沌者，状至人之德也，非指至人之行为。无七窍之喻，所谓"去小知而大知明"也。全节之意，即"至德不德"之形容。盖外王基于内圣，故本篇于治道之外，仍力写至人真朴之德也。

1945 年 7 月初稿，1947 年 8 月改定

《礼运》大同辨

一

《礼运》篇首之大同说，后人视之，有以为真孔氏之最高理想者（张横渠以下及近人多有此主张），有以为出于老氏或墨氏者（吕东莱以下多有主张之者），宋元以来，莫衷一是。余以为儒、道、墨之不同，世人类能言之，而于大同百七字之文，遂有如此异义者，则固各有所见，亦各有所蔽也。

吕祖谦之言曰："以禹汤文武为小康，是老聃墨氏之论。"其注意点盖在小康二字，以为儒者极尊三王，绝不至以小康抑之。黄震之言曰："篇首意匠，微似老子。"此盖亦以其推崇大道之故。而张载则云："大道之行，由礼义而行者也。……大道之行，如尧舜方是，惟谨于礼，则所以致大道之行。"此盖以大同小康为一贯，小康之谨礼，即所以致大同。又云："孔子言王者必世而后仁，仁即大道之行也。"是言大同之实，与孔子之仁不殊。

实则大同之高于小康，与大同小康之为两阶段，与大同小康之不同，皆本文极为明显者。故郑康成除以大同小康为五帝、三王外，并直以小康之言礼，为大同"忠信之薄"。吕黄诸人有见于此，故以为非儒者之言，而其于《礼运》全篇与此二段之关系，则未能详究。且又蔽于儒家独尊之偏见，故直斥之为老墨之论。横渠有见于大同与儒说之有可通，而儒家仁礼又为一贯；加以其本人之哲学，如《西铭》所云者（杨龟山与程子书即曾疑《西铭》近墨氏），遂视大同小康亦为一贯，遂视大同亦为孔子之道，然于二段文义之别，则忽视矣。故二派之说，皆有未洽。

二

就《礼运》全篇言之，其以礼为中心，毫无疑问，故其言曰：

"夫礼先王以承天之道，以治人之情，故失之者死，得之者生。"

"圣人以礼视之，故天下国家，可得而正也。"

"是故礼者，……所以治政安君也。"

"故圣人之所以治人七情，修十义，讲信修睦，尚辞让，去争夺，舍礼何以治之！"

"故欲恶者，心之大端也，人藏其心，不可测度也。美恶皆在其心，不见其色也，欲一以穷之，舍礼何以哉？"

"故礼义也者……所以讲信修睦……所以养生送死事鬼神之大端也，所以达天道，顺人情之大窦也。故惟圣人知礼不可已也……"

数言圣人，明圣人之为治，舍礼无他道，此其以礼为中心，极为昭晰，而此全篇之中心，与小康一段相一贯，与大同段则不合。盖小康段自"禹汤文武成王周公由此其选也"下，即强调礼之要矣。故言偃之问一则曰"如此乎礼之急也"，再则曰"夫子之极言礼也，可得闻与"。"急"、"极"二字，其旨备见。至于大同段，则绝不提一"礼"字，是大同段竟与全篇中心不合。就《礼运》作者之思想，与其作此文之宗旨言之，大同一段，几同赘疣。（大同不言礼自与孔子之仁不同，横渠欲强通之不可得也。）

三

然大同、小康二段，组织紧密，一气贯注，自非后人所增附，而其所以如此论列者，亦必有其故焉。今以文义参之，即可昭见。

孔子答言偃之问首曰："大道之行也，与三代之英，丘未之逮也。而有志焉。"以"大道之行"、"三代之英"对言，而中介以"与"字，明为二阶段，下乃云："大道之行也……是谓大同"，"今大道既隐……是谓小康"。"大道之行"上，虽无昔字，而"大道既隐"上，则有"今"字，此明古今时代之不同。虽不必如郑康成指前者为五帝，后者为三王，然其所叙时间上之异，则毫无疑问。惟其有时间上之异，故叙大同之后，不妨强调礼，盖谓非大同不美，亦非不欲大同，乃以当"大道既隐"之世，不得不谨于礼，亦自仅能为小康耳。故小康在今时代（作者时代）中，故为理想目的，以时言之，固不劣于大同也。（《史记·商君列传》载商君见秦孝公欲言霸道强国之术，乃先言帝道与王道，《礼运》作者之言大同，其意与此相类。）

故《礼运》篇终述其理想之治为"大顺"，而"大顺"则以礼致之，而《礼运》作者又极认为治国之急，故既举大道之时之情况，乃复以今字指明时代之不同，实即以迂远目之也。（孟子言必称尧舜而说仁义，当时君主即皆以为迂远不切实情。本篇作者之意与战国君主之意相类。）将欲抑之，必先扬之，其作者之心乎！

四

至大同说之来源，于儒道皆有所取，而与孟子关系独深，盖孟派后学之所为，而自成一系统的思想也。如以孔、老、墨之思想较之，则显皆与之不同：

1.盛称"大道之行"，而不以周为法，则与孔子之规规然"从周"之意相左。

2."选贤与能"与老子"不尚贤"大异，而大同之理想，与老子之"小国寡民"尤殊，与庄子之"其卧徐徐，其觉于于，一以己为马，一以己为牛"，亦不侔也。

3. "不独亲其亲，不独子其子"，与墨子之"兼爱"，亦复有异。

故论其旨趣，唯孟子为近。其文曰"不独亲其亲，不独子其子"，孟子则曰："老吾老，以及人之老；幼吾幼，以及人之幼"。以及云者，犹不独也。其文又曰："使老有所终，壮有所用，幼有所长，鳏寡孤独废疾者皆有所养，男有分，女有归。"孟子则曰："是使民养生丧死无憾也，养生丧死无憾，王道之始也。"又曰："老而无妻曰鳏，老而无夫曰寡，老而无子曰孤，幼而无父曰独。此四者天下之穷民而无告者。文王发政施仁，必先此四者。诗云：'哿矣富人，哀此惸独！'"又曰："内无怨女，外无旷夫。"是为大同说者，所注意之事，与孟子所注意者，大致相同。特壮有所用之用，男有所分之分，孟未言及耳。

然孟子所言王政，常举文王为准，而大同说者则以其为三代以前之事。（知其为三代者因小康段禹、汤以下皆谨礼故。）此则有因于道家之说也。

盖孔子言仁，孟子言仁义，皆称尧舜以来。道家独言道，而盛称上古。（孔孟亦言道而仅属人道，道家所言之道则包括宇宙而言。）为大同说者，受道家之影响，故亦以"大道之行"抒自己之理想，而其内容，则仍多不出儒家范围。除上所言合于孟子者外，"天下为公，选贤与能，讲信修睦"，非儒者所称颂，即儒者所主张。（《墨子》尚贤、尚同、非攻，与此意亦相通，然不必采自《墨子》。）以视庄周之由"齐物"而泯物我之界者，固有间矣。

然犹有问题者，即"货恶其弃于地也，不必藏于己；力恶其不出于身也，不必为己"数语，孔、孟既未言及，其他各家，亦未见有此类主张。详其文义，乃独与老子之"生而不有，为而不恃，功成而弗居"之精神相同。盖"不有"、"不恃"、"不居"，即"不藏于己"、"不为己"矣。

故知为大同说者，为儒家孟派之后学，生世既晚，得读其他各家之书，乃能独成其说，固不必尽合于孟也。

五

大同之说者，既为孟派之学者，而荀派尚礼之儒，自当不以为然。盖尚礼一派，唯礼是崇，以之修身，以之治国，以之达成所谓太平，与大同说之理想，途径全异。《礼运》篇之中心，即可为此派思想之说明。而其篇首所举之大同说，果为原说与否，已不可知。而为大同说者之所薄禹、汤以下之说，更不可得见。（小康薄禹、汤，当为原意；强调礼，则《礼运》作者所增改。）《礼运》作者则既述其言，因藉[1]之以自申其崇礼之主张。盖为大同说者，所言虽一己之理想，其叙述固仍如道家之托之古昔，遂为反对者所乘耳。

孔子之后，儒者多有泥礼文之末者，（大、小《戴记》所载孔子弟子之言行可见）故庄子攻之，则以之为"取先王已陈刍狗，游居寝卧其下"，是以之为"推舟于陆，劳而无功"，主张"礼义法度，因时而变"。盖因时而变之主张，当为战国后期一般学者之所共觉。故荀派儒者虽言礼，而亦与礼以新生命、新意义，较孔子所言之礼，既大为扩大充实；较游夏之徒所守之记，尤为切实而有用，且为现时代所急需。荀子"法后王"之口号，已与此新趋向较近，以此新观点观之，则自当视大同为不切实际之理想矣。（荀子之徒一派为韩非、李斯，由注意现实而变法；一派则虽注意现实而倡礼。《礼运》作者即属后者。至篇中有五行之说则又出荀学以外矣。）

六

大同在《礼运》篇似扬而实抑，大同为尚礼一派儒者所不用，大同不合于孔子，亦不尽合于孟子。大同受道家影响，既如上述，

---

[1]　编者注："藉"同"借"。为尽量保留原文早年面貌，故此。

而大同说之价值，则不因此而减。

盖道家之言上古，其说虽高，往往不可企及，孔子欲为东周，此在春秋或当如此，于战国则不可复言。以事实既不可行，而其论亦不足与诸子抗也。孟子理想之王政，虽已多有卓见，然犹未臻具体。故为大同说者，读各家之言，融会贯通之，成一系统学说，其详悉节目未得闻，而就《礼运》作者所述，已足见其说之完整切近，若悬之为人类理想目的，固未尝不可以见之于行事也。

"天下为公"三句，说明政治原则，行之则上下和谐，战争绝迹。"故人不独亲其亲"九句，说明社会道德、社会事业、社会组织等原则，行之则人人平等和乐而相爱。"货恶弃于地"四句，说明经济、劳动原则，行之则社会繁荣，文明日进。末数句说明预期之效，自亦未为奢望也。

于中国思想中，于战国不知名之学者中，得此伟大之理论，弥足珍贵，固不必争传之于某权威学者，而后增其价值也。且吾人尚当知战国期中，尚有其他不知名而有价值之学说，为后人强傅之于权威学者，若《孝经》、《大学》之属皆是也，是皆不可不辨者。

1948 年 3 月于昆明

试谈作为文学家的庄子

庄子是二千余年来中国文化史上影响最大的思想家之一，也是影响最大的文学家之一。过去的知识分子，只要接触过他的书的就不能不喜爱它，也很少不受它的影响。像这样一位有卓绝地位的思想家兼文学家，新中国成立以来还没有得到应有的重视；尤其作为文学家来说，新编的文学史上有的竟不提到 [①]，有的只用很少的篇幅略做介绍 [②]，而且否定多于肯定，肯定部分也无非称赞他的文章好 [③]。在研究论文方面，更没有看见一篇，当然这可能由于研究工作者的谨慎。由于庄子的问题比较复杂，由于他是唯心哲学的大师，作品中有不少消极成分……

但今天在"百家争鸣"的口号下，我们需要的是积极地提出个人的研究所得，即使是不成熟的意见。

复杂的问题绝不能"卤莽灭裂"地来解决，而必须提出各方面不同的看法，来逐渐取得一致。庄子归根结底诚然是唯心论的，但他的思想在当时具体的历史条件下，却仍有他的进步性，甚至革命的东西；尽管他有观念论的思想体系，但他对自然社会的观察、解释却有许多是唯物的。尤其就文学来说，他深刻透彻地批判了现实，也正是他进步思想的反映。因此作为一部文学作品——《庄子》来看，我们会发现它的思想艺术的统一，发现它有极大感人的力量，而这力量就有很大的积极作用。他的激烈、愤怒、讽刺、嘲笑，他的轻蔑、鄙夷，他的悲悯、同情，他的孤傲、倔强，通过他的浪漫的艺术创作方法，变成了旷绝千古的文学奇迹。

通过作品内容看庄子的反统治思想

现在的《庄子》三十三篇，内七篇大概是晚年作品，具有完整的思想体系，但也时时发射着批判社会的光芒；外篇十五、杂篇十一，部分是早年作品，有激烈的言论，而且针对当时的统治者；部分是自己著作的说明，可以看见他的一些正面意见；部分是门人的记录，仍包括有不少精辟见解和一些轶事旧闻；只有《说剑》一篇，则可能是庄辛著作的掺入。

我认为《庄子》这部作品内容的主要特点，就是作者对现实所采取的批判，甚至否定的态度。就这一点说，真是两千多年所仅有。

他敢于指斥当时的君主，他指出"君人"们制定的"经式义度"是一种"欺德"（《应帝王》）；他指出一般治人者是"乱天下之经，逆物之情"以致上下不安（《在宥》）；他指出"三代以下"的治天下者，"以赏罚为事"，使人民无法"安其性命之情"（《在宥》）。他在《胠箧》篇警告自以为聪明的统治者，利用"圣知之不支"用尽心机来巩固自己的权位，而正好为"大盗"所窃。同时又揭穿"窃钩者诛，窃国者为诸侯；诸侯之门，而仁义存焉"，原来诸侯们不过是"大盗"的别名而已，而仁义正是为大盗服务的！这话说得多么勇敢而透辟！

他敢于非毁从黄帝以至三王——这些为统治者服务的政客们所凭借的"圣人"。他说：

> 昔者黄帝以仁义撄（笼络）人之心，尧舜于是乎股无胈、胫无毛，以养天下之形。愁其五藏，以为仁义；矜其血气，以规法度，然犹有不胜也（不能使人就范）。尧于是放驩兜于崇山，投三苗于三峗，流共工于幽都，此不胜天下也。夫施及三王，而天下骇矣！……于是钎锯制焉，绳墨杀

焉，椎凿决焉（用酷刑）。

——《在宥》

这说明统治者逐渐加强残酷统治的过程。他借庚桑楚的口说：

大乱之本，必生于尧舜之间，其末存乎千世之后。千世之后，其必有人与人相食者也。

——《庚桑楚》

庄子由于不满，反对现实，而追其本于上古。他认为"仁义"是统治者的工具，是欺骗。而这欺骗必然招来人民的反欺骗，结果就是"人与人相食"（相残杀）。所以他托为老聃的话说：

三皇（疑当作王）五帝之治天下，名曰治之，乱莫甚焉。

——《天运》

完全做了否定的结论。我们试想连黄帝、尧、舜都否定了，一般统治者哪里还有站脚的余地！司马迁说："学者多称五帝"，"《尚书》独载尧以来"，"而百家言黄帝"（《五帝本纪赞》）。称颂三皇五帝，是春秋战国时代政治活动和学术上的风气，即使像商鞅——所谓"惨礉少恩"的法家，见秦孝公时，也首先谈"帝王之道"，可见庄子对"帝"、"王"的否定，正是釜底抽薪，让那些借千古帝王来为统治者服务的政客们失其所依据。

随着上述的论点，庄子进一步否定躬行仁义——实际标榜仁义的所谓"圣人"、"才士"。他曾借盗跖的口说孔子（所指自然是儒徒）是"巧伪人"，说孔子之道是："狂狂（皇皇）汲汲（急急），诈巧虚伪事也。"说孔子：

作言造语，妄称文武。冠枝木之冠，带死牛之胁，多辞谬说。不耕而食，不织而衣。摇唇鼓舌，擅（专）生是非，以迷天下之主；使天下学士不反其本，妄作孝弟而侥幸于封侯富贵者也。

今子修文武之道，掌天下之辩，以教后世。缝衣浅带，矫言伪行，以迷惑天下之主，而欲求富贵焉，盗莫大于子……。

——《盗跖》

试看这里所写的"不耕而食，不织而衣。摇唇鼓舌，擅生是非"、"矫言伪行"，目的在于"侥幸封侯富贵"，难道不是当时所有游士的写照吗？

他要彻底击破这些"多辞谬说"的人物，他要打落他们的武器——仁义等等，他不只一次地说"仁义非人之情"。他巧妙地编造了讽刺故事，像：

跖（盗跖）之徒问于跖曰："盗亦有道乎？"曰："何适而无有道耶？夫妄意（猜度）室中之藏，圣（聪明）也；入先，勇也；出后，义也；知可否，知也；分均，仁也。五者不备，而能成大盗者未之有也。"

——《胠箧》

这是讽刺统治者所仗恃的知、仁、义、勇、圣，正和大盗相同，暗示统治阶级的本质。像：

儒以诗礼发冢（盗墓）。大儒胪传曰："东方作矣（天亮了），事之若何？"小儒曰："未解裙襦，口中有珠。诗固有之曰：青青之麦，生于陵陂，生不布施，死何含珠为？"接

其鬓、压其颊，儒（徐）以金椎控其颐。徐别（分开）其
颊，无伤口中珠。

——《外物》

这又是给行止彬彬有礼，很会引经据典而惟利是图[1]的伪君
子所画的一幅漫画。

然而庄子的心，毕竟是沉重的。他确实是从现实出发，从同
情人民的立场出发来理解问题，所以他的见解往往深入问题的骨
髓。他认为当时的统治者：

匿（隐）为（其）物（事），而愚（欺骗）不识（无
知）；大（加大）为（其）难，而罪不敢（不敢承担）；重
为（其）任（负担），而罚不胜（力不足）；远其涂（路），
而诛不至。

民知（智）为竭，则以伪继之。目（自之讹）出多伪，
士民安取不伪！夫力不足则伪，知不足则盗，盗窃之行，于
谁责而可乎？

——《则阳》

他认为"盗窃"是统治者逼出来的。他又说：

今世殊（诛本字）死者相枕也，桁杨（镣铐）者相推
也，形戮者相望也，而儒墨乃始离跂（提起脚跟）攘臂（挥
动手臂）乎桎梏之间。噫！甚矣哉，其无愧而不知耻也甚
矣。

——《在宥》

---

[1]　编者注："惟利是图"同"唯利是图"，下文同。为尽量保留原文早年面貌，故此。

现实，是血淋淋的，但以儒墨为首的所谓救世之士，却正"摇唇鼓舌"来"侥幸富贵"，多么可耻！所以庄子自己就宁可贫穷、饿肚子、打草鞋 ④，而决不肯求富贵来"助桀为虐"——虽然他也充分有取得卿相的资格。

更深一层，庄子认为"盗贼"是"圣人"所引起，他竟敢于说："掊击（打倒）圣人，纵舍（放掉）盗贼，而天下始治矣！""圣人不死，大盗不止。"（《胠箧》）这话何等激烈！他心中如果没有万分的愤慨，是不会说这样话的。这就难怪他向往着：

> 昔者容成氏、大庭氏、伯皇氏、中央氏、栗陆氏、骊畜氏、轩辕氏、赫胥氏、尊卢氏、祝融氏、伏羲氏、神农氏，当是时也，民结绳而用之；甘其食，美其服，乐其俗，安其居；邻国相望，鸡狗之音相闻；民至老死不相往来。
>
> ——《胠箧》

无怪他强调"民有常性：织而衣，耕而食，是谓同德（得）"（《马蹄》）；无怪他强调"安其（指民）性命之情"；无怪他强调"顺物自然"，强调"无为"。

当然他所向往的社会，是不能有的，是空想。但这种愿望，难道不是在重压下人民的愿望吗？假如我们再从他批判嘲笑孔子所行是"取先王已陈刍狗"来"游居寝卧其下"断定他是"推舟于陆"行不通，而得出"礼义法度者，应时而变者也"（《天运》）的言论来看，再从他说"物之生也，若骤若驰，无动而不变，无时而不移"（《秋水》）的观点来看，就更不会误会庄子是想开倒车了。他只是用上古传闻来寄托他的理想而已。

他的这种理想，有时用寓言表现出来：

> 庄子之楚，见空髑髅，髐然有形。撽以马捶，因而问之

曰:"夫子贪生失理而为(致)此乎？将子有亡国之事，斧
钺之诛而为此乎？将子有不善之行愧遗父母妻子之丑而为
此乎？将子有冻馁之患而为此乎？将子之春秋故及此乎？"
于是语卒，援髑髅枕而卧。夜半，髑髅见梦曰:"子之谈者，
似辩士；视子所言，皆生人之累也，死则无此矣。子欲闻
死之说乎？"庄子曰:"然。"髑髅曰:"死无君于上，无臣
于下，无四时之事(指劳役)，从然以天地为春秋，虽南面
王乐不能过也。"庄子不信，曰:"吾使司命复生子形，为子
骨肉肌肤，反子父母、妻子、闾里、知识(朋友)，子欲之
乎？"髑髅深矉蹙頞曰:"吾安能弃南面王乐而复为人间之劳
乎？"

——《至乐》

这已绝不仅是"鲜(斯)民之生，不如死之久矣"的感情，
更重要的是他用寓言来否定"君"。这种无"君"思想，已远远超
过了他的时代，而为诸子百家所不能和不敢想的。

由上所述，可知庄子是如何地关心、同情苦难的人民，如何
反对统治者的礼义法度，如何批判为新旧统治服务来图富贵的才
智之士。我们应该像郭沫若先生那样肯定:"庄子的思想固然是过
了时，但在他的当时，却有许多不失为革命的见解。"[⑤] 他揭示出
的问题和对问题的深入骨髓的看法，都远非百家所可及，可惜的
是他在解决问题的方法上却陷入了空想、形而上学。他归纳了一
些自然社会的现象，得到一些规律，以之应用于人生、社会，便
认为只有反于自然——"真宰"、"道"。同时由于黑暗的压力，使他
认为有许多事是"无可奈何"，而只好"安之若命"，这就变为消
极的了。但是，尽管如此，他的作品的思想内容仍然是"奔逸绝
尘"而不可及。

庄子的艺术风格

"寓言十九"、"重言十七"，这是庄子的创作方法。所以"庄子一书，差不多是一部优美的寓言和故事集"（郭沫若语）。他非常熟悉上古的神话传说资料，他掌握着非常丰富的语汇，他有惊人的想象力；他惯于把神鬼、风云、草木、鸟兽、虫豸人格化，而巧妙地组织起来；通过他的逻辑智慧、讽刺天才，饱和着深挚的感情，而表现为独特的艺术风格，写成了许多美妙的散文诗。

像《逍遥游》写大鹏南飞，从它的形体之大、起飞之高，到大气中物质的活动和大鹏从空视下的情况，生动具体，然后借蜩与学鸠对大鹏的嘲笑，反证了蜩与学鸠的无知。接着又引《齐谐》简短地重复一次，把蜩与学鸠换作斥鴳来笑大鹏道："彼（鹏）且奚适也？我腾跃而上，不过数仞而下，翱翔蓬蒿之间，此亦飞之至也！而彼且奚适也？"实际上正嘲笑了耍小聪明而自以为了不起的人物。

在《齐物论》篇连用十六个形容词来描写"万窍"的形状声音，结合着总的声音、形状的描写，来譬喻各家无意义的争辩。

《养生主》篇写庖丁解牛的动态："手之所触，肩之所倚，足之所履，膝之所踦，砉然、响然，奏刀騞然，莫不中音，合于桑林之舞，乃中经首之会"，以及庖丁自述解牛时的精神状况，塑造了活生生的形象。

至如《人间世》所写支离疏的残废形态；《德充符》所写子产自恃"执政"的骄矜；《在宥》所写鸿蒙的游；《秋水》所写河伯与东海之鳖；《让王》所写孔子的气度；《田子方》所写的列御寇射；《则阳》所写的戴晋人的蛮触之喻，都写得形神兼备。下面让我们再举两件小故事：

　　子舆与子桑友而霖雨十日。子舆曰："子桑殆疾矣！"裹饭而往食之。至子桑之门，则若歌若哭，鼓琴曰："父邪！母邪！天乎！人乎！"有不任其声，而趋举其诗焉，子舆入曰："子之歌诗，何故若是？"曰："吾思夫使我至此极者而弗得也。父母岂欲吾贫哉？天无私复，地无私载，天地岂私贫我哉？求其为之者而不可得也。然而至此极者命也夫！"

——《大宗师》

由于庄子充分同情着这类贫士，所以他写得那样如闻其不平之声。

惠子相梁，庄子往见之。或谓惠子曰："庄子来欲代子相。"于是惠子恐，搜于国中三日三夜。庄子往见之曰："南方有鸟焉，其名鹓雏，子知之乎？夫鹓雏发于南海，而飞于北海，非梧桐不止，非练食不食，非醴泉不饮。于是鸱得腐鼠，鹓雏过之，（鸱）仰视之曰：'吓！'今子欲以子之梁国而吓我邪！"

——《秋水》

多么幽默而善于讽刺！他可以信手拈来，不加雕琢，而表现着高度的技巧。

我认为庄子在文学史上的地位，应该和屈原、司马迁、李白、杜甫、白居易、辛弃疾、关汉卿、王实甫、施耐庵、吴承恩、曹雪芹……这些光辉伟大的名字并列。

1956 年 12 月

注释：

① 像杨公骥的《中国文学史》上册（东北师大印）。

② 陆侃如、冯沅君的《中国文学史稿》(《文史哲》连载)，只用三四百字介绍庄子。

③ 陆、冯的《中国文学史稿》说：他(庄周)的思想基本上与李耳接近，但比他更退一步，把当时社会的消极面都集中表现出来了。下边即谈了些他的文章特点。李长之的《中国文学史略稿》更说庄子是："多么可耻的寄生阶级的没落思想！"只在下边指出了他的艺术造诣。林庚的《中国文学简史》，几乎不谈思想而只谈文章。

④ 郭沫若：《今昔蒲剑》海燕版293页。

⑤ 郭沫若：《今昔蒲剑》海燕版291页，末句我改动了。

安徽学风

略　叙

安徽自姬周以来，文物日盛，而咎繇之国，在今六安，（见《水经注·淠水》）则远出唐虞之世矣。厥后管子生于颍滨，既佐齐桓以"一匡天下"（按："一匡天下"谓天下不正而皆正之也。旧解指立襄王言，非是。），而其书《七略》列之道家，《汉志》列之法家，道家法家一也。（法家出理官，理官始咎繇，咎繇曰："予未有知。"道法之不任圣智，皆同此意。）其流风所在，李耳、庄周，或颇受其影响。（李耳生苦县历乡，即今鹿邑；庄周生蒙，即今商丘，皆密迩颍上。）故申、韩亦由此出焉。延及汉世，淮南大山、小山之徒，著为《鸿烈》，内篇二十二，大抵皆言道之作；文翁治《春秋》立教于蜀，桓荣明经义为明帝师，皆儒学名家；建安之季，曹氏父子又以文学显。两晋以来，英才不乏，唯学术稍歇耳。有宋一代，吕夷简、公著父子以名臣成家学，希哲、本中至于祖谦，遂开浙学之先。（按：朱熹原籍徽州婺源，今已划归江西，而朱学又本在闽，故不及。）满清盛世，戴震奋起休宁，为当世之大师，兴一代之绝业，二百年之朴学，于斯奠基焉。方苞、姚鼐，又突起桐城，文士亦翕然从之。今述安徽昔贤之学，以管子为首。

一、管　仲

谨按：《管子》之书，本为后人所记，淆乱既甚，不可尽据，惟其行事，见于《左氏》、《公羊》、《穀梁》者，皆足征信。其《国语》、《史记》所载，亦足参证，抽其书中之旨，要以不倍此数者为准。

管夷吾者，字仲，或字敬仲。

谨按：刘向以夷吾为名，诸家或以为字。实则《管子》书中，常以夷吾自称，是夷吾为名也。桓公尊之，故称仲父。

颍上人也。周平王既东迁洛邑，其后郑灭虢，晋灭韩，郑人射桓王中肩，诸侯之国，弑君九。凡八十五年，齐桓公立管仲为相，当此之时，王室衰微，诸侯暴乱，礼义浸坏，廉耻道丧，政教堕于上，小民困于下，故管仲以区区之齐，重农务本，通货积财，设轻重，兴鱼盐以富之；明礼仪，崇廉耻，选孝悌以化之；谨政令，严刑罚以督之。然后制五家为轨，十轨为里，四里为连，十连为乡，以为军令。（见《国语》）国富兵强，主之以德信，乃辅桓公尊王室攘夷狄，兵车之会三，乘车之会六，九合诸侯，一匡天下。

德、信、礼

柯之会，桓公与鲁侯盟，曹沫劫公，取汶阳之田，公欲倍之，管仲因以信之。（见《公羊传》及本传）桓公北伐山戎，管仲因今燕修召公之政。（见本传）桓公与诸侯盟于甯毋以谋郑，管仲曰："臣闻招携以礼，怀远以德，礼德不易，无人不怀。"郑伯使太子华听命于会，太子华倍其父而弱其国，桓公将许之，管仲曰："君以礼与信属诸侯，而以奸终之，无乃不可乎？子父不奸之谓礼，守命共时之谓信，违此二者，奸莫大焉。""且夫合诸侯以崇德也，会而列奸，何以示后嗣？"桓公乃辞焉。（见僖七年《左传》）

葵丘之会，周襄王使宰我赐桓公文武胙，命无下拜，桓公将许之，管仲不可，乃下拜登受。（见僖九年《左传》及《齐世家》）

攘夷、尊周

狄人之伐邢也，管仲言于桓公曰："戎狄豺狼，不可厌也；诸夏亲昵，不可弃也；宴安酖毒，不可怀也。《诗》云：'岂不怀归，畏此简书。'简书同恶，相恤之谓也。请救邢以从简书。"桓公乃救邢。（见闵元年《左传》）

桓公伐楚。楚成王使与师言曰："何故涉吾地？"管仲对曰："昔召康公命我先君曰：'五侯九伯，若实征之，以夹辅周室。'尔贡苞茅不入，王祭不供，无以缩酒，寡人是征。"对曰："贡之不入，寡君之罪也，敢不供给！"遂及楚屈完盟。（见僖四年《左传》及《齐世家》）

周襄王弟带，与戎狄合伐周。管仲平戎于周。王欲以上卿礼之。管仲曰："臣，贱有司也。有天子之二守国、高在。若节春秋，来承王命，何以礼焉？陪臣敢辞。"三让，乃受下卿礼而还。（见僖十一年《左传》及《齐世家》）

桓公自矜其功，欲封禅，管仲曰："古者封泰山禅梁父者，七十有二家，夷吾所记者，十有二焉，皆受命然后得封禅。"公不听，乃说以远方珍怪物至乃得封。桓公乃止。（见《封禅书》、《齐世家》）

大抵管子之术，因当世之需，振周公之敝，而师太公之意者也。其行即以此为准。

谨按：三代之礼制莫备于周公，及于春秋，犯分者日多，故管子因其敝而振之。其结诸侯以信，其一匡之业，则皆以礼。其经国之制，不离《周官》，亦不尽局于《周官》。明吴郡赵用贤言："考管子之说，所以参国为三军者，即伍两卒旅之旧也；因罚备器用者，即两造、两剂之遗也；选士首以好学慈孝且及于拳勇股肱，亦兴贤之故典也；铸币藉[1]以黄金刀布，而并及渔盐针铁，亦圜府之旧章也。又史称太公之治齐，通商贾之策，便鱼盐之利，人民归齐。管仲亦遂因其故而修之耳。"

---

[1] 编者注："藉"同"借"。为尽量保留原文早年面貌，故此。

管子之言曰："期而致，使而往，百姓舍己以上为心者，教之所期也；未之令而为，未之使而往，上不加勉，而民自尽竭，俗之所期也；好恶形于心，百姓化于下，罚未行而民畏恐，赏未加而民劝勉，诚信之所期也；令则行，禁则止，宪之所及，俗之所被，如百姓之从心，政之所期也。"（《立政篇》）此政之极则。

四　维

其言又曰："其所以教民成俗，著信立政者，则首在修四维行四顺。故曰：国有四维，一维绝则倾，二维绝则危，三维绝则覆，四维绝则灭。倾可正也，危可安也，覆可起也，灭不可复错也。何谓四维？一曰礼，二曰义，三曰廉，四曰耻。礼不逾节，义不自进，廉不蔽恶，耻不从枉。故不逾节，则上位安；不自进，则民无巧诈；不蔽恶，则行自全；不从枉，则邪事不生。"（《牧民》篇）

谨按：《五代史·冯道传论》曰："礼义治人之大法，廉耻立人之大节。"盖治国之事虽多，要以此四者为急。今更释之如次：

一、禮（礼本字）——《说文》："履也。所以事神致福也。从示从豊。""豊，行礼之器也。"此禮之本义。引申之则有行义。《礼记·祭义》："礼者，履此者也。"《仲尼燕居》："言而行之，礼也。"《左昭二十五年传》："夫礼，天之经也，地之义也，民之行也。"行必有节，故引申之则有节义。《荀子·致仕》："礼者，节之准也。"《晋语》："夫礼，国之纪也。"纪、别，节、制，义通。《仲尼燕居》："礼者，理也。"《乐记》："礼也者，理之不可易者也。"理训分理，犹纪训节制也。礼经三百，行之者必各有其分，各有其别，即各有其节矣。国之乱，则人不尽其分，不安其分，而好犯分。故管子以礼正之。且释之曰："礼不逾节"，又申之曰："不逾节，则上位安"。

二、義（义本字）——《说文》："己之威仪也。从我羊。"仁義之字，本作谊。《说文》训"人所宜"。经传则皆通用义。《礼记·中庸》："義者，宜也。"《祭义》："義者，宜此者也。"此皆就谊为训。然義之本训，有我义，从我羊，羊者，善也。故《春秋繁露》曰："義者，我也。宜在我，谓之義。""宜在我者"，犹善在我也。盖为义者，当求其在我，不当求之于外。所谓"不患人之不己知，患其不能也。"乱国之人，不能修己，而饕贪富贵，故管子正之曰："義不自进。"又申之曰："不自进，则民无巧诈。"

　　三、廉——《说文》："仄也。从广，兼声。"仄，即侧，谓堂之侧边也。《广雅·释言》："廉，稜也。"《礼记·乐记》："哀以立廉。"注："廉，廉隅也。"盖侧则有稜，稜则有隅，有隅者，方也，正也，直也，皆引申之义。故《晋语》："杀君以为廉。"《虞注》："直也。"方正质直之人，是则是，非则非，勇于承过，如子路之喜闻过也。然世人多察人昧己，苛人恕己，内不自讼，有过必文，败事辱身，于斯为大。故曰："廉不蔽恶。不蔽恶则行自全。"

　　四、耻——《说文》："辱也。从心，耳声。"《穀梁襄二十九年传》："君不使无耻。"《注》："无耻，不知臧否。"《论语》："行己有耻。"《孔注》："有耻者，有所不为。"盖羞辱之心，生于知善恶，善恶既辨，则为善不为恶矣。故曰："耻不从枉。"不从枉者，不顺曲邪也，如此则邪事不生矣。

　　又曰："政之所兴，在顺民心。民恶忧劳，我佚乐之；民恶贫贱，我富贵之；民恶危坠，我存安之；民恶灭绝，我生育之。此其政之所易成也。"

　　然管子深知无恒产者，无恒心。徒恃教化刑罚不足用也。故曰："仓廪实则知礼节，衣食足则知荣辱。"其书所载，大半皆厚生之道也。

　　谨按：近世唯物哲学家谓：物质为宇宙万有之中心，精神为由物质所产生之运动。社会生活之物质条件，为精神发展之基础。

管子以"仓廪实"、"衣食足"为"知礼节"、"知荣辱"之先决条件，深合于历史社会实际，与唯物哲学，若合符契。

管子相齐四十年，老死于齐。

二、文　翁

文翁者，庐江舒人也。（旧舒，即今庐江。）生当汉景帝之时。少好学，通《春秋》。

谨按：《春秋》元有五家：曰《公羊氏》，胡母生、董仲舒传之，二人皆为景帝时博士；曰《左氏》，张苍、贾谊传之，至平帝时，始得立学官；曰《邹氏》，曰《夹氏》，不显。文翁时，唯《公羊》为盛，其所学，或《公羊春秋》邪？

以郡县吏察举，为蜀郡太守。仁爱，好教化。见蜀地辟陋，有蛮夷风，欲诱进之。乃选郡县小吏——开敏有才者——张叔等十余人，亲自饬厉，遣诣京师受业博士，或学律令。又修起学官（学官，即学舍。）于成都市中。招下县子弟为学官弟子。

谨按：秦楚之际，学术废缺，唯鲁中诸儒尚讲诵习礼，弦歌不绝。汉兴，改秦之败，然犹有干戈，未皇庠序之事。其时，言《易》，有淄川田生；言《书》，有济南伏生；言《诗》，于鲁则申培公，于齐则辕固生，燕则韩太傅；言《礼》，则高堂生；言《春秋》，于齐则胡母生，于赵则董仲舒。然皆私相传授，与学官无与。而文翁独首兴学校于蜀，遂为汉廷立学之始。

其受业于京师归者，文翁皆以为右职，用次察举官，有至郡守刺史者。其学于成都学官者，文翁为除其更徭，高者以补郡县吏，次为孝弟力田。其崇奖学者如此。文翁又常选学官僮子，使在便坐受事；每出行县，益从学官诸生明经饬行者与具，使传教令，出入闺阁。盖其教之所重，不在于明习章句而已，乃在于修身治事，期于有用也。于是蜀民大化，学者蔚起，彬彬与齐鲁同风。

谨按：武帝时，公孙弘以治《春秋》为丞相，乃请为博士官置弟子五十人，复其身，帝许之。其时始建五经博士，立博士弟子之制。庠序之教，犹未能宏。至王莽，乃令天下郡国，立学校官。

文翁终于蜀。吏民为立祠堂，岁时祭祀不绝。

三、桓　谭

桓谭，字君山。沛国相人也。（相，今宿县。）生当汉哀、平、光武之世。博学多通，遍习五经，皆诂训大义，不为章句。能文章，尤好古学，数从刘歆、扬雄，辨析疑异。

谨按：西汉儒生，多守一艺，鲜能兼通。抱残守缺，一禀师承。桓君山博通诸经，不守章句，实当时之通儒。

好音律，善鼓琴，简易不修威仪，而喜非毁俗儒。由是亦多见排抵。董贤为大司马，闻谭名，欲与之交，谭先奏书于贤，说以辅国保身之术，贤不能用，遂不与通。当王莽居摄篡弑之际，刘歆以汉宗室硕学，为莽国师；扬雄以淡泊清静，作《剧秦美新》——二人皆善谭；天下之士，莫不褒称德美，作符命以求容媚，而谭独自守，默然无言。初谭哀帝时为郎。莽时为掌乐大夫。更始立，召拜太中大夫。光武即位，征待诏。谭上书言事，失旨，不用。后因宋弘荐，拜议郎给事中。因上疏陈时政所宜。书奏，不省。是时，帝方信谶，多以决定嫌疑义；酬赏少薄，天下不时安定。谭复上疏言信谶之非，及应轻爵重赏。帝省奏益不悦。其后有诏会议灵台所处。帝谓谭曰："吾欲谶决之，何如？"谭默然良久曰："臣不识谶。"帝问其故。谭复极言谶之非经。帝大怒曰："桓谭非圣无法。"将下斩之，谭叩头流血，良久，乃得解。

谨按：谶纬之书，起于西京成、哀之季。（见张衡上《疏》及刘勰《文心雕龙》）谶者，验也。言于前，而验于后，斯谓之谶。秦时燕人卢生有"亡秦者胡也"之语,《史记·秦本纪》有人遮使者曰:"今年祖龙死。"皆是。本皆方士所为,怪诞不经,而远托之孔子。纬书与谶稍别,然大抵亦附会经义,妄托圣言,以便己私。二者本无研究之价值,唯王莽以之篡汉,光武又以之中兴,其说遂大盛。俗儒趋时苟合,至言五经者,皆凭谶为说。(见《隋书·经籍志》)虽大儒如郑玄,亦且采之。唯桓谭、尹敏、张衡、荀悦,卓尔不惑。《后汉书·贾逵传论》曰:"桓谭以不善谶流亡,郑兴以逊辞仅免,贾逵能附会文致,最差显贵,世主以此论学,悲矣哉!"于此可以见其风矣。

出为六安郡丞,意忽忽不乐,道病卒。所著书二十九篇,号曰《新论》。所著赋诔书奏,凡二十六篇。

谨按:桓谭之书已佚,不可详知;其散见于他书者,往往近于仳琐,或曰宋人小说札记之流;论在名物,其正虚妄,审乡背,近之矣。(余杭章先生语)然王充尝言:"论说之徒,君山为甲。"又言:"桓君山素丞相之迹,存于《新论》。"王充既一世之杰,推崇如此,则其度越俗儒远矣。

大抵桓谭之学,前与扬雄、刘歆同博,后亦与杜林、郑玄、陈元并称,其论辩则与王充相比,而其骨髓,则又雄、歆之所未逮也。

谨按:儒士与经生,本当有别。儒生具材艺,周世故,期于用世;经生守残缺,究章句,明训诂而已。桓谭,儒士也。与陆贾、贾谊同科。后世或谓其近于法家,妄矣。观其陈时政也:

一曰:"求辅佐"——"辅佐贤明,则俊士充朝。"

二曰:"因世俗"——"善政者,视俗而施教;察失而立方。"

三曰:"不违众"——"夫更张难行,而拂众者亡。"

此其所谓"求贤"、"因俗"、"顺众"、"不更张",皆与法家相反。而为儒家之常言。至其所言法:

一曰:"设法禁者,非能尽塞天下之奸,皆合众人之所欲也。大抵又取便国利事者可矣。"

一曰:"法令决事,轻重不齐,可令通义理而习法律者,校定科比,一其法度。"

此其所言,与专以法为致治之源者有殊。特仅就事实,为正其失而已。又其攻谶也,则曰:"观先王之所记述,咸以仁义正道为本;非有奇怪虚诞之说。……宜屏群小之曲说,述五经之正义。"其旨趣大抵如此。

四、桓荣 子郁 孙焉 曾孙鸾 玄孙典 彬

桓荣,字春卿。沛郡龙亢人也。(龙亢故城在今怀远县西七十里)生于西汉之季。少学长安,习欧阳《尚书》,事博士九江朱普。

谨按:《汉书·儒林传》载:九江朱普字公文。受业于平当为博士。徒众尤盛。汉九江,治寿春,今寿县也。今列其传受于下:伏生——欧阳生——儿宽——欧阳生子——欧阳高——林尊——平当——朱普——桓荣。

贫穷无资,常客佣以自给。精力不倦,十五年不窥家园。王莽篡位乃归。会朱普卒,荣奔丧九江,负土成坟。因留教授,徒众数百人。莽败,天下乱。荣抱其经书,与弟子逃匿山谷,虽常饥困,而讲论不辍。后复客授江淮间。

谨按:谢承《后汉书》云:"荣门徒常四百余人。"

光武建武十九年,豫章何汤以明经为虎贲中郎——何汤者,荣之高弟——方将以《尚书》授太子。光武从容问汤:"本师为谁?"对曰:"事沛国桓荣。"时荣年六十余,始辟大司徒府。光武即召荣令说《尚书》,甚善之。拜为议郎,赐钱十万。入使授太子。每朝会,则令荣于公卿前敷奏经书,帝未尝不称善。曰:"得生几晚。"荣笃学谦抑,行止有节,时儒莫及。光武欲用荣为欧阳博士,荣自称经术浅薄,让于彭闳、皋弘,然帝终拜荣为博士。车驾幸太学,会诸博士论难于前,荣被服儒衣,温恭而有蕴藉。

辩明经义。以礼让相厌，不以辞长胜人。帝常赞叹，以为"真儒生也"。

谨按：汉世儒生，或以经术阿世，以取显贵，如公孙弘之流是也；或以狡诈盗名，如孟喜之流是也；或以阴阳怪诞，附会图谶，以取荣贵，如贾逵之徒，其数尤众也。桓荣默默若无所长，而行身有度，宜其见敬于当时矣。

荣常止宿太子宫积五年。后为太子少傅，拜太常。明帝即位，尊以师礼，甚见亲重。尝幸太常府，令荣坐东南设几杖。会百官，骠骑将军东平王苍以下，及荣门生数百人，天子亲自执业，每言辄曰："太师在是。"既罢，悉以大官供具，赐太常家。永平二年（59），拜荣为五更。晋封为关内侯，食邑五千户。病卒，其弟子豫章何汤、九江胡宪、颍川丁鸿等皆尊显，而丁鸿尤为名儒。子郁嗣。

郁字仲恩。少以父任为郎。敦厚、笃学，传父业。以《尚书》教授门徒，常数百人。荣卒，郁当袭爵，上书让于兄子汎，明帝不许。不得已受封，悉以租入与之。永平十五年（72），入授皇太子经，尝上书太子曰："愚以为太子上当合圣心，下当卓绝于众；宜思远虑，以光朝廷。"章帝即位，郁以母忧乞身，诏听以侍中行服。和帝即位，富于春秋，郁复入侍讲。永元四年（61）拜太常。明年病卒。初荣受朱普学，章句四十万言，浮辞繁长，多过其实。荣减为二十三万言。郁复删省，定为十二万言。由是《尚书》有桓君大小太常章句。

谨按：《汉书·儒林传赞》曰："自武帝立五经博士，迄于元始（平帝年号）百有余年，传业者寖盛，支叶蕃滋，一经说至百余万言。"《后汉书·郑玄传论》曰："经有数家，家有数说，章句多者，或乃百余万言。"桓谭《新论》云："秦延君能说《尚书》篇名二字，十余万言，但说'曰若稽古'三万言。"据此则当时经说之支离破碎可知矣。此即司马谈所谓"博而寡要，劳而少功"者也。桓君之书，固不可见；要其删定之事，实最重要之工作也。

门人华阴杨震，京兆朱宠。震字伯起。明经博览，生徒千数。诸儒为之语曰："关西孔子杨伯起。"宠亦笃行好学。大抵皆荣、郁之化也。郁有六子，中子焉，能传其家学。

谨按：《华峤书》曰："郁六子：普、延、焉、俊、酆、良。普嗣侯。酆良子孙，皆博学有才能。"

焉字叔元。明经笃行，有名称。入授安帝、顺帝，历仕侍中步兵校尉、光禄大夫、太常、太傅。封阳平侯，固让不受。又为大鸿胪，太尉。汉安（顺帝年号）二年（143）卒。弟子传业者数百人，黄琼、杨赐最著。孙典。

典字公雅。复传其家业。以《尚书》教授颍川，门徒数百人。年十二，丧父母，事叔母如事亲。立廉操，不取于人，门生故吏尚遗，一无所受。灵帝时，宦官秉权，典为侍御史，无所回避，常乘骢马，京师畏惮，为之语曰："行行且止止，避骢马御史。"

鸾字始春。焉弟良子也。少立操行，褞袍糟食，不求盈余。其贞亮之性，著乎幼冲。学览六经，莫不贯综。推财孤寡，分赒友朋。（见《东观汉记》）为议郎。上陈五事"举贤才、审授用、黜佞倖、省苑囿，息役赋"。子晔。

晔字文林。尤修志介。举孝廉，有道，方正，茂才，三公辟，皆不就。献帝初平中，天下乱。避地会稽，遂浮海客交阯。越人化其节，至闾里不争讼。

彬字彦林。焉之兄孙也。（父麟，麟父酆。）少与蔡邕齐名。举孝廉拜尚书郎。彬厉志操，与中常侍曹节忤，遂以废。灵帝光和元年（178）卒。蔡邕等论之曰："彬有过人者四：夙慧早成，岐嶷也；学优文丽，至通也；仕不苟禄，绝高也；辞隆从窊，絜操也。"乃共树碑而颂焉。

谨按：《后汉书·桓氏本传·论》云："伏氏自东西京，相袭为名儒；中兴而桓氏尤盛。自荣至典，世宗其道，父子兄弟。代作帝师。"夫以荣、郁之学行，既著于前，其后子孙又皆执节坚贞，守正不惑，其门下士，亦多耿介公亮，此其学风之所被，岂不远哉？何必高谈精微，始称鸿儒乎？

又按：汉初盛行黄老之术，（如相国曹参、文帝、窦太后）亦间杂有阴阳、名法、从衡之言，《淮南子》即其时代所产生也。其时学术始萌芽，而文翁乃能兴于其间。武帝而后，儒者独尊，然彼时儒者，实多固陋，董仲舒之喜言阴阳五行，谶纬继之，而桓谭乃能挺立其际。至于东京，桓氏极盛。盖皆非偶然者也。故备录焉。

1942 年 10 月于古碑冲

关于屈原的有无问题

近来翻了时贤的几本文学史，发现了一些不应有的问题。本来"怀疑"是做学问的必要条件，但怀疑过度，就会带来很坏的影响。现在就一些作者对先秦伟大诗人——屈原所采取的否定态度，提出个人看法。

屈原其人，是二千多年没有人怀疑过的。因为我们从他的伟大的作品上，从贾谊的《吊屈原赋》，《史记·屈原传》，淮南王安《离骚传》，《汉书·艺文志》的"屈原赋二十五篇"及一切一切文士们悲屈原、慕屈原、学屈原、赞屈原的文字上，都可以证明屈原存在之不容怀疑和他对中国文学传统贡献之大，根本谈不到他的有无问题。

但是，到了清末的廖季平，却竟认为屈原是"子虚""乌有"。他说："《史记·屈原贾生列传》不可靠。"又说："《离骚》首句云：'帝高阳之苗裔兮'，是秦始皇的自序。屈原的作品，大半皆秦博士所为。"这是谢无量《楚辞新论》引廖氏的《楚辞新解》的话，《楚辞新解》原书如何？我没有看到。但他这种新奇的说法，却引起了胡适对这问题的研究。

胡适在他的《读楚辞》一文（《胡适文存》二集卷一）里，曾举出两条理由：

一、《史记》本来不可靠，而《屈贾传》尤不可靠。

（子）传末有云："及孝文崩，孝武皇帝立……而贾嘉最好学……至孝昭时，列为九卿。"司马迁何能知孝昭的谥法？——可疑。孝文之后，为景帝，如何可说"孝文皇帝崩，孝武皇帝立？”——二可疑。

（丑）《屈原传》叙事不明：先说"王怒而疏屈平"；次说"屈平既疏，不复在位。使于齐，顾反，谏怀王：'何不杀张仪？'王悔，追张仪不及"；又说"顷襄王立，以子兰为令尹。楚人既咎子兰以劝怀王入秦而不返也，屈平既嫉之，虽放流，眷顾楚国，系心怀王，不忘欲反"；又说"令尹子兰闻之大怒，卒使上官大夫短屈原于顷襄王。王怒而迁之"。"既疏"了，既"不复在位"了，又"使于齐"，又"谏"重大的事，一大可疑。前面不曾说"放流"，出使于齐的人，又能谏大事的，自然不曾被"放流"，而下面忽说"虽放流"，忽说"迁之"，二大可疑。"秦虎狼之国，不可信"二句，依《楚世家》是昭雎的话，"何不杀张仪"一段，《张仪传》无此语，亦无"王悔，追张仪不及"等事，三大可疑。怀王拿来换张仪的地，此《传》说是"秦割汉中地"，《张仪传》说是"秦欲割黔中地"，《楚世家》说是"秦割汉中之半"，究竟是"汉中"，是"黔中"呢？四大可疑。前称"屈平"，而后半忽称"屈原"，五大可疑。

二、传说的屈原，若真有其人，必不会生在秦汉以前。

（子）"屈原明明是一个理想的忠臣，但这种忠臣在汉以前是不曾发生的。因为战国时代不会有这等奇怪的君臣观念。"

（丑）传说的屈原，是根据于一种"儒教化"的《楚辞》解释的，但我们知道这种"儒教化"的古书解，是汉人的拿手好戏。只有那笨陋的汉朝学究，能干出这种笨事。

胡适由第一点所说的几个可疑，便证明了"屈原"是理想的人物。但我们如果有史学常识，并且细心地一读《屈贾列传》，我们便会发现胡氏的武断和他读书的不细心。同时他所疑的，也大多不成问题。至于拿他所说的几个疑点，来证屈原的必无其人，那就更不够了。现在逐条分辩于后。

第一，（子）胡氏说："司马迁何以能知孝昭的谥法？"不知

《史记》里后人增加的地方很多，如《司马相如传赞》云："……扬雄以为靡丽之赋，劝百讽一……"，云云，司马迁何以能引扬雄之语？此为后人所加可知。我们正可根据"至孝昭时，列为九卿"，"靡丽之赋，劝百讽一"等语为后人所加，不能据此一二语反证《屈贾》、《司马相如传》之不可靠，甚至证明"屈贾"、"司马"并无其人。又按刘知几《史通》云："《史记》止汉武太初。其后刘向、向子歆，及诸好事者，若冯商、卫衡、扬雄、史岑、梁审、肆仁、晋冯、段肃、韦融、萧奋、刘恂等，相次撰续，迄于哀平间，犹名《史记》。"故凡《史记》中有言及司马迁身后之事者，皆当出续书乱之也。胡氏又说："孝文后为孝景，如何可说'孝文皇帝崩，孝武皇帝立？'"不知这种错误当然出于传写之手。因为司马迁固不容有此错，而作伪者也不至有此错。我们如果是平心读书的话，也正可于这两句下注道："按孝文后为孝景，此处有脱误。"与证明《屈原传》之是否可靠，和屈贾之是否有其人，无关。

（丑）胡氏说："（屈原）'既疏'了，既'不复在位'了，又'使于齐'，又'谏'重大的事，一大可疑。"不知"疏"字是对"王甚任之"之"任"而言，"疏"不过疏远一点；"不复在位"不过是不任"左徒"之位。既未放逐，何尝不可充"使"？何尝不可"谏"大事？胡氏又说："前面不曾说'放流'，而下面忽说'虽放流'，忽说'迁之'，二大可疑。"不知从本传上看：自屈原为"左徒"，至怀王入秦，这一期中，屈原的遭遇，仅是由"任"而"疏"，当然没有被放流。因为他在怀王入秦时，还在谏诤呢！等到怀王入秦不返，而楚迎立太子横，横立首先便用与屈原对立的子兰为令尹。本传说："楚人既咎子兰，以劝怀王入秦而不返也；屈平既嫉之，虽放流……"在子兰初为令尹的时候，受到楚人的攻击，又受到屈原的嫉恶，而屈原的初放，就应该是这样环境造成的。虽然这里没有写放屈原的话，但有"虽放流"三字，可知屈原这时是被放了。因为这时是被放了，所以下面说"迁之"，便是进一步迁远他的放所。而我们的诗人的一生，便由"任"而"疏"而"放"而"迁"，终于怀沙自沉了。

胡氏又说"秦虎狼……"二句，是昭睢的话，"何不杀张仪"及"追张仪"等《张仪传》亦无之。不知"秦虎狼……"语，司马贞早已注明"盖二人（昭睢、屈原）同谏王，故彼此各随录之也"。因为作史惯例：有同一件事，甲传归功于甲，乙传归功于乙的。（如赵孝成王九年（公元前257）秦国邯郸一事，而《楚世家》、《魏世家》，所叙各不同，《信陵君传》云："公子……进兵击秦军，秦军解去，遂救邯郸，存赵。"《春申君传》云："楚使春申君救赵，秦兵亦去。"又如《平原君传》载秦军为李同却三十里。《鲁仲连传》又载秦军为鲁仲连却五十里。我们当然不能根据此传而不承认彼传。）胡氏因昭睢有此话，来证明屈原的话靠不住，但也何尝不可因屈原有此话，证明昭睢的话靠不住呢？至于"何不杀张仪"及"王追张仪"事，不见《仪传》者，也是历史家的常例。因为这是屈原的话，是由于屈原的事写在《屈原传》，足见他的识见，别人传上，却不必要了。假如每件史实，凡有关者的传上，都要写出，岂不尽成重复，浪费笔墨？

至于汉中、黔中的问题，《楚世家》、《张仪传》、《屈原传》三说不同，但我们若无新的材料，就无法证明哪一种说法是错误。何况错误与否，与屈原的有无，本来无关呢！

前称屈平，后称屈原的问题，这本琐屑不足道，不过我们要知道：司马迁作《史记》，多有依据。其称谓亦极不一致，大抵因其所本而定。《屈原传》前半多用淮南王安《离骚传》，后半又抄渔父事；《离骚传》称"屈平"，史迁也因之称"屈平"；《渔父》篇称"屈原"，史迁也因之称"屈原"罢了。

第二，胡氏这里的（子）（丑）两项，都是向传说的屈原进攻，但我要问：胡氏所怀疑的"屈原"，究竟是屈原的本人呢？还

是汉人传说呢? 如果只攻传说, 那么, 就无异说"屈原尽管'有',
传说不足信"。如果拿攻传说的屈原, 来做攻屈原本身的证据,
那么, 我们的祖先, 许多因有传说错误, 不近理, 便都可以一笔
抹杀了! 这是根本说不通的。

至于屈原是否理想的忠臣, 郑宾于说得很好, 我们姑且录来
作为参证。他说:

> 汉以前的忠臣, 如桀杀龙逢, 不必说了, 因为我们对于
> 这一代的历史, 还很怀疑。但孔子所称赞的'微子去之, 箕
> 子为之奴, 比干谏而死'的'史实'是很可靠的; 请问之数
> 子者, 是否忠臣? 是否有奇怪的君臣观念? 何况屈原又并不
> 见得是有奇怪的君臣观念的? 胡适之先生说'屈原明明是一
> 个理想的忠臣', 我实不知道从何处明明起。
>
> ——郑宾于著《文学史》

至于廖氏所说的"'帝高阳之苗裔兮', 是秦始皇的自叙"云
云, 我们除了从《史记·秦本纪》和《楚世家》里看见"秦楚的先
人, 都是'帝高阳之子孙'"外, 丝毫找不到《离骚》和"秦始皇"
及"秦博士"的关系。但是我们读了《离骚》本文, 却不能不承
认他是汉以前文学史上惊人的奇迹。从这篇作品上, 我们可以看
到: "屈原的性格"、"屈原的情感"、"屈原的想象"、"屈原的学问"、
"屈原的遭遇"及一切一切, 他这篇有生命的文字, 无异于替我们
介绍了它自己的主人。我们从《离骚》本身上, 无法怀疑它是别
一时代(汉以后)的产品, 别一无名氏的伪作。其实历史上哪里有
这样的高明文学家, 吃饱无事, 专替别人作伪, 替别人做不朽的
事业呢?

1942 年 4 月于大别山中

屈原其人其赋

一

我头一个要谈的问题，是屈原"人"与"赋"本身存在与否的问题，本来屈原这个纪元前 3 世纪的大诗人，无疑地是奠定中国文学优秀传统的第一位伟大作家，两千余年来，可以说没有什么异议，但在本世纪[1]初年轻今文学家的廖平，却否定了屈原其人的存在。胡适随声附和说他（屈原）至多是"箭垛式的人物"，也不相信他的存在。我在 1942 年春曾作《关于屈原的有无问题》一文，予廖、胡以反驳（登在《中原》杂志上），而郭沫若先生的《屈原研究》出版后，更对这新奇的说法予以有力的批判，同时也肯定了屈原的地位，至于其他楚辞专家对屈原的存在也都是肯定的，因此这一问题，我现在不多谈了。

另一方面从廖平把《离骚》归于秦博士后，尽管他的附会并没有取信于读者，但最近朱东润先生作《楚辞探故》——《光明日报》3 月 17 日、31 日，4 月 28 日，5 月 12 日《学术》副刊连载——却又很武断地把《离骚》、《九章》、《招魂》等都一股脑儿归于淮南王安和他的群臣，他在《探故二》论《离骚》作者时，主要论点是：（一）《汉书·淮南王传》"初安入朝……上使为《离骚传》，旦受诏日食时上"。（二）并引了荀悦《汉纪·孝武皇帝纪》，高诱《淮南子序》中和本传差不多的记载，而《离骚传》的"传"作"赋"。（三）又根据王念孙的说法："传当为傅，傅与赋古字通。"结论：刘安所作《离骚赋》即今《离骚》。这说法是新奇的，因此

---

[1] 编者注：此处指 20 世纪。

有谈一谈的必要。

我认为像《离骚》那样二千四百字的长篇伟制，无论如何不是一早晨可以作就。(《淮南传》、《淮南序》皆言旦受诏日食时作好）而且刘安所作《离骚传》(或赋）是另一篇文字，司马迁还节抄在《屈原传》中，(即"屈平疾王听之不聪也"以下至"虽与日月争光可也"）梁代刘勰也还读过，他说："昔汉武爱《骚》，而淮南作《传》，以为《国风》好色而不淫，《小雅》怨诽而不乱，若《离骚》者可谓兼之，蝉蜕秽浊之中，浮游尘埃之外，皭然涅而不缁，虽与日月争光可也。"(《文心雕龙·辨骚》）这很清楚地引用刘安《离骚传》(或赋）的大略。我们依此便可以明白淮南王安所作的是什么了。

我们若再从《离骚》本身来看，(1) 自叙始祖"帝高阳"与刘氏无关。(2) 因谏君而被绌，并屡举因谏遭殃的古人，与刘安行事亦无关。(3) 几次别人劝他(《离骚》中主角）到别国去，这是战国游士的习惯，若被劝者指刘安，那只有到匈奴了。(4) 刘安当着汉武帝的面，发大篇牢骚，也是不可想象的。如此等等，根本无法安在刘安身上，而安在屈原身上却毫无抵触，何况刘安死时(公元前 122) 司马迁已二十一岁，他死后十三年（公元前 109) 司马迁做太史令，假如刘安作了伟大的《离骚》，而且在朝廷上作的，当时人竟都会不知道? 亲身能见到刘安的司马迁也这样糊涂，硬把《离骚》归于屈原吗? 所以朱先生的结论，真足令人惊奇了。

其他传说中与屈原有关的作品，朱先生的结论大略如次:

(一)《天问》——战国时楚人作品。

(二)《远游》、《卜居》、《渔父》——西汉后期作品。

(三)《九歌》——除《山鬼》、《国殇》外，余九篇作于汉武帝时，可能有宣帝时作品。羼入《九歌》，在王莽末。

(四)《九章》——《橘颂》可能是楚人，也可能是淮南人作，《涉江》、《哀郢》是淮南王安的遗臣所作。《思美人》、《惜往日》、

《抽思》、《怀沙》可能时间更后。

（五）《招魂》、《大招》——淮南王安遗臣所作。

我绝对赞成把文学史上的伟大作家和作品，重新考定，但朱先生这里所论到的，大体都用和前面论《离骚》相同的态度和方法，我认为是不妥的。因为朱先生不对前人和时人对此问题已有的主要理论和证据加以批判，而只抽作品或史料中一二点和己意相合的来建立论点，单看起来，似乎也有道理，也引证了许多，但一追实际，就可以发现新说的漏洞百出，尤其是断章取义、曲解附会的地方，叫人怀疑朱先生是否忽略了"实事求是"而有意"矜奇立异"？前面《离骚》问题只是一例，为了篇幅的限制，这里不能再把朱先生的论点一一研讨。不过我认为传说中与屈原有关的作品，除《远游》、《卜居》、《渔父》、《九歌》、《大招》和《九章》中的《惜诵》、《惜往日》、《抽思》、《悲回风》等篇，或早已公认非屈原作，或早有人疑非屈原作（但指为淮南王安及其群臣的却只朱先生一人——据我所知）外，至如《离骚》、《天问》、《招魂》、《哀郢》、《怀沙》，司马迁所称引的那几篇，至今还没有可以动摇它们的证据（包括朱先生的理由在内），而这几篇也便是屈原所以能名垂千古、"死而不亡"的原因，而他的辉煌的光耀，也便一直照射着二千余年的文学史。

二

我想对屈原和可以确定为他的作品做一讨论。

淮南王安说屈原"其志洁，其行廉"，"濯淖污泥之中，蝉蜕于浊秽，以浮游尘埃之外，不获世之滋垢，皭然泥而不滓者也，推此志也，虽与日月争光可也"，这是我们看到的对屈原最早的评论。内容主要是"洁"、"廉"二字，显然这是不够的。王逸以后，一般评屈原及楚辞的人，差不多都拿着儒家的一套伦理做依据，这是长期封建社会儒家统治下的必然现象，我们现在也不预备提它，下面要谈的都是近人新说。题目如次：

1. 屈原是"文学弄臣"吗?
2. 屈原是"人民诗人"吗?
3. 屈原是"民族诗人"吗?

这三个题目，都是必须把作者和作品联系在一起来谈的。"文学弄臣"，是孙次舟先生所倡，而"人民诗人"则是闻一多先生所标，最近又有林庚先生的"民族诗人"一说。这三个说法，在对屈原的研究上，是有进步意义的，在对屈原的彻底了解上，也都有一方面的贡献，因为他们的共同倾向，都是想通过现象，寻求本质。不过我对这三种说法，还有些不同的意见。

第一，我认为屈原不是"文学弄臣"。尽管战国时代，各国堕落的统治阶级——贵族中，不乏面目姣好、衣服都丽、以姿容取宠于君主的，但屈原却不是，因为他是不惮祸殃"恐皇舆之败绩"的人，他是"恐修名之不立"的人，他是"伏清白以死直"的人，他是"固知謇謇之为患，忍而不能舍也"的人，总之他是决不与恶势力妥协的人，和孟轲所说"以顺为正"的"妾妇之道"一类，背道而驰，也就和"弄臣"背道而驰。此其一。

屈原以前，以"文学"做弄臣的，我还没有发现。蓟丘、稷下的先生们不是弄臣；弥子瑕之流，又没有文学；优孟、淳于髡近于弄臣，但他们却凭的是滑稽辩才。屈原很显然是凭政治的才能的，他的文学，是被放逐后，才表现出来的。所以"文学弄臣"，加不到他身上。此其二。

尽管战国时代的知识分子，有以"弄臣"而干预政治的，但却也不是屈原，因为他做"左徒"，有资格参与政治。后来楚国的春申君黄歇也做左徒，也是政治上的重要人物，便是好例。此其三。

第二，闻一多先生表面上承认了上述"文学弄臣"的说法，然后一转，说屈原的地位已是"奴隶"，再进一步说他是敢于"反抗的奴隶"，再进一步说他是"人民诗人"。

关于"奴隶"一点，也许闻一多先生是为了替次舟先生解纷，实际说来，屈原是不能说为"奴隶"的。因为（1）他的出身是贵族，二十来岁便由贵族而做了左徒——内政外交都可以过问的职位，他既非游说之士凭一席话取得富贵，也不是凭资望升迁得来，所以基本上他属于统治阶级。他是楚国统治阶级的优秀人才，他也能得到贵族们所能得到的地位。他当然和专供人驱策的"奴隶"，绝对不同。假如说他对楚王仍是奴隶的话，那所有诸侯国卿大夫全是"奴隶"了！（2）至于他的被放逐以至于流离而死，只是在贵族内部被倾轧的结果。他也不是代表被压迫"阶级"的——尽管他的人格远比得势者为高——所以他的控诉的重心，也止于他个人的愤懑而已。

再说到"人民诗人"，这一点我想闻先生是有为而发。本来在政治黑暗、人民痛苦的时代，知识分子被迫害的牢骚，是可以和广大人民的感情一致的。假如他们再进一步面向人民，深入人民，是可以成为人民诗人的。但屈原却远不够。我们若遍检屈原的作品，可以充分地看到他怀才不遇的愤恨和对楚国统治将要崩溃的痛惋，而很少注意到人民（只有两三处，也不是重心）。这一则由于他所属的阶级，二则由于他所处的时代，限制了他。三则他的忠君爱国，正证明他的利益是和楚王族一致的。四则在贤人决定一切和七国战争频繁的情况下，使他更觉到自己的不被用和自己政策的不能实现，使楚国面临着灭亡的威胁，这便是他写作的主要动力。所以闻先生的说法，我们是可以理解他的心情的，而对屈原的评价，则还应该进一步地研究。

第三，林庚先生所作《民族诗人屈原传》（北京《光明日报》4月15、16、17日连载），很显然地是要通过这篇文章来进行爱国主义教育的。这个企图很好，但有几点强调了他自己主观的愿望，而从屈原的作品和史料上，找不到根据，可能令人感觉到不大真实。如他强调屈原所反抗的是贵族统治集团，然后把屈原放在人民一边。其实屈原和子兰一派的斗争，绝不是阶级斗争。如果屈原胜利了，也至多造成一个较好的统治政府，以延长楚王族的寿命（人民只是间接少受些战祸而已），还不是贵族统治？又如林先生强调了屈原所联络的齐、赵、魏、韩等国，是和平阵营，而与秦——侵略国对抗，其实对抗是事实，但齐、楚、秦本质上是没有差别的。同时真正的和平阵营是社会主义和新民主主义国家在国际主义精神下才有的一种团结，历史上是没有的，不应该拿这个名词乱安。"合纵"是六国生存的唯一道路，屈原是认得清楚的，而子兰为首的投降派，"偷乐"，"嫉妒"，"朋比"，"贪婪"，以致危害国家，这是屈原决不和他们妥协的最大原因。所以林先生的话，是对某些方面过分强调了。

至于称屈原为"民族诗人"，我认为不如"爱国诗人"合适，虽然这两个名词没有显然的大分别。最后我肯定下列几点作为本文的结束：

一、屈原是优越的政治家，这从他的政策和外交工作上可以看出；同时在他被放逐之后，楚国逐渐走向破灭的事实，也足以证明。

二、屈原是人格高尚、感情热烈、富于斗争性的，这一点可以说贯穿在他的全部作品中。一方面他对恶势力深恶痛绝，一方面忠实于他的高贵的理想，他不怕压迫，不惜牺牲，也决不妥协，这是我们不能不承认的。

三、屈原是爱国诗人。（1）他遍尝了流离、困苦、忧煎，以至于死，丝毫没有动摇他对乡土的热爱；（2）在朝秦暮楚的游说时代，他更没有为个人的富贵打算，而只盘算着祖国的安危；（3）本来在平时平民和贵族是有阶级矛盾的，但当强敌压境时，民众却往往首先抗战，在楚怀王被囚于秦而楚国又两次兵败的情况下，屈原的态度，当然受到民众的拥护，屈原和民众在这里是一致了。"楚人既咎子兰以劝怀王入秦而不返也，屈平既嫉之……"（本传），这是当然的。"皇天之不纯命兮，何百姓之震愆？民离散而相失兮，方仲春而东迁。"（《哀郢》）屈原面向民众了——因为他们的命运相同。（4）屈原虽没有直接领导民众，而他的作品至少是影响了中立的贵族和城市平民阶层的，这便是他被楚人世世纪念的缘故，也便在他的影响下，产生了"楚虽三户，亡秦必楚"的民谣，以致影响到秦帝国的被颠覆。

四、屈原是中国文学史上第一个文学家。他生的时代那么早（公元前 3 世纪），而文学成就却空前伟大。他继承了《诗经》的传统，他吸收了当代散文的精粹，他发扬了南方的民歌，他吸取了历代的神话传说，他解放了诗歌的内容及形式，开辟了新诗歌的领域等等。由于各家对屈原的作品，多有详尽的介绍，此文便到此为止。

1951 年 5 月于贵阳花溪

旧事重提

——关于屈原的存在与否和评价

关于屈原的存在问题，两千多年没有人怀疑过，直到清末的廖季平（名平），才首次提出了疑问，而且首次得出了否定屈原存在的结论。20世纪30年代胡适之又提出了对屈原存在的全面怀疑，并断定屈原"是个理想的人物"。50年代初，现在还健在的朱东润先生，又把屈原的《离骚》以下的主要作品，一股脑儿归入淮南王刘安和他的群臣名下，那屈原也就谈不到存在的问题了。这类问题，都先后有人做过辩驳。不过，驳了也就完了，没有发生反复论战的情况。而从20世纪40年代以来，对屈原和《楚辞》的研究，却蓬勃发展，至今已完全可以建立屈原学或楚辞学的独立研究体系了。意外的是近来这一问题又被提了出来，而且是日本朋友提出的。我从《重庆师范学院学报》上找到了韩基国同志译的日本朋友的两篇论文，读了后，对他们的热情、辛勤，很感佩。但除一篇为资料性的，可以不论外，另一篇的论证方法和结论，却未敢苟同。

本来怀疑是研究工作的开端，中国历史上曾出现过善于怀疑、善于批判的人物，庄周、王充等人，都有卓越的贡献。对古人、古事、古书不断提出怀疑，特别在宋代以后，已成了传统学风的一部分。即使结论不够正确，也起着一定的促进学术发展的作用。但到晚清的经今文家廖平、康有为，却使怀疑达到登峰造极的地步，钻了牛角。这倒不是他们敢于怀疑之过，而是他们论证的方法有问题。主观、片面、牵强、附会和武断，是其共有的特点。（当然康有为出于政治目的，另当别论。）本世纪[1]30 年代，学术界是相当活泼的，是好事。但其间由胡适之提倡的"科学方法"和"实验主义"，简单地用于古文化的研究上，却出现过一些奇谈怪论。胡氏最推崇崔东壁的《考信录》，而《考信录》中只相信几部所谓"圣经"、"贤传"，其余诸子百家全不相信；前期的顾颉刚进一步"发现""圣经"、"贤传"也不可靠，集中表现在他编的《古史辨》中。于是，古书古史全不可信，而中国几千年的文化，就成了一堆"伪造"的糊涂账！在他的"考证"下，"大禹"也成了一条"虫虫"而没有其人。鲁迅在《理水》中，曾对此做了尖锐的讽刺。流风所至，墨子成了印度人，《山海经》成了也是印度人追随墨子的随巢子所记……！真令人惊叹不已！而屈原的存在问题，也就是这一浪潮里的一个浪花。当前这一问题，虽然是旧事重提，但依然值得重视。因为每进行一次讨论，就会使研究深入一步，这是不言而喻的。由于我近年来没有从事这方面的工作，没有什么新的收获，所以把过去写的两篇文章，摘要于下，供同志们参考，一篇是《屈原的有无问题》，写于 1942 年大别山中的古碑冲，发表在《中原》杂志上；另一篇《屈原其人其赋》，写于 1951 年端阳节前贵州大学，发表在该校中文系的《屈原》专刊上。文章虽不高明，但基本上还可以代表我的主要观点。

前一篇文章，对廖季平所说"《史记・屈原贾生列传》不可靠"和"《离骚》首句云'帝高阳之苗裔兮'，是秦始皇的自序"，屈原的作品大半皆"秦博士所为"等怪论，我只通过《离骚》本身的内证，证明屈原的存在和他的作品与秦博士无关，没有做更多评论。文章重点是批判胡氏《读楚辞》一文（《胡适文存》二集卷一）。胡氏拿《屈原传》记叙中的一些舛误，断定《传》不可信，再由《传》不可信推定屈原其人也不可信，进一步推论"战国时期

---

[1]　编者注：这里指 20 世纪。

不会有（屈原）这等奇怪的君臣观念"，结论："屈原是理想的忠臣"，不是实有。文章驳道：

第一，（子）胡氏说："司马迁何以能知孝昭的谥法？"不知《史记》里后人增加的地方很多，如《司马相如传赞》："……扬雄以为靡丽之赋，劝百讽一"，云云，司马迁怎能引扬雄之语？此为后人所加可知。我们正可以根据"至孝昭时，列为九卿"、"靡丽之赋，劝百讽一"等语，证明《史记》中有后人所加；不能据此一二语反证《屈原》、《司马相如传》为不可靠，甚至证明屈原、贾谊、司马相如，并无其人。又按刘知几《史通》云："《史记》止汉武太初，其后刘向、向子歆，及诸好事者，若冯商、卫衡、扬雄、史岑、梁审、肆仁、晋冯、段肃、韦融、萧奋、刘恂等，相次撰续，迄于哀平间，犹名《史记》。"故凡《史记》中有言及司马迁身后之事，当皆由续书乱之。

胡氏又说："孝文后为孝景，如何可说，'孝文皇帝崩，孝武皇帝立？'"不知这种错误，显系传写之讹。因为司马迁固不容有此误，而'作伪'者也不会有此误。我们正可于这句下注道："按孝文后为孝景，此处有舛误。"与证明《屈原传》之是否可靠和屈原是否有其人，根本无关。

（丑）胡氏说："（屈原）既疏了，既不复在位了，又使于齐，又谏重大的事，一大可疑。"不知"疏"字是对"王甚任之"之"任"而言。"疏"不过疏远一点；"不复在位"，不过是不在"左徒"之位。既未放逐，何尝不可充"使"？何尝不可"谏"大事？胡氏又说：前面不曾说"放流"，而下面忽说"虽放流"，忽说"迁之"，二大可疑。不知从本传上看：自屈原为左徒至怀王入秦这一期中，屈原的遭遇，仅是由"任"而"疏"，当然没有被放流。因为他在怀王入秦时，还在谏净呢！等到怀王入秦不返，而楚立太子横；横立，首先便用屈原反对的子兰为令尹。本传说："楚人既咎子兰以劝怀王入秦而不反也；屈平既嫉之，虽放流……"在子兰初为令尹时，受到楚人的攻击，又受到屈原的嫉恶，而屈原的被放，就应该是这样环境造成的。这里虽没有写放屈原的话，但有"虽放流"三字，可知屈原这时是被放了。因为这时被放了，所以后文的"迁之"，便是进一步迁远他的放所。而我们的诗人的一生，便由"任"而"疏"而"放"而"迁"终于"自沉"了。

胡氏又说："秦虎狼……"二句，是昭雎的话，"何不杀张仪"，及"追张仪"等《仪传》亦无之。不知"秦虎狼"语下，司马贞早已注明："盖二人（昭雎、屈原）同谏王，故彼此各随录之也。"因为作史惯例：有同一件事，甲传归功于甲，乙传归功于乙的。如赵孝成王九年秦围邯郸一事，《楚世家》、《魏世家》所叙各不同。《信陵君传》云："公子……进兵击秦军，秦军解去，遂救邯郸，存赵。"《春申君传》云："楚使春申君将兵往救之，秦兵亦去。"又《平原君传》载秦军为李同却三十里，《鲁仲连传》秦军为鲁仲连却五十里。我们当然不能据此传而不承认彼传。胡氏用昭雎有此话，来证明屈原的话靠不住；但也何尝不可用屈原有此话，证明昭雎的话靠不住呢？至于"何不杀张仪"及"追张仪"事，不见《仪传》者，也是历史家的常例。因为这是屈原的话，是屈原的事，写在《屈传》，足见他的见识，别人传上，就不必要了。至于（胡适指出的）"汉中"、"黔中"《楚世家》、《张仪传》、《屈原传》三说不同的问题，我们若无新的材料，证明哪种说法对，哪种说法不对，就只好存疑。何况地名的错误与否，与屈原其人的有无，根本无关呢！

胡氏还指出《屈原传》前称屈平，后称屈原的问题。这本琐屑不足道，但也应知道司马迁作《史记》，多有文字依据。其称谓不大一致，大抵因其所有材料不同之故。《屈原传》前半多用淮南王刘安《离骚传》，后半又抄《渔父》等事。《离骚传》称"屈平"，司马迁也因之称"屈平"；《渔父》称"屈原"，司马迁也因之称"屈原"罢了。

第二胡氏这里的（子）（丑）两项，都是向传说的屈原进攻。但我要问：胡氏所怀疑的屈原，究竟是屈原本人呢？还是汉人传说的屈原呢？如果只攻传说，那就无异说"屈原尽管有，传说不足信"。如果拿攻传说的屈原，来做攻屈原本身的证据，那我们的祖先，有许多因传说有误、不近理，便都可以一笔抹杀了吗？这是根本说不通的。

关于屈原是否"理想的忠臣"？郑宾于先生说得好："汉以前的忠臣如桀杀龙逢，不必说了，因为我们对这一代的历史，还很怀疑。但孔子所称赞的微子去之，箕子为之奴，比干谏而死的史实，是很可靠的；请问之数子者是否忠臣？是否有奇怪的君臣观念？"所以胡氏认为汉以前没有屈原那样的"忠臣"观念全是主观臆断。

与我这篇四千多字短文相前后，郭沫若先生在重庆作了一篇《屈原考》，那是由余湛邦速记的，可能是一次讲演的记录，后来收在《今昔蒲剑》中的《蒲剑集》里。我到新中国成立后才读到，而且又看到了他的《屈原研究》。郭先生的观点和我相同，只是他着重批判了廖季平，而我着重批判的则是胡适。正可以互相补充。因之，到了1951年我写《屈原其人其赋》一文时，便指出："我在1942年曾作《屈原的有无问题》一文，予廖、胡以反驳，而郭沫若先生的《屈原研究》出版后，更对这新奇的说法（即否定屈原存在）予以有力的批判，同时肯定了屈原的地位。至于其他楚辞专家对屈原的存在也都是肯定的。因此，这一问题，我现在不多谈了。"接着我便针对朱东润把《离骚》以下一系列的屈原作品归于淮南王刘安等人的"新说"，提出了驳议，文中说：

从廖平把《离骚》归于秦博士后，尽管他的附会，并没有取信于读者，但最近朱东润先生作《楚辞探故》——北京《光明日报》3月17日、31日，4月28日，5月12日的《学术》副刊连载——却又很武断地把《离骚》、《九章》、《招魂》等，都一股脑儿归于淮南王安和他的群臣。他在《探故二》，论《离骚》作者时，主要论点是：（一）《汉书·淮南王传》说"初安入朝……上使为《离骚传》，旦受诏日食时上"。（二）引了荀悦《汉纪·孝武皇帝纪》、高诱《淮南子序》中和本传有差不多的记载，而《离骚传》的"传"作"赋"。（三）又根据王念孙的说法："传当为傅，傅与赋古字通。"结论：刘安所作《离骚赋》即今《离骚》。这说法是新奇的，因之有谈一谈的必要。

我认为无论如何像《离骚》那样两千四百字的长篇伟制，不是一早晨可以作就，（《淮南传》、《汉纪》、《淮南序》皆言旦受诏，日食时作好）而且刘安所作《离骚传（或赋）》是另一篇文字，司马迁还节抄在《屈原传》中（即"屈平疾王听之不聪也"以下至"虽与日月争光可也"），梁代刘勰还读过原文。他说："昔汉武爱《骚》而淮南作《传》，以为《国风》好色而不淫，《小雅》怨悱而不乱，若《离骚》者可谓兼之。蝉蜕秽浊之中，浮游尘埃之外，皭然涅而不缁，虽与日月争光可也。"（《文心雕龙·辨骚》）这很清楚地引用刘安的《离骚传》的大略。我们依此便可以明白淮南王安所作的是什么了。

我们再从《离骚》本身来看，①自叙始祖帝高阳，与刘氏无关；②因谏君而被绌，并屡举因谏遭殃的古人，与刘安行事亦无关；③几次别人劝他（《离骚》中的主角）到别国去，这是战国游士的习惯，若被劝者指刘安，那将到哪里去，恐怕只有到匈奴了！④刘安当着汉武帝的面，大发牢骚，也是不可想象的。如此等等，根本无法安在刘安身上，而安在屈原身上，却毫无抵触。何况刘安死时（公元前122），司马迁已二十一岁，他死后十三年（公元前109），司马迁做太史令。假如刘安作了伟大的《离骚》，而且是在朝廷上作的，当时人竟都会不知道！亲身能见到刘安的司马迁，也这样糊涂，硬把刘安的作品归于屈原吗？所以朱先生的结论，真是令人惊奇。

其他传为屈原和屈原有关的作品，朱先生的结论大略如次：

（一）《天问》，战国时楚人作品；

（二）《远游》、《卜居》、《渔父》，西汉后期作品；

（三）《九歌》，除《山鬼》、《国殇》外，余九篇作于汉武帝时，可能有宣帝时作品；《山鬼》、《国殇》，背景在西汉，羼入《九歌》，在王莽末；

（四）《九章》，《橘颂》可能是楚人，也可能是淮南子作；《涉江》、《哀郢》，是淮南王安的遗臣所作；《思美人》、《惜往日》、《抽思》、《怀沙》，可能时间更后；

（五）《招魂》、《大招》，淮南王安遗臣所作。

我绝对赞成把文学史上的伟大作家和作品，重新考定，但朱先生这里所论到的，大体都用和前面论《离骚》相同的态度和方法，我认为是不妥的。因为朱先生不对前人和时人对此问题的主要理论和证据加以批驳，而只抽作品或史料中一二点和己意相合的，来建立论点，单看起来，似乎也有道理，也引证了许多；但一追实际，就可以发现这"新说"的漏洞百出。尤其是有不少断章取义，曲解附会的地方，叫人怀疑朱先生是否忽略了"实事求是"而有意"矜奇立异"！前面《离骚》问题，只是一例。

我认为传为屈原和屈原有关的作品，除《远游》、《卜居》、《渔父》、《九歌》、《大招》和《九章》中的《惜诵》、《惜往日》、《抽思》、《悲回风》等篇，现早已公认非屈原作，或早有人疑非屈原作（但指为淮南王安及其群臣作的却只朱先生一人——据我所知）外，至如《离骚》、《天问》、《招魂》、《怀沙》——司马迁所称引的那几篇，至今还没有可以动摇创作权的证据（包括朱先生的理由在内）。而这些篇，也便是屈原所以名垂千古，"死而不亡"的原因。而他的辉煌作品的光耀，也便是一直照射着两千余年的文学史。

文章的第二部分，是讨论对屈原和作品的评价问题的。这里没有谈历代对屈原和楚辞的评价，而是就当时出现的几个新论点进行了探讨。这些论点是：屈原是"文学弄臣"说，屈原是"人民诗人"说和屈原是"民族诗人"说。

文章中说：

这三个题目，都是必须把作者和作品联系在一起谈的。"文学弄臣"是孙次舟先生所倡，而"人民诗人"则是闻一多先生所标，最近又有林庚先生的"民族诗人"一说。这三个说法在对屈原的研究上是有积极意义的……因为他们的共同倾向，都是想穿过现象，寻求本质。不过我对这三种说法，还有些不同的意见。

第一，我认为屈原不是"文学弄臣"：尽管战国时代，各国堕落的统治阶级贵族中，不乏面目姣好、衣服都丽，以姿容取宠于君主的人，但屈原却不是。因为：他是不惮祸殃"恐皇舆之败绩"的人，他是"恐修名之不立"的人，他是"伏清白以死直"的人，总之，他是决不与恶势力妥协的人，和孟轲所说"以顺为正"的"妾妇之道"一类，相背而驰，也就和"弄臣"相背而驰。此其一。

屈原以前，以文学做弄臣的，我还没有发现，蓟丘、稷下的先生们不是弄臣，弥子瑕之流，又没有文学；优孟、淳于髡，近于弄臣，但他们都凭的是滑稽辩才；屈原很显然就是凭政治才能的。他的文学，也是被放流后才表现出来的。所以"文学弄臣"的帽子，加不到他的头上。此其二。

尽管战国时代的知识分子，可能由"弄臣"而干预政治，但也却不是屈原。因为他做"左徒"，有资格参与政治，后来楚国的春申君黄歇也做"左徒"，也是政治上的重要人物，便是好例。此其三。

第二，闻一多先生表面上承认了"文学弄臣"的说法，然后一转说屈原地位已是"奴隶"；再进一步说是敢于"反抗的奴隶"，再进一步说他是"人民诗人"。关于"奴隶"一点，也许闻先生是为了替孙先生解纷（孙的论点，当时曾引起轩然大波），实际说来，屈原是不能说为"奴隶"的。因为：①他的出身是贵族，二十来岁便由贵族而做了"左徒"——内政外交都可以过问的职位。他既非游说之士凭一席话取得富贵，也不是凭资望升迁得来。所以他无疑属于统治阶级。他是统治阶级的优秀人才，也得到了贵族所能得到的地位。当然和专供驱策的"奴隶"绝对不同。……②至于他的被放逐以至于流离而死，只是在贵族内部被倾轧的结果。他也不是代表被压迫阶级的——尽管他的品格远比得势者为高——所以他的控诉的重心，也止于个人的愤懑而已。

再说到"人民诗人"这一点，我想闻先生是有为而发。本来在政治黑暗、人民痛苦的时代，知识分子被迫害的牢骚，是可以和广大人民的感情相通的。假如再进一步面向人民，深入人民，为人民说话，是可以成为人民诗人的，但屈原还不够。我们遍检屈原的作品，可以充分看到他怀才不遇的愤懑和对楚国统治将要崩溃的痛惋，而很少注意到人民（只有两三处接触到人民，也不是重心）。这一则由于他的阶级；二则由于他的时代，限制了他；三则他的忠君爱国，正证明他的利益是和楚王族的利益一致的；四则在贤人决定一切和战国纷争的情况下，使他更觉到自己的不被用和自己政治理想的不能实现，使楚国面临了灭亡的威胁。这便是他写作的主要动力。所以闻先生的说法，我们是可以理解他的心情的，而对屈原的评价则还应做进一步的研究。

第三，林庚先生所作《民族诗人屈原传》，很显然是想通过这一传记来进行爱国主义教育的。这个企图很好，但有几点过于强调了他自己的主观愿望，而从屈原的作品和史料上，却找不到根据，可能令人感到不大真实。如他强调屈原所反抗的是贵族统治集团，然后把屈原放在人民一边。其实，屈原和子兰一伙人的斗争，绝不是阶级斗争。如果屈原胜利了，至多造成一个较好的统治政府，以延长楚王族的寿命（人民只间接少受些苦难而已），还不是贵族统治？又如林先生强调了屈原所联络的齐、赵、魏、韩等国是和平阵营，而与秦——侵略国对抗。其实对抗是事实，但齐、楚、秦等本质上是没有差别的。不能和今天社会主义国家倡导的和平阵营相比附。"合纵"是当时六国生存的唯一道路，屈原是认得清楚的，而子兰为首的投降派，"偷乐"、"嫉妒"、"朋比"、"贪婪"，以致危害国家，这是屈原决不和他们妥协的最大原因。所以林先生的话，是太强调自己的主观愿望了。

至于称屈原"民族诗人"，我认为不如"爱国诗人"更合适。虽然这两个名词，没有显然的大区别。最后我认为应该肯定下列几点：

一、屈原是优越的政治家，他关系着楚国的安危。这从他对内政外交所执行的政策上可以看出。同时在他被放逐之后，楚国走向破灭的事实上，也可以证明。

二、屈原是人格高尚、感情热烈、富于斗争性的人物。这一点可以说贯串在他的全部作品中。一方面他对恶势力深恶痛绝，一方面忠实于他的高贵的理想。他不怕压迫，不惜牺牲，也决不妥协。这是谁也不能不承认的。

三、屈原是爱国诗人。①他遍尝了流离、困苦、忧煎，以至于死，丝毫没有动摇过他对乡土的热爱。②在朝秦暮楚的游说时代，他从来没有为了个人的富贵打算，而只盘算着祖国的安危、前途。③本来贫民和贵族存在着阶级矛盾，但当强敌压境、国家危亡时，民众却总是首先抵抗的。在楚怀王被絷于秦，而楚国两次兵败的情况下，屈原的态度，当然受到人民的拥护。屈原和人民在这里是一致了。"楚人既咎子兰以劝怀王入秦而不返也，屈平既嫉之……"（本传），这是当然的。"皇天之不纯命兮，何百姓之震愆？民离散而相失兮，方仲春而东迁！"（《哀郢》）屈原和人民接近了，因为他们的命运相同。④屈原虽没有直接领导民众，而他的作品至少是影响了中立的贵族和城市平民，这便是他被楚人世世纪念的原因，也便在他的影响下产生了"楚虽三户，亡秦必楚"的民谣，以致影响到秦帝国的颠覆。

四、屈原是中国文学史上第一个文学家，他生的时代那么早（公元前 3 世纪），而文学成就却非常伟大。他承受了《诗经》的传统，他吸取了当代散文的精粹，他发扬了南方的民歌，他吸取了古代神话传说，他解放了诗歌的形式并丰富了它的内容，创造了新体诗歌——楚辞。——各家对屈原的作品，已有详尽的评介，此不复及。

郭沫若先生还有一篇《革命诗人屈原》，也收在他的《今昔蒲剑》中。那是就屈原对诗体的解放来说的，我没有另做探讨。而上文所举对屈原和他的作品的评价部分，已不是屈原存在与否的问题了，但我认为，就我这绝不相信屈原不存在论的观点来看，屈原和他的作品的评价，也还是"旧事"中应该"重提"的问题之一。所以连带及之。

1984 年 4 月 1 日

迈向屈原研究的更高层次

国际屈原学术讨论会和屈原学会年会在山西召开，我很高兴。谨代表山西同道向到会的中外专家、教授、研究和教学工作者致以诚恳的欢迎！

屈原这个文化史上的巨人、中国文学史上第一位伟大作家，他的精神所被，在中国是无所不在的，其影响所至远及世界各国。屈原没有到过山西。他去过山东，路过过河南，只是没有机会翻过太行山。但晋楚文化交流，不但源远流长，而且在历史上有重点记录。如"楚材晋用"，已成为历史佳话；而吴起离魏相楚，在楚国进行的大改革对楚国的发展起过很大作用，屈原的改革，正与之一脉相承。文化交流，是没有地域界限的。这次屈原讨论会召开，无疑对山西的屈原和楚辞研究以至古代文学研究都会起到很大的推动作用。

在屈原研究上，我自己没有多少发言权。尽管 40 年代初、50 年代初，曾发表过两篇文章，但那只和我教文学史课相联系，是在教文学史过程中对重点作家、重点作品进行的重点研讨之一。50 年代以来，中国古典文学教学，已被分割成几段，我的任务主要不在先秦，因而对屈原就很少接触了。1981 年前后，湖南湖北的同志，都提出要成立"屈原学会"，我都参加了发起活动，但屈原学会成立和几次年会，我却都没能参加。原因是既无研究成果，又很难抽出时间，今天总算来参加了，很足自慰。

古代文学研究的对象，无非是作品和作家。两个侧面，一个整体。千百余年都是那样进行的。但在近代，在屈原研究中，却出现了非常情况，即一否定屈原的存在；二否定屈原的全部作品。假如这两点中有一点能够成立，并得到公认，就可使"屈学"连根拔起，"会"，当然也不需要了。这，事实上办不到。本来怀疑是科学研究的开始，由怀疑而探讨，而提出新观点、新见解，不论对与不对，都有助于问题的进一步深入。但这必须以科学态度为前提，而不是为了哗众取宠或别有企图。

从晚清廖季平作《知圣》和《辟刘》两书，康有为窃之作《新学伪经考》和《孔子改制考》，到30年代顾颉刚的头两本《古史辨》，掀起了一次又一次疑古风潮。从否定古"经"，到全面否定古史，都曾引起巨大的轰动。但他们的后期，基本上都做了一百八十度的转弯，不需再谈。要谈的还是这位廖季平先生，他对屈原和屈辞，也做了全面的否定。胡适之继之，重点否定屈原其人，而朱东润重点否定屈原作品。无非说《屈原传》靠不住，屈辞是刘安及其群臣所为之类。这类论点，都已受到一些有力的批驳，不在话下。前几年日本朋友又一次提出这类问题，但没有卷起大的波浪。主要是这些年来国内外专家们在屈原研究上已取得辉煌成果之故。他们全面的、深入的、严密的、朴素细微的探索论证，使一些奇谈怪论不攻自破。我的同学汤炳正先生即这方面的主要代表。

另外还有一个问题是关于屈原的评价。这一问题，在汉代就有两种不同倾向。一种强调屈原"忠君爱国"、《离骚》"可与日月争光"；一种则讥他"露才扬己"、作品"不合风雅"。结论不同，但都不离谱。历代评者也都不出这两种倾向的范围。奇怪的是鲁迅，他曾把屈原和《红楼梦》中贾府的焦大相提并论！实际上他只是为了具体斗争的需要，并非评价古人。——鲁迅杂文中有不少谈到古人、古事的，都应作如是观——真正评论屈原而提出惊人论点的是40年代在成都的孙次舟。他说屈原是楚怀王的"文学弄臣"，《离骚》是"富有脂粉气的美男子的失恋泪痕"，其死不值得赞扬，引起了一片责难。在昆明的闻一多，为了给孙解围，也为了肯定屈原的伟大人格，便写了《屈原问题》一文。文中先承认了"文学弄臣"说，然后一转说屈原地位是"家内奴隶"，"被谗失宠诱导了屈原的反抗性"，是"反抗的奴隶"，进一步说他是"一个为争取人类解放而具有全世界人类历史意义的斗争的参加者"，结论是屈原是"人民诗人"。这个评价实质上和孙次舟的说法真有天渊之别。闻先生的论点虽有些超出事实的成分，但对屈原已做出了充分有力的肯定。从此以后，以郭沫若为代表的各家研究者，对屈原的评价，大抵不出"人民诗人"、"爱国诗人"、"民族诗人"相类似的范围了。我以为见仁见智，不必统一，但求有利于对屈原、屈辞的研究，有利于继承发展其精神，为未来的文学、文化服务就行了。

对生活于两千几百年前，留有博大精深、鸿篇巨制的伟大作家的研究，不注意其细微末节，不挖掘其深层底蕴是不行的，其涉及面不十分广阔也是不行的。屈学研究尽管已有不少丰硕成果，但研究前途依然大有事在。它不但关涉到文字学、声韵学、训诂学、考据学、考古学、美学，还关涉到文学史、思想史、文化史、社会史、民俗学、民族学以至心理学、天文地理学等等。通过对屈学的研究，将可以掌握屈原生活的整个时代的各个方面，从而进入学术上的更高层次。本次会议议题是"屈原与中华文化"、"屈原与世界文学"和"屈原研究展望"，我以为议题很好。特别是对屈原的评价，必须从宏观上站得高些、更高些来考虑，才能充分认识屈原研究的历史意义和现实意义。

以上只是个人的一些感想，很可能有不恰当和失误之处，只当"抛砖引玉"而已。

1992 年 10 月

司马迁的传记文学

一

出现在公元前1世纪初中国文化史上的一部空前著作——《史记》，它首创了"纪传体"，为中国的"正史"，建立了规模；它以史事发展为根据，不受封建朝代的局限，建立了"通史"的典范。这是以唐代刘知几、宋代郑樵这些史学家为代表的历代学者所公认的。但是《史记》之所以能深入人心，"历久弥光"，却绝不仅在于史的方面的创建，而且由于它的艺术造诣。它给读者提供了具体的、生动的、生气勃勃的社会生活和人物形象。

《史记》全书一百三十篇，有"本纪"、"表"、"书"、"世家"、"列传"，这些不同部分有机地结合着反映了三千年——主要是战国以来三百年的社会全貌。而作者司马迁的思想、感情和认识，也通过这部书的整体，全面地体现了出来。所以对我们历史研究者来说，书中任何部分，都是重要的。但作者用文艺手法突出地表现了他的文学天才的，却无疑是在人物传记方面，本文所侧重的就是这一面。

这里所指的传记，当然不限于"七十列传"，而只是把目光集中于人物方面而已。因为我们知道不但"世家"、"本纪"可作传看，即"八书"中，也有许多人物故事。何况至少都是社会环境即生活场景的资料呢？

在一百多篇作品中，作者描写了一百几十个人物，广泛地代表着社会中的各个阶层。通过这些人物的生活、活动、遭遇以至内在的精神状况，反映了历史的社会现实。我们把它作为文学作品来看，充分可以看到司马迁在现实主义文学传统上的卓越成就。

他所写的人物、事件，是社会的存在，而他所写却不是存在的摄影；每一个人物和事件，都是真的，而他所写却不只是事实的记录。他是经过选择、概括、组织加工、集中突出而表现了人物以至社会现实本质的。所以他的传记，是真实的而又是创造的，是写实的而又是抒情的，历史的而又是艺术的。

他所写的一百几十个人，当然不是个个都好，但如像嬴政、项羽、刘邦、陈涉、萧何、曹参、张良、陈平、周勃、周亚夫、管仲、晏婴、司马穰苴、孙武、孙膑、吴起、伍子胥、商鞅、苏秦、张仪、田文、魏无忌、范雎、乐毅、蔺相如、赵奢、李牧、田单、鲁仲连、屈原、贾谊、聂政、荆轲、李斯、韩信、叔孙通、季布、袁盎、张释之、冯唐、窦婴、田蚡、李广、卫青、霍去病、公孙弘、司马相如、汲黯、郑当时、张汤、杨仆、杜周、朱家、郭解等不下六七十人，都是有血有肉的、活生生的人物。使两千年后的读者，仍能"如见其人，如闻其声"，随着他的人物生活活动而兴奋、而悲哀、而愤怒、而欢乐。司马迁的传记，是不朽的文学创作，它给传记文学奠定了牢固的基础。

二

为了研究司马迁的传记，有必要先探讨一下他的思想。有人说司马迁的根本思想是"道家"①，因为他的父亲司马谈就是最推崇道家的；他自己也经常赞扬"黄老"之术，常引用老子的话做评论根据。但也有人认为司马迁非常尊崇孔子——为孔子立世家，为孔子的学生立列传——和"六经"，当然他的思想还是以"儒家"为主。这两种说法，都很片面。如果说"道家"、"儒家"思想影响司马迁较大，那没什么可以争辩，但应该指出：先秦诸子对他有影响的，绝不止道儒二家。他是博极群书、无书不读的，他从古代文化中大量吸取他可以吸取的养分来丰富他的思想，毫不足奇。问题在于我们永远不能忘记：任何人的思想，首先是现实的反映——是他所生存的时代的社会的阶级的反映（当然这并不排斥学术思想的继承性）。不从这里着眼，就无从看到问题的本质。

司马迁生当汉武帝刘彻在位的时期（公元前140—前87），也就是汉帝国最强盛的时期。那时国家的经济、文化各方面，都已达到最高峰。作为知识阶层的司马迁的青年阶段的朝气勃勃，有开阔的胸怀、远大的理想、强烈的事业心——热烈地想建功立业等②，都是和时代同其呼吸的。

但也就在这个时期，汉帝国已开始走向下坡路。由于汉武帝的好大喜功、穷兵黩武和一般高级统治者的骄奢淫逸，使国家经济很快恶化，接着民生凋敝，社会动摇，刑政方面的残酷暴戾，也跟着更为严重起来，使广大人民的生活，走上悲惨的道路。这就使中年以后深入社会，亲身体验了现实的司马迁的思想中，有了一种强烈的不满现实、同情人民的进步倾向，及至他自己下狱、受刑之后，对统治者的残酷本质更有了进一步的理解，促使他明显地站在统治者的对立方面，表现为一种反抗精神。加上他掌握了政府档案，掌握了历史文件，还广泛地做过调查访问，这样他就可能抓住社会的主要以至本质的问题——从经济方面去理解，这又使他的思想具有了相当的唯物成分。所以唯物的、富有反抗精神的人道主义思想，是司马迁思想中的主导方面。

他是那样关切一般人的利益——所谓"衣食之原"；他那样赞扬能为人民着想或想为人民解除痛苦的人，像循吏、游侠，以至起义的领导者；他那样注意有才能或品质优良而地位卑微的人，像医药、卜筮、倡优之流。同时他憎恨人民痛苦的直接制造者——最高统治阶级；憎恨用对人民的暴虐换取宠幸的酷吏；憎恨阿世取荣、没有骨气的官僚。他还热情地为那些有超人才能不得其用，可能为社会人民做出很大事业而竟被黑暗所吞噬了的人们呼冤，为他们洒出同情的热泪。

如此种种，就形成了司马迁的传记中一个基本的显明倾向，即：批判指斥统治者、当权者；同情赞扬失势卑微和一切反抗者。让我们从他的具体作品中，来做进一步考查吧。

三

司马迁的卓绝之处，首先在于他对阶级矛盾最尖锐的、爆发为农民起义的领导人物的估计之高。我们试翻开历史一看，历次农民起义除过被野心家利用建立另一个王朝者外，哪一个不是被作为盗贼看的？黄巾、黄巢、李闯王、太平天国，在一般"正统"史家笔下，不全当作"贼"吗？"成则为王败则贼"这句讽刺性的话，正足说明真相。你没有做统治者，你就该被称为"贼"。可是司马迁在两千年前，对陈涉、项羽^③这两个起义失败者，一个列入世家，一个列入本纪，都予以崇高的评价，正确地评价了他们在起义中所起的积极作用。他写出在广大人民"亡秦"的共同愿望下，陈涉这个雇农出身的敢于拿出自己的生命在"壮士不死则已，死则举大名耳"的决心下举起义旗，掀起了革命的大风暴。这就肯定了陈涉是当时人民队伍的领导者、组织者。尽管陈涉的领导组织能力不够，失败了，但这种行动是可贵的。历史上如没有这种肯首义的人，就无法推动当时的斗争。陈涉做了六个月王，败死。但司马迁重点指出在陈涉号召和指挥之下，普遍地燃起了起义的火，结论说："陈涉虽已死，其所置遣侯王将相竟亡秦。由涉首事也。"这正是问题的关键。

在陈涉倒下之后，在秦兵有压倒优势之下，在项梁败亡之下，在各新建诸侯国的兵力都是乌合之众的情况下，摆在人民面前，摆在起义事业面前的问题，难道还有比打垮、消灭秦军主力再重要的吗？而项羽担当了这个责任。司马迁用兴奋、鼓舞的笔触写救赵的战斗道：

> 项羽乃悉引兵渡河，皆沉船、破釜甑、烧庐舍，持三日粮，以示士卒必死无一还心。于是：至，则围王离；与秦军遇，九战，绝其甬道。大破之，杀苏角，虏王离，涉间不降楚自烧杀。当是时，楚兵冠诸侯。诸侯军救巨鹿下者十余壁，莫敢纵兵；及楚击秦，诸将皆从壁上观：楚战士无不一以当十，楚兵呼声动天，诸侯军无不人人惴恐。于是，已破秦军，项羽召见诸侯将，诸侯将入辕门，无不膝行而前，莫敢仰视。项羽由是为诸侯上将军，诸侯皆属焉。

这一战是"亡秦"的关键。接着项羽乘胜把章邯漳南的二十万人击破，从此秦帝国几乎没什么大抵抗了。司马迁结合了当时斗争的具体形势，估计了这一战的作用，歌颂了这一盖世英雄项羽。项羽虽由于没有政治经验，连社会经验也没有，犯了政策上的错误，失败了，但他对农民起义所立的功绩，却永远不会磨灭。

司马迁对项羽和陈涉，除给予充分的同情和正确的评价外，也很好地写出他们致败的原因。陈涉以微小的胜利冲昏了头脑，忘记了自己困苦的当年。项羽自恃勇力，不能发挥别人的才能，终于得到悲剧的下场。这是后世人民应该吸取教训的地方。他给项羽的评语：

> 夫秦失其政，陈涉首难，豪杰蜂起，相与并争，不可胜数。然羽非有尺寸，乘势起陇亩之中，三年，遂将五诸侯，灭秦。分裂天下，而封王侯。政由羽出，号为伯王。位虽不终，近古以来未尝有也。

是的，项羽正代表着农民革命的大风暴。他又指出失败的原因：

自矜功伐，奋其私智而不师古；谓伯王之业，欲以力征经营天下。五年，卒亡其国，身死东城。尚不觉悟，而不自责，过矣！乃引"天亡我，非用兵之罪也"，岂不谬哉！

骄傲，自满，不接受前人经验，妄想用"力征"来平定天下，这批评多么深切！这是司马迁用十分痛惜的心情指出的。

司马迁把项羽列入本纪，陈涉列入世家，为后世"正统"史家所反对，除这两人外，还有一个孔子也列入世家④，代表着他斗争的另一面。这里我们不能简单地理解为司马迁是儒家的忠实崇拜者；必须注意：他之所以歌颂孔子，主要在于孔子在文化上、教育上的非常作用。他强调"孔子布衣，传十余世，学者宗之"，来把他和"当时则荣，没则已焉"的"天下君王"相比。他替孔子骄傲，似乎说：贵族统治了政治，而这个"布衣"，却统治了文化，而文化正是可以传之久远的。他强调"六艺"——尤其是《春秋》——这些经过孔子之手的典籍，造成了孔子的权威地位。他在《孔子世家》外，还写了《仲尼弟子列传》、《儒林列传》——这些在孔子教育下和从典籍上承继孔子的人们。而他所称为"至圣"的孔子的伟大，还见于《太史公自序》中。他认为"《春秋》贬天子，退诸侯，讨大夫"，认为它"拨乱世，反之正"，是代表没有政权的"布衣"对统治者进行正义的制裁的。孔子就这样使"天下君王"，都黯然失色。司马迁也就是在这个意义上学习孔子，来写他的《史记》的。以此类推：显然司马迁所衷心赞扬的，首先是能坚强地在文化上站住脚，能拿起笔来伸张正义（最高像孔子），至少能写出自己的牢骚不平，能自见于天下后世的一类人（像老、庄、孟、荀、屈、贾）。他在《太史公自序》中所称道的"发愤著书"和《伯夷列传》中所说"疾没世而名不称"，都贯串着在重压下决不屈服的斗争意识。

司马迁这种和封建统治相对立的思想感情，更具体地表现在

《游侠列传》里。这篇传的特点，是政论和传记相结合。他强调
了"侠"的存在，是社会的需要。他说"缓急，人之所时有也"，
认为普通人"涉乱世之末流"，随时可能遭到祸害；"游侠"可以使
"士穷窘而得委命"。由于统治者对"游侠"最痛恨，所以他尽力
为"游侠"辩护说：

> 今游侠，其行虽不轨于正义，然其言必信，行必果，已
> 诺必诚；不爱其驱，赴士之厄困；既已存亡死生（疑当作生
> 死）矣，而不矜其能，羞伐其德。盖亦有足多者焉。

他进一步用庄子的话"窃钩者诛，窃国者侯；侯之门，仁义
存"否定了统治者所谓的仁义。他更举出"鄙人有言曰：何知仁
义，已飨（享受）其利者为有德"，指出了人民的是非标准。他另
一点强调的是"闾巷之侠"、"匹夫之侠"，和贵族豪强完全不同，
他指出那些"朋党比周，设财役贫，豪暴侵凌孤弱，恣欲自快"
者，是"游侠"们羞与为伍的。他所写的头一个游侠：鲁朱家，
是一个"振人不赡先从贫贱始"，"事趋人之急，甚己之私"的人
物。他着重写了从剧孟到郭解，在人们心目中的地位和在社会上
的威望，说明在黑暗的社会里，使遭难与穷苦无告的人们，惟一
可以得到一点救助、温暖的，就是"游侠"。但这些人却是统治
者的眼中钉，汉景帝曾"使使尽诛此属"，而以所谓儒术做御史大
夫的公孙弘，在郭解的客人因别人毁谤郭解，杀了毁谤者一案中，
在主管这案件的吏"奏解无罪"的情况下，竟说这杀人事"解虽弗
知，此罪甚于解知之，当大逆无道"！于是杀了郭解的全族，这
是多么残酷！所以司马迁严正地指出："其后……纷纷复出"，"自是
之后，为侠者极众"——凭镇压是不行的！他曾引用韩非的话："儒
以文乱法，侠以武犯禁。"也就是对这些"乱法"、"犯禁"的人，
尤其是"侠"，他是以激动的心情，来为这些人作传的。他的叛逆

立场是那样鲜明。

司马迁在类似对游侠的心情下，还写有《刺客列传》，描写了那些凭着匕首，把生命置之度外，解决国家重大问题，为知己报仇，对付残暴的最高统治者的可歌可泣的故事。说这些人"或成或不成，然其立意较然，不欺其志"，难怪人民喜欢他们的故事，使他们"名垂后世"。

由于司马迁一贯从专制政权对立的方面看问题，他进一步就发现了社会中的一个力量，可以和政权抗衡的，就是经济。他在《货殖列传》中，不厌其详地举出古今以货殖致富的人们，指出他们的真正力量："礼抗万乘"，"名显天下"，"千金之家，比一都之君，巨万者乃与王者同乐"，这叫作"素封"。他指出："富相什，则卑下之；伯，则惮之；千，则役；万，则仆，物之理也"——有财富就有力量的道理。他把全国的物产财货，做了全面介绍，鼓舞人们去进行货殖。他反对朝廷与民争利；他对善于为皇帝刮钱的桑弘羊，曾借卜式的话"烹弘羊，天乃雨"，表示他的愤怒。他也反对一般平民清教徒式的"安贫乐道"，他说"至若家贫亲老，妻子软弱，岁时无以祭祀，进醵饮食，被服不足以自通，如此不惭耻，则无所比矣"，"无岩处奇士之行，而长贫贱，亦足羞也"。他还批判了老子的"小国寡民"思想，认为那和虞夏以来社会发展的事实不符。

司马迁已意识到"仁义"——统治者所提倡的——不是为穷苦的人服务的；以"被服仁义"来获得力量，简直不可能。"侯之门，仁义存"，"仁义"正是王侯的工具。所以他在《伯夷列传》里举出孔子赞伯夷"求仁得仁又何怨"后，便用批判的态度拿伯夷所作的歌，证明伯夷是"怨"的。在这里司马迁有一种矛盾，即一面歌颂像孔子、孟轲、伯夷、叔齐的守仁义，不屈服；另一面却感到这样守义不屈，究竟不容易取得"现实"的胜利，所以要鼓励人们从经济上争取力量。他把"岩处奇士"（可以守义不屈）

和一般贫贱者（应努力改变贫贱地位）分开，而统一在对统治者斗争这一原则上了。⑤

《货殖列传》和《游侠列传》一样，体现着司马迁最激烈的叛逆思想。无怪班固对这两点，都力加反对了。⑥

司马迁歌颂起义，但起义必须一切条件成熟才可能有；推崇用文化武器进行斗争的，但又难解决现实问题；赞扬游侠，但游侠所解决的问题的范围很小，而且常处在被镇压之下；强调货殖，但能富厚起来取得"素封"地位的究竟是少数，而且在和统治者争财富中，仍然经不住政治打击。我们可以想象：假如社会上真有大量大量的上述几种人，那统治者还有太平日子吗？恐怕他们就食不甘味，寝不安席了。但事实上办不到。因此司马迁还有更直接的不仅是表扬无政权的人们的斗争，而是用他自己的笔锋指向统治阶级——这就是他所写的帝王将相一类传记。

对最高统治者——皇帝，显然很难下笔。司马迁虽有足够的勇气，可是既要保证真实，又要逃脱迫害，就非有战术不可。他在《匈奴列传》末透露了"孔氏著《春秋》，隐桓之际则章，至定哀之际则微。为其切当世之文，而罔褒，忌讳之辞也"几句话，等于明白指出他写"当世"，要用"微言"。因此他把要写的东西，常用暗示的、对比的、反语的各种方法来写，同时还往往分散在各篇；分开看，没什么；合起看，就会发现他所写人物的真面目。对汉代的皇帝，他虽然也肯定他某些优点和某些措施，但更多的，重要的，却是对他们的讽刺、揭发和攻击。

司马迁笔下的刘邦，是无赖，是流氓，是狡诈、猜忌、阴险，对父母子女都毫无人性的人物。只因他手腕高强，利用了一切人，被利用的人都为他而牺牲，他却成了汉家的"高祖"。他的皇后吕雉，残暴毒辣，非常惊人，像对戚夫人、赵王如意、韩信、彭越等人的事件，真令人发指。文帝刘恒最算仁厚了，但对惊了他的马的乡下人，竟要置之重法；对偷了"高庙玉环"的人，竟要族诛。景帝刘启，也算"明君"，但"尽诛"游侠，逼死无辜的周亚夫。司马迁几乎都从阶级本质上做了鲜明的反映。

司马迁所集中进攻的，当然是那时的"当今"皇上——武帝刘彻。这个厉害的皇帝，大权独握，一喜一怒，都决定着无数人的生死命运；意念一动，就有许多迎合他的人跟着兴风作浪，使举国人不得安生。像他想要大宛国的大马，想要教宠姬李夫人的弟弟得功封侯，就在四年中，发动了十多万人越万里之遥伐大宛。马，得到了；李广利，封侯了，可是士卒却死亡得只剩下十分之一二！由于他要封禅，求神仙，便带着近廿万人，屡次各处巡行；京城里还大兴土木，迎神仙！加上对匈奴、对西南夷、对南越的用兵，就使国家资财枯竭，人民挣扎在死亡线上；而烦苛的剥削，残酷的刑罚，更是有加无已！所以就在刘彻向外国人夸耀繁荣富厚的伪装下，正是黑暗笼罩了的地狱。司马迁自己也因李陵的案件，说了几句公平话，竟被怀疑为有意贬低李夫人的弟弟贰师将军李广利，而下了狱，以致受了腐刑！⑦他结合着自己所身受，面对着灾难重重的人民，燃炽了愤怒的火，透过专制皇帝的淫威，投出了他的匕首。那就是在《酷吏列传》里把那些杀人不眨眼的刽子手的庇护、指使、支持者指出就是"今上"；那就是在《平准书》里桑弘羊之徒，借严刑竣法，巧取豪夺，劫掠式的聚敛，以供一人恣意挥霍的事实的揭穿；那就是在《封禅书》里对这个自以为最了不起的皇帝的愚蠢、盲目可笑的暴露；那就是贯穿在当代其他传记中所做的指斥、揭发、嘲笑与鞭挞。司马迁出色地进行了这个不易进行的战斗——虽然，据说景武二纪，还是被削去了。⑧

司马迁对将相大臣们，在做官的态度上，他赞赏骨鲠敢于直言，不屈从皇帝的，像张释之、冯唐、汲黯一类人；他鄙视叔孙通、公孙弘之流的"面谀"、"以阿人主取容"的一类人。在政策上他赞成"清静无为"，反对严刑重法。像曹参为齐丞相和为汉相国时的"载其清静"、"与民休息无为";汲黯为东海太守、淮阳太守时的"治官理民，好清静"、"政清"，都予以肯定。而对像周阳由"所爱者，挠法活之，所憎者，曲法诛之";张汤专"阿主意"、"舞文法"，义纵在一日中"报杀四百余人"，"郡中不寒而栗";王温舒以法杀人"流血至十余里";杜周为廷尉，"廷尉及中都官诏狱，逮至六七万人，吏所增加十余万人"……，则予以严厉的斥责。并且指出：在这些刽子手逼迫之下，"盗贼滋起"："大群盗至数千人"，"小群盗以百数"。虽历年镇压，但被逼反的人民"复聚党阻山川者，往往而群居，无可奈何"，这是对统治者的警告。

由于司马迁对严法酷刑太痛恨了，因而便远追商鞅、韩非、李斯到晁错的"残刻少恩"，一起予以非刺。从这里我们还可以理解他为什么反对"法家"，而赞扬"黄老"。他是从人民的起码利益出发的。

对于将军们，司马迁认为：必须有军事才能；能与士卒共甘苦，仁爱士卒；在军事上敢于"不受君命"，才够得上将军资格，才能有所作为。他先写了古代的将军，像司马穰苴怎样以"将在军，君令有所不受"杀了齐景公的宠臣庄贾，怎样对士卒却"问疾医药，身自拊循之，悉取将军之资粮享士卒";孙武也曾怎样在练习军阵中同样"不受君命"杀了吴王宠姬二人;吴起"与士卒最下者同衣食"，"善用兵，廉平，尽能得士心";赵奢"赏赐""尽以予军吏士大夫，受命之日，不问家事";田单"与士卒分功（苦工），妻妾编于行伍之间，尽散饮食享士"。这些都是有才能、爱士卒，而没有或不受牵制的成功的例子。他还借着冯唐的口，说赵将李牧所以成名将，"得尽其智能"，乃是"军功爵赏皆决于外"，"军市之租，皆自用享士"，认为：

　　士卒尽家人子，起田中从军，安知尺籍伍符？终日力
　　战，斩首捕虏、上功幕府，一言不相应，文吏以法绳之。其

赏不行，而吏奉法必用……。

这真代表着士兵的呼声。但是汉武帝所最信任宠幸的卫青、霍去病以至李广利，却是怎样的将帅呢? 首先这三人都是凭借裙带关系的。卫青的姐姐子夫，入宫做了夫人，青就做了太中大夫；子夫做了皇后，青已做了车骑将军，屡次做主帅击匈奴，封侯，进为大将军。霍去病也是卫子夫的姐姐，即卫青的姐姐的儿子，做骠骑将军，在武帝的宠爱下，"所将常选"，"敢力战深入之士，皆属骠骑"。这就是他得功多、封侯的真正原因，当然司马迁也没有埋没他"善骑射"、"敢深入"的优点。元狩四年 (公元前 119)，卫、霍击匈奴的一次大战役，动用骑兵十万，马十四万匹，步兵等数十万；归来时，马只剩下不满三万匹。这样大的损失，霍去病和他的部下好些人还封侯受赏! 内幕就是如此。请看霍去病是怎样领兵吧。他是:

少而侍中，贵，不省士。其从军，天子为遣太官赍数十乘。既还，重车余弃粱肉，而士卒有饥者。其在塞外，卒乏粮，或不能自振，而骠骑尚穿域蹋鞠。事多此类。

他的粱肉吃不了，而士卒饿肚子；士卒饿得爬不起来，他却在开操场玩球! 这和司马迁所举的古代将军们相差多远? 他不在乎，因为无论士卒死多少，他总是会被当作有功的! 卫青做大将军，则是以"和柔，自媚于上"为特点。奇怪的是"和柔自媚"四字，竟能用在将军身上，而且就凭这，建功封侯。难怪司马迁用轻蔑的口气总结他二人道:"其为将如此"。

但是，就在卫青、霍去病的部队中，仍是有真将军的，李广就是一个代表。他和卫、霍，正成了鲜明的对比。他是善射，勇敢善战，沉着机智，治军简易，最得士心的人物。"廉，得赏赐，辄分其麾下，饮食与士共之"；"讷口少言。与人居，则画地为军阵，射阔狭以饮"；"将兵：乏绝之处，见水，士卒不尽饮，广不近水，士卒不尽食，广不近食，宽缓不苛。士以此爱乐为用"。这是多么有才能的将军！他具备了古名将的一切特点。但在黑暗的封建统治下，他得不到重用，得不到大部队，常是孤军无援，还要勉强接受错误的指挥，终于因在沙漠中迷失道路，部队虽毫无损失，而竟被逼自杀，这一代奇才，就这样毁灭了！李广自杀时，"军士大夫，一军皆哭，百姓闻之，知与不知，无老壮，皆为垂涕"。司马迁就这样用极端沉痛愤慨的心情，通过这些具体事件，代表广大人民提出正义的控诉。

司马迁的沉痛不平之鸣，还普遍表现在对所有衔冤、负屈、受摧残、遭危难的人们的传记中。从韩信、彭越等开国元勋，周亚夫、贾谊、晁错等才能之士，以至古代伍子胥、白起、孟轲、荀况、屈原、乐毅、田横、郭解、扁鹊、仓公……他都予以充分的同情。而在《伯夷列传》、《屈原贾生列传》、《孟子荀卿列传》里，都以议论形式正面提出了对现实的抗议。

从这种意义上，才可以理解为什么司马迁赞扬张良、陈平、田叔这些学"黄老"的人物的另一面——"智谋"，他是欣赏他们能逃脱魔掌；也可以理解司马迁为什么那样强调管仲、鲍叔、廉颇、蔺相如的生死之交和批判张耳、陈馀的友谊不终，以至世俗的势利，他是深感到那种社会里友情的需要。

我们用整体的观念来读司马迁的传记，虽在两千年之后，还是可以感到他所写的那个阴暗的封建压力下的社会各方面的活动情况，因而认识到他所做的批判与斗争。过去统治阶级把他的书叫作"谤书"，而稍能注意现实的人，却不能不承认它是"实录"。⑨是的，"谤书"、"实录"，正说明了它的斗争性与现实性。

四

司马迁传记创作的艺术，首先表现为人物形象的塑造。在人物外形方面，他没有多费过笔墨，经常是在故事发展要求下，才做简短的插写：像写张苍"坐法当斩，解衣，伏质。身长大，肥白如瓠"；写郭解"为人短小，不饮酒，出，未尝有骑"；写司马相如"之临邛，从车骑，雍容闲雅，甚都"；写尉佗见陆贾时："魋结，箕倨，见陆生"；而写陈平，除正面介绍"平为人，长，美色"外，还从张负口中赞道"人固有美好如陈平，而长贫贱者乎"，又从船人眼中"见其美丈夫独行，意其亡将"，而周勃、灌婴谗陈平时也说"平虽美丈夫，如冠玉耳，其中未必有也"。这些例子，都可以看出司马迁怎样经济地来写人物外形。当然更重要的则是他对人物精神面貌的塑造。有些人物他通过他们的毕生事迹全面地塑造出统一完整的性格；有些人物他通过一二件典型事件也画出了鲜明个性。这里他表现了多样的艺术技巧。

像《项羽本纪》所写的项羽，我们会惊讶于这一人物的非凡的英勇和才能；也会突出地感觉到他的恃才负气、暴跳如雷的性格。司马迁在介绍了他"学书"、"学剑"、"学万人敌"、"学兵法"，"长八尺余，力能扛鼎，才气过人"之后，主要通过救赵战役，以三万精兵大破刘邦五十六万大军的彭城战役，已处于完全不利形势下还大破汉军于固陵的战役，垓下突围后只有二十八骑了还能做惊人的战斗等等，画出了这个年青的英雄。同时更深地写出他怎样听说刘邦已先破咸阳而"大怒"；听见曹无伤说刘邦想"王关中"更大怒；因周苛不投降，骂他，他就"怒，烹周苛"；听说汉楼烦屡次射杀楚挑战的人，也"大怒"，竟自己"披甲持盾挑战"；听刘邦数说他，仍是"大怒"；因攻外黄不下，外黄投降后，他的怒气不息，竟想坑杀外黄十五岁以上所有男子！他就是这样暴躁！他好像觉得任何人不顺从他，他就不能忍受。他欣赏着他的"力拔山"、"气盖世"；已无路可走了，还夸着自己"身七十余战，所当者破，所击者服，未尝败北"！司马迁令人信服地觉得这一人物从兴起到败亡的必然发展，项羽在垓下被围，"夜围汉军四面楚歌"，他第一次"大惊"；他夜起，饮酒，歌诗，第一次"泣数行下"，现实使他绝望、痛苦，但终不理解致败的原因而只是怨天！这正是一个极端自负的人的精神面貌。最后在乌江亭长劝他渡江时，他却出人意外地笑了：

> 项王笑曰："天之亡我，我何渡为？且籍与江东子弟八千人渡江而西，今无一人还；纵江东父兄怜而王我，我何面目见之？纵彼不言，籍独不愧于心乎？"

他的笑是绝望的笑，也是轻蔑的笑。他的自负使他不能猥琐地受人怜悯；他终于慷慨地赠马与亭长，赠头颅与故人，结束了一生。这仍是他的性格的表现。所以项羽是司马迁的传记中最感动人的形象之一。

和项羽相比，我们不妨再看司马迁笔下的刘邦。刘邦是老世故、有心计，表面"豁达大度"，实际却险诈刻毒。他很机警地利用了一切机会，虽屡战屡败，常惊惶失措，结果却胜利了。除《高祖本纪》外，在《项羽本纪》和有关其他人的传记中，不但深刻地描绘了他的流氓相，而且刺入了他的狡诈的心，也给了人一个不可磨灭的形象。

司马迁所写的韩信，他是项羽的真正对手，但和项羽却截然是两种人。他是个有修养的军事家。他作战凭战略战术的运用，而不凭勇力。像击魏时设疑兵于临晋，暗地伏兵从夏阳渡河袭安邑；击赵时"拔赵帜立汉赤帜"，"背水而阵"；与楚龙且对敌时，"壅水上流"伪作"不胜"来诱敌，都表现了他的军事艺术。即使在刘邦常调走他的精兵而自己只率领乌合之众的情况下，还常获得非常战果，可以称为非凡的军事人才。另一面由于他出身贫贱和怀才难遇的处境，使他容易地被刘邦的"解衣衣我，推食食我"所迷惑；更被"言听计从"的知己之感所感动。虽在蒯通详尽地分析了大局和刘邦的不可靠之后，他终"不忍背汉"，最后就遭了刘邦的毒手。智慧、冷静和忠厚、单纯，形成了韩信的全面的性格。

司马迁从来不孤立、概念地来写人物；经常通过人物的生活、活动、事物发展来显现他的人物性格；也通过客观事物的发展，来写人物性格的发展。《李斯列传》里所写的李斯，是一个极端迷醉于富贵权势的典型人物。他学"帝王之术"不过为了爬上统治地位；他帮助秦始皇并六国完成统一大业，还是为了巩固、扩展富贵功名而不是要实现理想。因此，环境变了，他的态度也就变了：始皇死后，他就能受赵高的鼓动，为了维持自己的权势，矫诏杀扶苏、蒙恬而立胡亥。胡亥暴虐，他就能为了"重爵禄"，"阿二世意"，不惜以书助其为虐。终于被赵高谗害"腰斩"而"夷三族"。司马迁在《传》的结语中说："人皆以斯极忠被五刑死，察其本，乃与俗议之异。"这是他对李斯的本质的认识。因此他写的传，就能透过一系列的现象，而使人接触到李斯的真正为人。

《留侯世家》所写的张良，从他少年时"与客狙击秦皇帝博浪沙中"、"为韩报仇"和"居下邳，任侠"的行径看来，简直是游侠刺客一类人物；但从坯上受书，习诵兵法，到为韩申徒，到佐刘邦亡秦兴汉，性格却有很大发展，而这发展，正和时势密切结合着。到了后期，他完全成为一个优秀的谋士——在紧急惶剧的局面下，他经常从容不迫，决定大计。通过司马迁的笔，我们仿佛看见他的沉着冷静的风度。

司马迁的艺术创造，还在于他善于通过细节，来表现人物或揭示问题。《秦始皇本纪》二十八年：

（始皇）乃西南渡淮水，之衡山、南郡，浮江，至湘山祠。逢大风，几不得渡。上问博士曰："湘君何神？"博士对曰："闻之，尧女，舜之妻，而葬此。"于是始皇大怒，使刑徒三千人，皆伐湘山树，赭其山。

为这件小事而"大怒"，充分表现了秦始皇的骄暴——骄暴到要山川草木鬼神，都服从他！不然，他就要给你制造灾祸。这个历史上头一个专制皇帝，就这样可怕！

《信陵君列传》中，重点写了信陵君交接侯嬴的故事，而像率"五国之兵，破秦于河外"那样大事，写得却很简。这就是由于这故事最能显现他的人物。看他写魏公子"置酒大会宾客"时，"自迎夷门侯生。侯生摄敝衣冠，直上载公子，上坐不让"，公子则"执辔愈恭"。又"枉车骑"随侯生去看他的"市屠中"的客，而且"睥睨，故久立，与其客语"。公子却"颜色愈和"。"当是时，魏将相宗室宾客满堂，待公子举酒；市人皆观公子执辔；从骑皆窃骂侯生。"公子却"色终不变"。

就事来说，是小事；就文章来说，却做了细节的描写。他把人物的行动、言语、动作、颜色以至周围环境，都写出来，写得有声有色。专凭这件事，信陵君之所以为信陵君，已跃然纸上。《刺客列传》里写荆轲，和盖聂"论剑"，和鲁句践"博、争道"时，都不敢争，"嘿而逃去"；但在燕市和"狗屠及善击筑者高渐离"饮酒，"酒酣以往，高渐离击筑，荆轲和而歌于市中。相乐也，已而相泣。旁若无人者"。这些细节，显示了荆轲的修养气概和苦闷。而他后来负起劫刺秦王的重负，谈笑间进行着惊天动地的事业（虽然失败），就不足为奇了。

司马迁写陈平怎样处危疑之间，也很有味。当刘邦已死，吕后当权，而陈平为右丞相时：

　　吕媭常以前陈平为高帝谋执樊哙，数谗曰："陈平为相，非治事；日饮醇酒调戏妇女。"陈平闻，日益甚。吕太后闻之，私独喜。面质吕媭于陈平曰："儿妇人口不可用，顾君与我何如耳。无畏吕媭之谗也。"

这简短朴素的描写，深刻地揭示了最高统治者间的钩心斗角，也显示了吕后的权术和陈平的机智。

《平津侯主父列传》写典型的官僚公孙弘，当汲黯说他"位在三公，奉禄甚多，然为布被，此诈也"，武帝拿这话问他时，他说：

　　有之。夫九卿与臣善者，无过黯，然今日廷诘弘，诚中弘之病。夫以三公为布被，诚饰诈，欲以钓名。……今臣弘位为御史大夫而为布被，自九卿以下至于小吏，无差，诚如汲黯言。且无汲黯忠，陛下安得闻此言！

这几句话，充分指出了这个官僚的虚伪做作的深度。他会认错，甚至自承"诈"，"钓名"，影响不好；且极赞说他坏话的汲黯说得对、"忠"，这就不怪汉武帝真认为他是"谦让"了，也不怪他就凭这一套做了丞相，封平津侯了。但他的毒辣，却在于他说汲黯和他最好，反"廷诘"他。更在于他暗地对汲黯所进行的报复——见《汲郑列传》中。

《万石张叔列传》中写"以孝谨闻乎郡国"的石奋、石建、石庆父子，"谨"到什么程度：

　　建为郎中令，书奏事。事下，建读之，曰："误。书马字，与尾当五。今乃四，不足一！上谴，死矣。"甚惶恐。其为谨慎，虽他，皆如是。

> 庆为太仆，御出。上问："车中几马？"庆以策数马毕，举手曰："六马。"庆于诸子中，最为简易矣，然犹如此！

这真是官僚的又一种典型。只一个字少写了一笔，竟怕谴责致死！对自己乘车的马，还要数毕才敢说几匹，难道这样凭谨慎小心维持高官厚禄的人，还能希望他违背皇帝来为人民说一句话吗？

《酷吏列传》写：

> （杜周）为廷尉，其治大放张汤，而善伺候。上所欲挤者，因而陷之；上所欲释者，久系待问，而微见其冤状。客有让周曰："君为天子决平，不循三尺法，专以人主意旨为狱。狱者固如是乎？"周曰："三尺安出哉？前主所是著为律，后主所是疏为令。当时为是，何古之法乎？"

这和张释之"守法不阿"，屡次违反汉文帝的意旨，正是鲜明的对比。而杜周还无耻地做着狡辩！

《绛侯世家》写周亚夫被诬以叛时：

> 廷尉责曰："君侯欲反邪？"亚夫曰："臣所买者乃葬器也，何谓反邪？"吏曰："君侯纵不欲反地上，即欲反地下耳！"吏侵之益急。……（亚夫）不食五日，呕血而死。

这就是法官们承皇帝意旨办事的典型例子。司马迁就这样用简朴的笔，通过细节，描绘了这些帮凶者的嘴脸。

司马迁善于抓住细节，但从来不琐碎地罗列事件，而是集中概括地来突出主题。如写萧何，专写他的恭谨多功而仍被疑忌，写曹参专写与民"休息无为"，写管仲、晏婴专写友道，写司马穰苴、孙武专写治军，写孙膑却着重他的用兵，写商鞅专写酷法。同是好客，写孟尝君是以客自重，平原君是贵公子的"豪举"，信陵君是真能下士；春申君、吕不韦之属不过以好客炫耀而已。《廉颇蔺相如列传》专写相如的智勇，《张耳陈馀列传》专写为利忘义，《季布栾布列传》专写他们忍辱成名，《张释之冯唐列传》专写守法与直言，《魏其武安侯列传》专写贵戚间的争权倾轧，《卫将军骠骑列传》专写裙带关系的力量……这样，事迹多的人物，可以通过繁杂的资料，抓住中心问题；事迹少的人物，也可以通过一二件事，说明一个问题，仍予人以不可磨灭的印象。

至于司马迁的艺术创造，表现在语言方面，也非常显著。他不仅有丰富的语汇，尽量使用当时的现代语（连袭用古书都翻译了），随时吸取民间口语，以描摹人物的言语动作，而更重要的是他使用语言的朴素与精练，丝毫不借助于粉饰性的美丽词句。像有名的"鸿门宴"就是最好的例子。

当樊哙"带剑拥盾入军门"时：

> 交戟之士欲止不纳，樊哙侧其盾以撞，卫士仆地。哙遂入。披帷，西向立，瞋目视项王。头发上指，目眦尽裂。项王按剑而跽曰："客何为者？"张良曰："沛公之骖乘樊哙者也。"项王曰："壮士！赐之卮酒。"则与斗卮酒。哙拜谢，起，立而饮之。项王曰："赐之彘肩。"则与一生彘肩。樊哙复其盾于地，加彘肩上，拔剑而啖之。项王曰："壮士！能复饮乎？"樊哙曰："臣死且不避，卮酒安足辞！……"

这一小节，中心人物是樊哙。有交互对话，有声调，有人物神态，有外貌，有动作。又从容又紧张，这是司马迁的真功夫。我们如果再看他所写"完璧归赵"、"荆轲刺秦"、"毛遂使楚"、"圯桥进履"、"细柳劳军"、"灌夫骂坐"等无数有名的故事，无不具备着这种特色。这是司马迁传记艺术成功的主要特点之一。

<h1 align="center">五</h1>

司马迁的全部传记,有热情的颂赞,有严正的揭发,有无情的鞭挞,有尖锐巧妙的讽刺,有轻松的嘲笑,有激愤的不平之鸣,有公正的辩护与表扬。他的笔,饱和着他的情感,使他的散文,具有浓厚的诗的气氛,而结穴于他的叛逆的反抗的总倾向。至于高度的艺术技巧,更使他辉煌地完成了他的创作任务,使他不愧为一个现实主义的伟大的文学家。

当然,司马迁也有他的弱点或缺陷。他虽不信天和鬼神、龟策而相信物质力量,但对"命"的存在,却似乎是承认的。他不能把社会不合理的根源,归结到封建制度阶级关系上;在无数现实事例中,他隐隐感到好像有一个不可抗拒的力量"命",来摆布人(虽然他还是肯定并赞成反抗者)。他把希望仍寄托在明君贤相身上。他有时把一般富豪和劳动人民混为一谈(只要都受打击):《平准书》把商人被没收财产和人民痛苦一样看待;《魏其武安侯列传》把人民诅咒的恶霸灌夫,仅因被田蚡谋害,也就予以同情;《酷吏列传》把杀豪强和杀平民也不分;《游侠列传》虽分了"侠"与"豪"不同,但没有着重侠对平民的作用,而只谈对"士"的作用等等,都是和他自己的阶级分不开,也是时代所限,不可避免的。司马迁终究是:卓绝的历史家,卓绝的散文家——传记文学家。

1956 年 3 月于太原

注释:

①《汉书·司马迁传赞》说迁"论大道则先黄老而后六经",《陔馀丛考》、《黄氏日抄》则强调迁之尊孔。李长之在他的《司马迁之人格与风格》中更具体地说司马迁的本质思想是道家,在《中国文学史略稿》里也没有

变。

② 从《汉书》本传、《报任安书》和《高士传》、《与挚峻书》中可以看出。

③ 尚钺主编的《中国通史纲要》，说项羽是代表楚贵族的，那就是说不把项羽作起义领袖看。我认为不应专从家世出身看问题，使问题简单化。

④《史记》中还有《吕后本纪》，也是后世史家不同意的，但那性质和对项羽、陈涉、孔子不同，这里不谈。

⑤ 胡适认为《货殖列传》是为商人辩护，我的意见和他不同。

⑥《汉书·司马迁传赞》，说迁："序游侠则退处士而进奸雄，述货殖则崇势利而羞贱贫。"这是歪曲和不理解司马迁。

⑦ 事见《汉书》本传。

⑧《史记考证》引《汉旧仪注》、《魏书·王肃传》及《汉书》本传赞张宴注。

⑨ 王允说《史记》是"谤书"，见《三国志·魏书·蔡邕传》，刘向、扬雄说《史记》是"实录"，见《汉书》本传赞。

政教中心和现实主义

——对汉代诗论的一些探讨

一

中国古代诗歌理论中，有导源于汉代的几个论点，影响着两千多年的诗歌评论，也指导着两千多年的诗歌创作，这就是所谓："风雅"、"比兴"、"美刺"、"讽谕[1]"。这几个论点，分析起来，既有所区别，又互相联系。大体上说，"风雅"是创作的准则，"比兴"是创作的方法，"美刺"是写作的态度，"讽喻"是作品的目的。而这几个论点，又围绕着一个中心——政教，即政治和教育。换句话说，就是诗歌要为政教服务。以政教为中心的原则，假如说还不能概括两千多年诗歌的全部传统的话，那至少代表着总传统中的一个主要传统。那么，这一主要传统是怎样形成的？怎样评价？它是不是就是现实主义或接近于现实主义？这些，就是此文想要探讨的问题。

二

以政教为中心的诗论的形成，既原于《诗经》一书的经典化，同时也是以儒家的政治哲学成为统治思想为基础的。本来《诗经》中的诗歌之所以和政治发生极为密切的联系，是由春秋时期各国之间，朝聘会享中，使用诗歌作为外交辞令这一事实而来。孔子论诗，一则说："不学诗，无以言。"① 所谓言，即指外交

---

[1] 编者注："讽谕"同"讽喻"，下文同。为尽量保留原文早年面貌，故此。

语言，而非一般说话；再则说："诵诗三百，使于四方，不能专对，虽多，亦奚以为！"②"诵诗"就是为了出使时的"专对"（独立应对），而不是为了其他。孟轲、荀况和《礼记》以下各家引诗，都承袭着外交场合"赋诗断章"③的办法，而不管是否违反原诗的本义，但同时也逐渐产生借用原诗的某点意义，使它成为自己言论的依据或佐证的现象，从而提高了《诗经》诗歌的权威性，使《诗经》一书，越来越上升到经典的地位。

在春秋战国的百家争鸣中，儒家作为政治集团，虽未取得太大成就，但以他们的学徒之众，影响之大，在文教事业上，却占有绝对优势。他们以政治为目的，以文教为手段，适应历史发展的要求，曾经设计过各种统一全国的政治方案：除孟、荀二大师，各有以"仁义"、"礼"为中心的专著外，其他像《孝经》的"以孝治天下"，《大学》的"格、致、诚、正、修、齐、治、平"，都是自成体系的一种政教学说，当时虽无法实践，但对后来封建王朝的统治影响很大。尽管法家曾以富国强兵为根基，用武力统一了全国，取得了空前胜利，建立了秦王朝；但秦王朝标志着法家的最大胜利，也标志着它的最大失败。关键在于它重政轻教。汉兴，"改秦之败"④，曾有以道家（黄老）来统一思想的企图，但没有成功。儒家继之，政教并重，在武帝刘彻的支持下，以"六经"、"仁义"为中心，而吸收道、法以次各家的优点，"舍短取长"，形成"于道最为高"⑤的统治思想。而《诗经》一书，也成了统一的封建王朝统治思想中的重要组成部分。于是，有关《诗经》的注释、说明、评论和依附《诗经》而提出的诗歌论点，都不能不为这一现实所左右。这便是以政教为中心的诗论的政治基础和思想基础。

三

在汉王朝封建统治思想指导下，再看汉儒就《诗经》一书所提出的几个论点：

其一，"风雅"。"风雅"本是"风雅颂"三部分诗的简称。"风"是十五个地区的地方乐调，"雅"是周朝首都镐京一带的乐调，"颂"是伴随着舞蹈的乐调。这些名称和诗歌理论本不相干，但到了汉儒手中，却赋予了重大的理论意义。《毛诗序》把"风"解为"风也，教也"，即讽刺和教化，"上以风化下，下以风刺上"[⑥]；"雅"是"言王政之所由废兴也"[⑦]，是正面谈政治问题的；"颂"不解为舞容，而解为"美盛德之形容，以其成功，告于神明者也"[⑧]，成了后世"歌功颂德"的先导。从此，"风雅"不但可以从意义上代表《诗经》，同时凭借《诗经》作为经典的权威，而成为诗歌创作的典范。

其二，"比兴"。"比兴"本是"赋比兴"的简称。最早见于《周礼·春官·大师》。那里把"风、赋、比、兴、雅、颂"平列，称为"六诗"，但没有做意义上的解释。到了《毛诗序》，仍把"赋比兴"和"风雅颂"并列，而呼为"六义"，对"风雅颂"做了解释，如上所举；但对"赋比兴"却仍没有做任何说明。只有在一些经师的遗说中，才多少看出一点"赋比兴"的性质。比如：《周南·芣苢》、《韩诗·薛君章句》指为"兴"，《毛诗》则指为"赋"；《鸡鸣》、《韩诗》指为"比"，《毛诗》仍指为赋；《伐檀》、《韩诗》指为"赋"，《毛诗》则指为"兴"。[⑨] 不管他们之间的说法如何矛盾，但把"赋比兴"看为写作方法，却是一致的。所以唐代孔颖达《毛诗正义》谓"'风雅颂'者，诗篇之异体；'赋比兴'者，诗文之异辞"；"赋比兴是诗之所用"，"风雅颂是诗之成形"。[⑩] 概念虽还不够明确，但把"赋比兴"和"风雅颂"从性质上区分开来，却是很清楚的。"赋比兴"属于写作方法，和政治本来挂不上钩，可是汉儒郑玄却说什么："赋之言铺，直铺陈今之政教善恶；比，见今之失，不敢斥言，故比类以言之；兴，见今之美，嫌于媚谀，取善事以喻劝之。"[⑪] 这样，就把写作方法和政教拉在一起。尽管刘勰等理论家，从写作方面大大发展了"比兴"理论，可是一直到白居易，还要说："为诗意如何？六义互铺陈；风雅比兴外，未尝著空文。"⑫用政治意义淹没了写作方法的意义。

其三，"美刺"。"美刺"最早见于诗人的自白：像《魏风·葛屦》末两句"维是褊心，是以为刺"，就提出"刺"字；而《小雅》中的《崧高》、《烝民》、《节南山》等篇，都明确提到"作诵"，"诵"即"颂"，实际就是"美"。说得具体的，还是《毛诗序》。《毛诗大序》除把"风"解为"风刺"，把"颂"解为"美盛德"外，在不少具体诗的《小序》中，还随时指出：某诗"美"某，某诗"刺"某，像《甘棠》，"美召伯也"；《江有汜》，"美媵也"；《雄雉》，"刺宣公也"；《谷风》，"刺夫妇失道也"之类。"美刺"观点，是贯穿在《毛诗序》（包括大小序）中的重要论点之一。到了郑玄，把"美刺"的意义，更提高了一步，说："论功颂德，所以将顺其美，刺过讥失，所以匡救其恶。"⑬不只是总结已然，而且要影响未然。而这种歌颂什么（美）、暴露什么（刺）的问题，是写作态度，也是政治态度。

其四，"讽谕"。"讽"是暗讥，"谕"是晓喻。义源于"风"，而与"谲谏"一致。"谲谏"的目的是"言之者无罪，闻之者足以戒"⑭，"讽谕"则是春秋赋诗"以微言相感"，"称诗以喻其志"⑮的发展。班固认为诗赋的任务之一，是"抒下情而通风谕"⑯，郑玄认为"诗者，弦歌讽谕之声也"⑰，是由于"尊君卑臣，君道刚强，臣道柔顺，于是箴谏者稀，情志不通"，所以才需要"作诗以诵其美而讥其失"。所以"讽谕"和"美刺"相通，和"风雅"、"比兴"相联系，而成为容量较大，概括诸论点的新论点。这就是唐代白居易的诗歌理论中，强调"六义"，而称他的政治性最强的一百五十首诗为"讽谕诗"⑱的原因。

综上所述，可知：汉人诗论，都是就《诗经》一书立论，而实质上则是在作为统治思想的新儒家思想支配下，适应当时政治教育要求而建立的诗歌理论。无以名之，姑名之为政教中心。

四

《毛诗序》直接谈诗歌和政治的关系时说：

> 在心为志，发言为诗。情动于中，而形于言。……情发
> 于声，声成文，谓之音。治世之音，安以乐，其政和；乱世
> 之音，怨以怒，其政乖；亡国之音，哀以思，其民困。

由于"诗三百"，都是可以"弦而歌之"[19]的，所以诗歌音乐一体。而这里要说明的就是：从歌乐中可以判断政治好坏。换句话说：就是歌乐是政治的反映，也是能反映政治的。所以"王道衰，礼义废，国异政，家殊俗"，便产生了"变风"、"变雅"。[20]惟其如此，所以"正得失，动天地，感鬼神，莫近于诗。先王以是经夫妇，成孝敬，厚人伦，美教化，移风俗"。[21]诗歌在政治教育上的效果，竟如此其大！但这还没有超过孔子的看法。孔子曾说："诗，可以兴，可以观，可以群，可以怨；迩之事父，远之事君；多识于鸟兽草木之名。"[22]诗的作用，包括了政治、社会和博物。汉儒所论，反而有被政教局限的倾向。也可以见汉儒是如何强调政教而不及其他。

问题是这种就《诗经》一书提出的以政教为中心的论点，是否可以算是诗歌理论？用这一论点做指导，是否在诗歌发展史上起了积极作用？答案应该是肯定的。因为汉儒在封建统治思想支配下，戴着有色眼镜来看《诗经》，就不能不有所蔽，因而在《诗经》中具体诗篇的解说上，就出现了大量的牵强附会；但另一面，他们既熟读"三百篇"，终身寝馈于其中，那也就不能不有所见；因而，在对不合自己尺度的诗予以曲解的同时，对合于自己尺度的诗，也会正确地撮其要而会其义。所以他们对"风雅颂"用政

教来概括，虽属穿凿，但"风雅"诗中有不少政治诗，却是事实；对"比兴"的解释，虽有所附益，但"赋比兴"的方法，"三百篇"中，却普遍使用着；"美刺"的具体对象，虽说得十分荒谬，但"三百篇"中表现"美刺"的诗也大量存在；而以"讽谕"为目的或能起"讽谕"作用的诗，更不可胜数。因此，我们如果为了理解原诗，则对汉儒所加于《诗经》的迷雾和所造成的混乱，必须彻底排除；但他们借《诗经》而建立的一些新的诗歌论点，却很有可取之处。而这些论点，在后来的诗歌发展上，正是突出地起着推动作用的。所以尽管汉儒错误地把内容十分丰富的《诗经》这一部诗歌总集，强纳入政教范围之内，把部分具有政治内容的诗，以偏概全地代替了全部诗作，而且在总论诗歌和政教的关系中，片面地夸大了政教作用，但他们所建的诗论，并不因之而减色。

五

作为文学的一部分的诗歌，属于意识形态，是社会现实的反映。但现实的反映，不能就成为现实主义；只有自觉、积极地反映现实，才是现实主义的开始。政治在社会中无所不在，是最大的现实，也可以说：政治是现实中的最主要方面，而为政治（包括教育）的服务的诗歌，是关心现实，干预现实，积极地反映现实的重要表现。因之毫无疑义，它和现实主义的要求，基本一致。然而，现实主义的理论，不但要求作家的作品，自觉、积极地反映现实，而且还要求如实地、真实地反映现实；不是肤浅地反映现实的现象，而是通过典型形象来反映现实的本质；哪怕是朴素的现实主义呢，也要通过现象而接触到某些——即使很少——现实的本质。以此为准，再看以政教为中心的《诗经》，是否能达到这一高度。答案是否定的。因为从理论上看，达不到，但从实践上看，则《诗经》、"汉乐府"，以至陈子昂、杜甫、白居易的诗集中，却存在着大量的可以称为现实主义的作品。因为理论是从实践中总结出来的，西方现实主义的理论不也是到了19世纪才完善起来的吗？所以，汉以后，政教中心思想影响下的作家们，他们所举的旗帜，总不出"风雅"、"比兴"、"美刺"、"讽谕"的范围。因之，把这些论点作为现实主义的先行，或现实主义的基本因素来看，是可以的，虽然它还不够完善。这就是政教中心论所以能代表中国诗史上主要传统的原因。

六

政教中心既然是代表着中国诗歌史上主要传统的，那也就是说它没有，也不能代表全部传统，它虽然要求关心现实、干预现实、反映现实，但却局限于现实中的政教方面。而和政教无关的种种现实问题，就不一定涉及了。这和孔子所说"兴"、"观"、"群"、"怨"、"事父"、"事君"、"多识"比，广度上已有所不及；和面向一切现实的现实主义理论比，更有范围广狭的区别。就反映现实说，反映政教的作品，固然是反映现实，而反映非政教的作品，却不一定不反映现实。《诗经》、"汉乐府"中大量的具有现实主义特色的诗篇，并不一定都反映政教；杜甫、白居易之所以成为伟大诗人，也不单由于他们所写直接反映政教的那部分诗，而由于他们创作的全部。所以，政教中心的诗论，只代表中国诗歌史上的传统之一，尽管它是主要的。政教中心论本身，还存在着一个缺陷，因为它可以为革命的、进步的政治服务，也可以为反动、落后的政治服务。就反映现实来说，为了政治目的，可以正确地、真实地反映现实，也可以虚伪地、带欺骗地歪曲现实。我们不是亲眼看见几个把"政治第一"、"政治挂帅"口号喊得山响的野心家，拿文艺当作罪恶活动的武器，对人民进行了空前的迫害吗？而历史上的事例，也大量存在。"汉乐府"中有一首《上留田行》，开头三句说：

居世一何不同？富人食稻与粱，贫子食糟与糠？

一下子就接触到社会现实的本质——阶级对立，但下文一转却说：

贫贱亦何伤？禄命悬在苍天，[23] 今尔叹息欲将谁怨！

很巧妙地用天命把真实掩盖了起来。这是被统治者篡改了的民歌[24]，把为被压迫者呼喊的歌子，篡改成为统治者辩护的歌子了！但都是为政治服务。好在政教中心论之所以能成为中国诗史的主要传统，则在于历史上的一些进步集团和进步分子，运用这一合法的，以圣经为掩护的口号，通过"风雅"、"比兴"、"美刺"、"讽谕"等具体论点，用大量创作，为人民利益，为政教改革，进行了不懈的斗争，从而取得丰硕成果。而直接为反动统治者效劳的东西，却自然地为历史所淘汰。

与政教中心论并行，中国诗歌发展史上还有两个具有理论性质的诗论，和政教中心论互相关联，互相渗透，但却各有侧重，形成传统。一是言志抒情说，一是好辞尚丽说。言志说起自先秦，而《毛诗序》本之，提出"诗者，志之所之也"，接着便说"情动于中而形于言"，可见情、志是一回事。《毛诗序》虽从诗歌起源上谈到了情、志，而篇中却以政教为中心。只是言志抒情（包括性、意）说以此为起点，便发展为另一传统而已。司马迁称屈原"忧愁幽思而作《离骚》"[25]，"诗三百篇，大抵圣贤发愤之所为作也"[26]，提出了发愤著书说。此后像阮籍的"咏怀"，陶渊明的"真意"，韩愈的"不平则鸣"，白居易的"感伤"、"闲适"诗，都是这一传统的继续和发展。好辞尚丽说，从司马迁称宋玉等人"好辞"起[27]，刘歆也说宋玉等人"竞为侈丽宏衍之辞"[28]，从扬雄所谓"丽以则"，"丽以淫"[29]，到曹丕所谓"诗赋欲丽"[30]，到刘勰、锺嵘，虽情辞并重，而所代表的南朝诗歌发展趋势，一直向好辞尚丽前进。而这一传统的存在，也是很明显的。上举两点，都是政教中心论所不能代替的。

以上所论，仓卒[1]写出，不成熟，不周密，难免谬误。提出来，只是为了向同志们就教而已。

1980 年 10 月 5 日

注释：

① 《论语·季氏》。

② 《论语·子路》。

③ 《左襄二十八年传》卢蒲癸语。

④ 《史记·太史公自序》。

⑤ 《汉书·艺文志·诸子略》。

⑥ 并见《毛诗序》。

⑦ 并见《毛诗序》。

⑧ 并见《毛诗序》。

⑨ 今本《毛诗传》只标"兴"而不标"赋"、"比"，此依魏源所考。

⑩ 《十三经疏》本《毛诗序·疏》。

⑪ 《毛诗序·疏》引郑玄《周礼·大师·注》。

⑫ 《与元九书》。

⑬ 《十三经注疏》本《毛诗·诗谱序》。

⑭ 《毛诗序》。

⑮ 《汉书·艺文志·诗赋略》。

⑯ 班固《两都赋序》。

⑰ 《诗谱序》引郑玄《六艺论》。

⑱ 《与元九书》。

⑲ 《史记·孔子世家》。

⑳ 《毛诗序》。

---

[1] 编者注："卒"同"猝"，"仓猝"同"仓促"，下文同。为保留原文早年面貌，故此。

㉑《毛诗序》。

㉒《论语·阳货》。

㉓ 原诗每句下，都有"上留田"三字和声。

㉔ 此诗或署曹丕作，或为曹丕所改。

㉕《史记·屈原传》。

㉖《史记·屈原传》。

㉗《史记·太史公自序》。

㉘《汉书·艺文志·诗赋略》。

㉙《法言·吾子》。

㉚《典论·论文》。

汉代的女作家班婕妤

　　班婕妤（约公元前48—前2），名已不传。婕妤是皇帝后宫嫔妃的称号之一。汉代的女作家，楼烦（今山西朔县）人。班氏的祖先，是楚国令尹子文的儿子斗班的后裔。秦灭楚，把这一家族迁徙到山西北部；秦末，班壹定居楼烦。他家靠放牧致富，成了长城内外的豪族。三传到班况，官左曹越骑校尉，婕妤就是班况的女儿，也就是史学家班彪的姑母、班固的祖姑母。成帝初，她被选入后宫，不久，封为婕妤（地位相当于上卿）。

　　班婕妤是受儒家思想影响很深的一个女子。她不争夺地位，不干预政治，谨守礼教，是个宫廷妇女的模范。成帝有一次要她同车出游，她婉言拒绝。她认为：皇帝的身边，应该是名臣，而不应该是女宠。就维护封建政权来说，这种言行是可以起积极作用的。后来赵飞燕姊妹得宠，向成帝进谗言，许皇后被废，班婕妤自动要去侍奉太后，退居东宫。曾作《自伤赋》。成帝死后，她移居陵园，就死在那里，年纪不到五十岁。

　　班婕妤是辞赋发展史上极少的妇女作家之一，也是较早的一个五言诗的创造者。她的赋，留下来的头一篇，就是见于《汉书》本传的《自伤赋》。赋中抒写的是被遗弃后的悲苦之情，但写法上却与一般写弃妇的诗文不同，它是用委婉隐蔽的方式，在感恩戴德的外表下，表达她深切的悲哀的。末段因境见情，写得尤为细致入微。她的另一篇赋是见于《古文苑》的《捣素赋》。以妇女"捣素"的劳动为题材，但写的却不是一般劳动妇女。全篇分三部分：头一部分是写人，写的是美貌的贵族妇女；第二部分写"捣素”，主要摹写[1]了捣素动作中所发出的美妙的音响；第三部分写怀念远人和制衣寄远，思想冲出了宫廷的圈子。特点是善于用正笔、侧笔相结合的方法，进行描写。

班婕妤的诗可以看见的，只有《怨歌行》一首，思想感情和《自伤赋》一致。但写法上，却以纨扇到秋天后被人弃置不用，来隐喻自己被弃的遭遇。在早期五言诗中，是难得的好作品。后人怀疑此诗不是她作的，但无确据。成、哀时期，五言诗在民间已出现不少，班婕妤作这首诗是可能的。

班婕妤的兄弟伯、游、稚，都以学行名于当世。班稚的儿子彪，班彪的儿子固、超，女儿昭，文采风流，累世称盛；彪、固、昭父子兄妹，都是辞赋家，也能作诗。只是他家从班婕妤这一辈起，已定居长安西郊，便成为右扶风人了。

---

[1]　编者注：“摹写”同“模写”，下文同。为尽量保留原文早年面貌，故此。

李颀里居、生平考辨和他的诗歌成就

一、里　居

　　李颀是唐代开元、天宝间的著名诗人，但新、旧《唐书》都没有他的传。他的籍贯，第一次见于记载的，是元人辛文房《唐才子传》卷二。传中说："李颀，东川人。"清代曹寅等编的《全唐诗》卷二三二《李颀传》因之，也说："李颀，东川人。"过去一般对"东川"二字无异议，但对"东川"究为何地，则颇有异同。有的把东川指为云南或云南会泽；有的则指为四川三台或四川东部。[①] 近几年有好几位同志对此提出疑问。因为唐代所置羁縻州，属黎州都督管辖的，确有东川州（见《唐书·地理志》七下），在今云南省会泽县附近，但考之李颀存诗和生平，却绝无与云南相涉者；四川东川之名，源于东川节度使，而东川节度使则设于肃宗至德二载，李颀生活在开、天时期，前后了不相及。[②] 故云南、四川二说皆不能成立。

　　那么"东川"一说，究竟有何根据？近人一致意见，认为它根据的是李颀《不调归东川别业》一诗。我以为此诗题中"东川"二字，不仅不是郡县的名称[③]，而只指一条普通的小河；更应特别指出的就是："东川"二字，不能和"别业"二字分开。"东川别业"只是一个别业的名称。古人的别业或别墅，多用所在的小地名、山水名，或只用概指方向的山水——东山、西林、南涧、北湖之类。王维的"辋川别业"，用的是小水名；韦嗣立的别业，在骊山下，不叫骊山别业，而用概指方向的办法叫"东山别业"。《王右丞集》有《同卢拾遗韦给事东山别业》诗，即指其地。所以李颀的"东川别业"的东川，不但不指郡县，还可能不是具体水名，而概指在某地东边的一条水。这条水究竟在哪里？结合下一问题，才可以解决。

《全唐诗》在"李颀，东川人"之后，加了一句话"家于颍阳"。颍阳和东川，有无联系？东川是否就在颍阳？科学院文研所的《中国文学史》沿用了《全唐诗》的说法而稍变其字句说："李颀，东川人，少时家住河南颍阳。"似乎东川是祖籍，颍阳曾寄居过。"东川"二字未注而颍阳注为"今河南许昌附近"。其实，许昌是唐代的颍川郡，不是颍阳县，把颍阳注为许昌是欠妥的。近年谭优学、傅璇琮、马茂元，都在否定了"东川"在四川或云南后，做了新的探索：谭认为东川即岑参《寻巩县南李处士别业》诗中"茅屋临东川"之东川，"李处士很有可能就是李颀"。但他同时又疑东川为颍水三源之"左源"，自己造成矛盾。傅同志也疑东川为颍水左源即左颍水，"颍阳为唐河南府河南郡的畿县"。马同志则直谓："东川"即"颍阳"。问题已基本上近于解决，只是颍阳、东川的具体所在，仍有未确。今按：《全唐诗》"家于颍阳"一说，于史无征，根据也只是李颀的诗。李颀诗中，一则说"十年闭户颍水阳"（《缓歌行》），再则说"我家本颍北，出门见维嵩"（《与诸公游济渎泛舟》），可是"颍水阳"、"颍北"，都不是具体县名。唐代河南郡的颍阳县，即今登丰县西境的颍阳镇。它是开元十五年才由武林县改名的，距离颍水源三十里，根本不在颍水边。当然不能说是"颍水阳"或"颍北"。而今存李颀诗中，直接、间接涉及嵩山和颍水的近二十首，可知他住的地方必在嵩山、颍水之间，具体地说，就是唐嵩阳县。嵩阳，在汉为嵩（崇）县，隋炀改为嵩阳，武则天改为登封，中宗复为嵩阳，后又改为登封，沿至于今。西距颍阳镇七十里，在嵩山主峰太室正南，而颍阳镇则远在少室迤西。

颍阳问题解决了，再看东川，究竟是哪条水。我认为"东川

别业"的东川，实即登封县东北十余里五渡河上游的东溪。《水
经注·颍水》"颍水又东，五渡水注之。其水导源密高县北太室
东溪"，李颀诗中所说"我家本颍北，开门见维嵩"，与此相符。
这地方正是嵩山之南，颍水之北，和李颀其他诗中这一带的地望
也完全相合。当时这里有隐士卢鸿的"东溪草堂"，而李颀存诗
中，还有一首《裴尹东溪别业》，尽管裴的别业，是在洛阳东郊的
东溪，但李颀把自己的别业叫"东川"，很可能就是为了和卢、裴
的"东溪草堂"、"东溪别业"相区别。唐人习惯，写籍贯，常用
祖籍、郡望，李颀出于何郡？这倒有一材料，就是李华《杨骑曹
集序》（见《全唐文》卷三一五），序中说："兰陵萧颖士、河东柳
芳……赵郡李崿、李颀。"④ 故李颀的里贯，应书为：赵郡人，家
于嵩阳之东溪。

二、生　平

李颀生年不见记载，闻一多《唐诗大系》定他生于武则天天
授年（公元690），大体不错。他的事迹殷璠《河岳英灵集》仅
说"惜其伟才，只到黄绶"，说明他只做过八九品的小官。芮挺章
《国秀集·目录》标"新乡尉李颀"，县尉官品与黄绶相合。《唐
书·艺文志》、《唐诗纪事》并说："颀，开元进士"，指出了登第
和登第时代，《唐才子传》的作者辛文房，可能根据原本《登科记》
等材料，所以写得最具体：

> 颀，东川人。开元二十三年贾季林榜进士及第，调新乡
> 县尉。性疏简，厌薄世务，慕神仙，服饵丹砂，期轻举之
> 道，结好尘喧之外。一时名辈，莫不重之。

算是李颀生平最详细的材料了。后人著述提到李颀的，没有
超过辛书范围的。但今天我们从李颀存诗和交游中，仍可以进一

步了解到他的生平概况。

李颀少年时期，家中颇为富有，曾过了一段狂放游侠生活。他在《缓歌行》中说：

> 小来托身攀贵游，倾财破产无所忧，暮拟经过石渠署，朝将出入铜龙楼。结交五陵轻薄子，谓言可生复可死，一沉一浮会有时，弃我翻然如脱屣……

可见他本想通过"结交"，以厕身于豪贵之中，却不料在名利争逐中，被人抛弃，使他醒悟过来，因而发愿："男儿立身须自强！"于是采取了"十年闭户颍水阳"的行动。而且幻想着在艰苦努力之后，"业就功成见明主，击钟鼎食坐华堂"（并见《缓歌行》）。显然他没有李白那样"安黎元"、"济苍生"的壮志，也没有杜甫那样"致君尧舜上，再使风俗淳"的抱负，他只有强烈的功名思想，这时他二十八九岁。

李颀的"十年闭户"是他一生的重要阶段。他曾折节读书，但同时也广事交游。交游中首先是著名隐士卢鸿（两《唐书》有传，旧书作卢鸿一），鸿于开元六年（718）被玄宗请到洛阳，授谏议大夫，固辞不就；回嵩山，建"东溪草堂"（今登封县东卢岩寺）。跟他学习的达几百人。李颀有《送卢逸人诗》，是在洛阳送卢回山的。李颀和卢鸿的侄子卢象，是好朋友，后来卢象做了司勋员外郎，李寄诗有"早晚荐雄文似者，故人今已赋《长杨》"之句，希望得到荐引。这时大诗人、画家王维，从济州司仓参军去官回到这里，⑤诗人、画家张湮，也长期住在这里。王维诗"迢递嵩高下，归来且闭关"（《归嵩山作》），又云"无才不敢累明时，思向东溪守故篱"（《早秋山中作》），又说张湮"闭门二室（嵩山主峰太室少室）下，隐居十年余"（《赠张五弟湮》）。他们和李颀都很好。《唐才子传》卷二《张湮传》说：

> 张洇初隐少室山下，与李颀友善，事王维为兄，皆为诗、酒、丹青之契。

看来李颀还能画几笔哩。李颀诗中还有：《临别送张洇入蜀》、《同张员外洇酬答之作》、《张洇山水》等诗，王维有《赠李颀》诗，有云："闻君饵丹砂，甚有好颜色。"都足说明三人的交情。另一诗人刘方平，《唐才子传》卷三《刘方平传》说："隐居颍阳太谷，……与皇甫、李颀，相与赠答。"而江陵人陈章甫，这时也住在嵩阳，自称"仆一卧嵩丘，二十余载"（《与史部孙员外书》见《全唐文》卷二七三），李颀有《送陈章甫》诗，是他的名作之一。住在这里的还有名诗人崔曙。崔有《颍阳东溪怀古》诗，怀的是许由，许由墓正在颍水南岸的箕山上。他还有《早发交崖山还太室》诗，说明崔的住处，也在嵩山脚下。只有和李颀的交谊无从证明。李颀住在这样的环境和朋友当中，诗文的提高，可以想见。这为他后来的成名，打下了基础。与此同时，李颀还和不少道士、和尚相往来。由于道、佛二教，在唐代极盛，嵩山一带，就建有佛寺、道观好几十座。和李颀有关系的道士，像焦炼师，名气很大。王昌龄、李白、王维，都有给焦的诗。其他见于李颀诗中的，有王道士、卢道士和光上座、无尽上人等和尚。他自己还曾认真学过道，服食过丹砂。这就给他的生活，染上宗教色彩，使辛文房等人相信他"慕神仙"，"好轻举之道"，但实际上这却不是他生活中的主流。这时期约当开元十七八年，李颀已年近四十。

李颀"十年闭户"之后，再一次漫游两京。在唐代，一般文人，即使诗文很好，但若没有人为之延誉，为之称扬，是很难有中第希望的。李颀当然也不例外。他在颍阳已认识一些诗人，重游两京，和少年时大不同了，他会交不少有名望的人物。在诗酒往还之中，取得了名声。他后来回忆说"徒尔当年声籍籍，滥作词人两京客"(《放歌行答从弟墨卿》)。其间他曾应举不第,有《留别卢、王二拾遗》诗,其中说:"此别不可道,此心当报谁! 春风灞水上,饮马桃花时。"他叹息"只今游宦迟",不得已而只好说:"我有故山期"——山中朋友正在等着我。另一首《望秦川》中说:"秋声万户竹,寒色五陵松。客有归欤叹,凄其霜露浓!"其失意之状可见。但他终因取得了一定名声而于开元二十三年(735)中了进士,不久被任为新乡县尉。年已四十五六,故有"虽沾寸禄已后时"(《放歌行》)之叹!

李颀在新乡县尉任上,估计做了五年。唐代的考绩制度:官吏一年一考,三考常得迁调,最多不过五考,李颀诗《不调归东川别业》,可能就是已满五考,仍不能迁调,因而去官。诗中说:"寸禄言可取,托身将见遗,惭无匹夫志,愧与名山辞。"意思说,本不嫌微禄,却终被遗弃!自责当年没有志气,轻易离开了名山(嵩山);现在只好"绂冕谢知己"而归山了。他另有两首《晚归东园》诗,其一中说"澹泊真吾事,清风别自兹";另一中说"请谢朱轮客,垂竿不复返"。写的都是归隐心情。而所谓"东园",指的也应就是"东川别业"⑥。他在《放歌行答从弟墨卿》中,回顾这段生活时说"虽沾寸禄已后时,徒欲出身事明主",说明当年甘就一尉的心情;但"柏梁赋诗不及宴,长楸走马谁相数? 敛迹俯眉心自甘,高歌击节声半苦"。原来的政治幻想破灭了,结果"由是蹉跎一老夫,养鸡放豕城东隅⑦。空歌汉代萧相国(这是理想),肯事霍家冯子都(不肯屈身佞幸)"。这样就只有归隐一途了。这时约当开元二十八年(740),他已五十多岁。

李颀的晚年,虽已退归山林,但洛阳仍是常到的地方,偶尔也到长安。又写了不少酬答赠寄之作。值得提出的一是诗人王昌龄。王由三湘贬所归来,出为江宁丞,途出洛阳,李颀和一些朋友送行。李诗《送王昌龄》中有"前望数千里,梦里金陵城"句,王昌龄有《东京府县诸公与綦毋潜、李颀相送至白马寺宿》,又有

《洛阳尉刘晏与府掾诸公茶集天宫寺岸道上人宴》，是李颀和王昌龄、綦毋潜、刘晏等在洛阳的一次宴会。后来王昌龄在芙蓉楼送辛渐北归时有"洛阳亲友如相问，一片冰心在玉壶"诗句，足见洛阳包括李颀在内的朋友，在他心中的地位。李颀和綦毋潜相识较早，集中和綦毋潜有关的诗，有七首之多；刘晏这时任洛阳尉，后迁夏县令，李颀给他的诗，前后有三首。另一值得提出的是高适。李颀给他有两首诗，都是在高受任封丘县尉时写的。其一中说："散诞由来不自羁，低头受职尔何为！"（《答高三十五留别便呈于十一》）另一首中说："小县情未惬，折腰君莫辞。"（《赠别高三十五》）是赠高适，但却体现着李颀自己的矛盾心情。因为他体验过县尉一职对"不羁"的人来说，是那么不能忍受！但在长期落魄之后，接受这一职务，又未尝不可当作入仕的起步，所以"折腰"也不妨忍受一下。高适有《留别郑三、韦九兼洛下诸公》诗，李颀当在"诸公"之内。这期间李颀的交游，还有崔颢、乔琳、裴迪、魏万以及皇甫冉、皇甫曾兄弟和书法家张旭、音乐家董庭兰、少数民族艺人康洽、安万善等，都有诗为证。他虽然不做官了，但暮年生活，并不寂寞。

李颀生平活动的地区，除嵩阳、两京外，还到过江、淮、浙江金华、安徽当涂，到过湖北，湖南沅、湘一带，北面还到过幽、蓟、雁门……。有些地方，可能是登进士以前漫游中去过，有些地方则可能是新乡尉上因公行役去过。他曾说"昔年至吴郡，尝忆卧江楼"（《寄万齐融》），时间较早，似乎也没有公事；又说"清淮奉使千余里，敢告云山从此始"（《琴歌》），显然是因公旅行。其详难考。

李颀《送魏万之京》，可能是他最后的一首诗。魏万（后改名为颢）曾不远千里到江东访李白，后来为李白编诗集，序中说："解携明年，四海大盗（按安史之乱）。"说明魏、李分手是天宝十三载（754），而魏于次年登进士第。唐制被举的进士必须在头年十月集中到户部，故李颀送魏，当在天宝十三载（754）秋末。⑧ 殷璠《河岳英灵集·自序》说他编书终于癸巳即天宝十二载（753），但定稿可能延至十四载（755）。因为书中说到李颀"惜其伟才，只到黄绶"。从口气上看，已亲见李颀之死而深致惋惜。故李颀卒年应在天宝十三、十四载 (754—755) 之间。终年六十五岁左右。

三、诗歌创作的成就

李颀存诗一百二十余首，其中酬答赠寄之作，占着重大的比重。《送别刘方平》、《赠张旭》、《送陈章甫》、《别梁锽》、《送魏万之京》等，都是佳作。这类诗，不在于他对不同境遇的朋友，表达了同情、勉励、安慰、激愤的感情，而在于他能对不同性格、不同风度、不同抱负、不同遭遇的友人，有体贴入微的理解，因而发出真挚感人的歌声。像和他同住颖阳，以制举登第，做过太常博士，有豪放性格的陈章甫，在陈罢官南游时，李颀作《送陈章甫》一诗，其中说：

> 陈侯立身何坦荡，虬须虎眉仍大颡，腹中贮书一万卷，不肯低头在草莽。东门酤酒饮我曹，心轻万事如鸿毛，醉卧不知白日暮，有时空望孤云高……

把陈的形象、胸怀、骨鲠、风度和心情，都刻画了出来，而对世态炎凉，则做了深刻的讽刺：

> 闻道故林相识多，罢官昨日今如何！

他的诗中，有时高喊"有才不遇谁之过，肯即藏锋事高卧"，而缅怀古人"请君骑马望西陵，为我殷勤吊魏武"（《送别刘方

平》)；有时赞扬"微禄心不屑，放神于八纮"(《赠张旭》)；有时
却慨叹"昔我同门友，如今出处非"(《东京寄万楚》)。而和他差
不多同年的进士梁锽更是他衷心倾慕的人物。他的《别梁锽》诗
写梁的为人：

> 梁生倜傥心不羁，途穷气盖长安儿，回头转盻似雕
鹗，有志飞鸣人岂知！……一言不合龙颜侯，击剑拂衣从此
弃。朝朝饮酒黄公垆，脱帽露顶争叫呼。……忽然遣跃紫骝
马，还是昂藏一丈夫！……但闻道路吟新诗，不叹举家无儋
石。……

这样生动的形象，使千载下读者仍感到虎虎有生气。所以李
颀的酬赠诗，给我们的绝不是离情别绪的抒写，而是具有丰富的
思想内容和特具的艺术特色的。

李颀的边塞诗，是他卓有成就的另一部分。存诗数量虽不算
多，但却篇篇都好。不仅可与高适、岑参、王昌龄等相颉颃，个
别地方还达到了新的高度。本来开元、天宝时期，是唐代由"防
边"转上"开边"的顶点，当然"防"与"开"是交互错综的。因
之边塞诗中，歌唱勇敢、功名、军中豪迈生活是一面，而写厌
战、反战、生离死别和战争给人民带来的苦难，自然也是这类
诗的重要内容。李颀诗中，像"少年学骑射，勇冠并州儿，直
爱出身早，立功沙漠垂"(《塞下曲》)，"男儿事长征，少小幽燕
客，赌胜马蹄下，由来轻七尺"(《古意》)，"金笳吹朔雪，铁马嘶
云水，帐下饮蒲桃，平生寸心是"(另一首《塞下曲》)，属于第一
方面；像"蓟城通漠北，万里别吾乡，海上千烽火，沙中百战场"
(《古塞下曲》)，"膂力今应尽，将军犹未知"(《塞下曲》)，"黄云陇
底白云飞，未得报恩不能归"，"今为羌笛出塞声，使我三军泪如
雨"(《古意》)，则是另一方面。代表李颀最高成就的，是《古从

军行》：

> 白日登高望烽火，黄昏饮马傍交河。行人刁斗风沙暗，公主琵琶哀怨多！

这是边防战士的生活。

> 野营万里无城郭，雨雪纷纷连大漠。胡雁哀鸣夜夜飞，胡儿眼泪双双落！

这是战地环境下，呈现出的悲惨景象。难得的是，李颀注意到了战斗的敌方，战争给敌方人民造成的苦难。

> 闻道玉门犹被遮，应将性命逐轻车。年年战骨埋荒外，空见蒲桃入汉家！

诗人进一步用汉武帝的攻伐大宛，直指唐玄宗的"开边不已"，笔力千钧！由于最高统治者的骄恣残忍，千百万人的生命被逼入死地！年复一年，没有尽头，而换来的则不过像蒲桃一类不足轻重的东西而已；最后两句，揭穿了一切侵略战争的实质。

李颀诗中，为后世称道的，还有有关音乐的描述，《听董大胡笳声兼寄语房给事》、《听安万善吹觱篥歌》是代表。前者是弹琴曲《胡笳十八拍》，诗人把感人的情节和弹奏的动作技巧融合在一起，既说"胡人泪落沾边草，汉使断肠对归客"，又说"先拂商弦后角羽，四郊秋叶惊慽慽"；既说"言迟更速皆应手，将往复旋如有情"，又说"嘶酸雏雁失群夜，肠断胡儿恋母声"；其中又着力描写了音调声响的效果"空山百鸟散还合，万里浮云阴且晴"，"川为净其波，鸟亦罢其鸣"，"幽音变调忽飘洒，长风吹林雨堕瓦，进泉飒飒飞木末，野鹿呦呦走堂下。……"真写得淋漓尽致，白居易的《琵琶行》，可能在这里得到启发。后一首专写安万善吹觱篥技艺的高明：

> ……枯桑老柏寒飕飕，九雏鸣凤乱啾啾，龙吟虎啸一时发，万籁百泉相与秋。忽然更作《渔阳掺》，黄云萧条白日暗。变调如闻杨柳春，上林繁花照眼新。……

用各种物象来比喻、形容声音的美妙，可和描写董大琴声比美。

李颀诗中，还有怀古:《登首阳山谒夷齐庙》、《绝缨歌》等，讽今:《行路难》、《王母歌》、《郑樱桃歌》等，都有一定意义。其他，偶然也有点写现实生活的，如《鲛人歌》，写的是采珠人，可惜不深不透；而写道、佛宗教的，数量不少，但不能像李白那样抒写想象中的精神境界，而滞着于宗教诬妄之谈，价值不高。后世有些人强调这部分作品是"高于众作"⑨，那是把珷玞当作美玉了。

李颀在唐代诗坛上，是占有重要地位的。殷璠说他"发调既高，修词亦秀，杂歌咸善，玄理最长"(《河岳英灵集》卷二)。白居易认为李颀某些诗可称为"韵高而体律，意古而词新"(《唐诗纪事》卷二)。辛文房除沿袭殷璠语外，还说他"多放浪之语，足可震荡心神"(《唐才子传》卷二)。洪迈极赞他的"远客坐长夜，西声孤寺秋，请量东海水，看取浅深愁"(诗已佚)之句，谓后"两句之中，尽其意态"(《容斋随笔》卷四)。到了明人，则把李颀和高适、岑参、王昌龄并称为"高岑王李"，说他们"音节鲜明，情致委折，浓纤修短，得衷合度"，又说"高适、岑参、王昌龄、李颀、孟云卿，本之子昂之古雅而加以气骨者也"(胡震亨《唐音癸签》卷二)。这些评语，虽多从形式、风格上看问题，不够全面，但确可看到李颀在前人心目中的地位。今天看来，李颀的诗，仍然是优秀诗歌遗产的一部分。吸取它的精华，可以为丰富人民的精神生活，发展民族文化、文学起到积极作用。

1980 年

注释：

① 刘大杰《中国文学发展史》说李颀是"云南东川人"。北大1955级《中国文学史》则说李颀是"四川三台人"，刘书修订本改从"三台"说。陆侃如《中国诗史》用"云南东川"说，马茂元《唐诗选》则说东川是"云南会泽"。科学院文研所《唐诗选》改为"四川省东部"。

② 谭优学《李颀行年考》（见《西南师院学报》1979年3期），傅璇琮《唐代诗人丛考》（中华书局1980年版），马茂元《晚晴论文集·唐诗札丛考》（上海古籍出版社1981年版），对"云南"、"四川"二说，都做了否定。

③ 上举三家都提到这一点。

④ 傅书有此证。

⑤ 傅如一有《王维生平事迹新探》对王维去济州时间有考证。参用其说。

⑥ 马茂元疑"东园"、"东溪"亦即"东川"，纠正了他《唐诗选》沿袭旧说之误。

⑦ 城东隅，《全唐诗》原作东城隅，此据明铜活字本改。

⑧ 参谭优学说。

⑨ 殷璠有此语，计有功、辛文房、胡震亨等都予以附和。

王之涣《凉州词》考辨

一

从薛用弱《集异记》写了"旗亭画壁"的故事以后，流传既久，影响很大，在文人笔下已成了最习用的典故之一。故事中特别突出的王之涣的"黄河远上"一绝，也成为一千三百年来脍炙人口的名作，甚至有人把它看作唐绝的压卷。而仅存六首诗的开元诗人王之涣，其所以至今为人称诵，其主要原因，就在于这首诗和"白日依山尽"五绝的存在。但"白日"一诗，在盛唐人选辑的《国秀集》中，却列于朱斌名下，遂使"黄河"一诗更增加了对作者的重要性。然而，此诗的本来面目如何？却存在着不小的问题。诗云：

> 黄河远上白云间，一片孤城万仞山。羌笛何须怨杨柳，春风不度玉门关！

诗无标题，后来的总集、选本中标题为《凉州词》的大都和这首诗的字句相同；一般分析、欣赏这首诗的，也大都以此为据，很少例外。

20世纪50年代，我在辅导青年教师欣赏诗歌时，曾引导他们"设身处地"，但对这首诗却遇到很大困难：一、头一句"黄河远上白云间"，作者站在哪里？在下游往上看，还是在上游往下看？往上看，只能是黄河远来，来自"白云间"是可以的，但无法看出是"远上"。"黄河如丝天际来"（李白），是"来"，不是"上"；

"群水从西下"（杜甫），是"下"也不是"上"。往下看，只能是远去，也无法看成"远上"，只能像"大江茫茫去不还"（李白），是"去"；"江流天地外"（王维），也是写远"去"，都不能是"上"。所以"黄河远上白云间"，违反常识，完全无法体会。二、联系第二句，"一片孤城万仞山"，是哪一座城？是哪一座山？前句"黄河"又是哪一段河？因为这首诗虽是抒情，但前两句则写实景。因景生情，景是不能捏造的。

它不同于写情、写事、说理时的用典。为了写情、写事、说理而用典，是可以打破时空界限，经大跨度的跳跃而联系在一起。像庾子山的《咏怀》二十六：

　　萧条亭障远，凄怆风尘多。关门临白狄，城影入黄河。秋风别苏武，寒水送荆轲。谁言气盖世，晨起帐中歌！

"关"指的是潼关，"白狄"，春秋时白狄所居的故地，即今陕西东部近黄河的诸县。"关门临白狄"，符合实际。首四句是作者亲临其地，亲见其景；而五、六两句则写自己羁留北国不得南归的事，使用汉代苏武、战国荆轲两典，事相似，情相类，不必管时、地的距离。七、八两句，用项羽的末路自比，以写痛苦之情。这种写法是历代诗人作品中极为常见的。王之涣那首诗，却与此不同。所以，王之涣的"黄河"二句，必须落实！进一步和末句的"春风不度玉门关"联系来看："玉门关"这一地名，具体明确，但和"黄河"却远不相及。即使指银川或兰州的黄河，相去也都差不多有两千里之遥，怎能拉在一起呢！近来有一个选本①，对这首诗的说明是：

　　这首诗写诗人初入凉州时，面对黄河、边城，耳听《折杨柳》曲时候产生的感慨。头二句摄取黄河、白云、孤城、

高山的投影，描绘了古代西北边境凉州一带的荒寒壮阔的
景象。

把黄河、边城等作为"面对"的实景，很正确。但说这是
"初入凉州时"的"面对"就错了。因为凉州在今甘肃武威，去
最近的兰州段黄河，也还有几百里，所以"边城"不可能是武威；
不指武威，又难免落空。兰州城倒是在黄河边上，但和凉州无
干！"说明"的作者不过是因题为《凉州词》便望题生义罢了，更
何况对"玉门关"也很难联系呢！

结论是：流行的"黄河远上"一诗，认真起来，简直无法
讲通。

二

其实，薛用弱《集异记》所载"黄河"一诗，是不可靠的。
首先，它把作者王之涣误为"王涣之"。其次，也是更主要的是文
字不准。关键是首句的"河"、"远"二字。元辛文房《唐才子传》
卷三《王之涣传》摘抄了《集异记》这一故事。除纠正了"王涣
之"署名的错误外，而"黄河远上"作"黄沙远上"，"河"字变成
"沙"字。是抄错了呢？还是他根据的薛《记》就是"沙"字呢？
难说。其余皆同。辛书出于薛书，是此诗在流传过程中的第一个
系统。"河"字已有了动摇。

这首诗本子的流传中，还有两个系统：一是成书最早的《国
秀集》。习惯把《国秀集》说成芮挺章在天宝三载（744）编成的，
实际书不成于他手，时间也非限于天宝三年以前，但无论如何总
是载有此诗的最早的一个本子了。诗的原文：

一片孤城万仞山，黄河直上白云间。羌笛不须怨杨柳，
春光不度玉门关！

　　清代的《全唐诗》编者，录王之涣此诗，标题沿用了《国秀集》作《凉州词》。诗的字句，却沿袭了薛《集异记》，而且题目下摘抄了《旗亭画壁》故事。但第一句"黄河远上白云间"下，又夹注道："一本次句为第一句；'黄河远上'作'黄沙直上'。"这又沿袭了《国秀集》。末句"春光不度"，没有作"春风"，不同于《集异记》。显然，这是调和两种本子的结果。既接受了第一系统，又注明了第二系统。夹注所说的"一本"，是否就是《国秀集》，没有说明。但显然有另一系统，因为不但字，还有句，差别不小。这个系统的本子能给我们什么呢? 最主要的告诉我们"黄河远上"四字不一定对。很早就有作"黄沙直上"的本子。至于一、二句颠倒的原因，可能是传唱多，传抄多，传唱有误而传抄者水平不高之故。《国秀集》编者只据传抄本，未加订正，致使两句一倒，声调平仄全错。但这是一般人都能纠正的。

　　这首诗流传的还有一个系统，那就是《唐诗纪事》和《乐府诗集》。前者为宋计有功所著，其书以"收采之博，考据之详"[②]为后人所称。后者为宋郭茂倩所著，其书亦被评为"征引浩博，援据精审，宋以来考乐府者无能出其范围"[③]。《唐诗纪事》卷二十六记王之涣《出塞》：

　　　　黄沙直上白云间，一片孤城万仞山。羌笛何须怨杨柳，春光不过玉门关!

　　《乐府诗集》第二十二卷《横吹曲辞》二，有《出塞》，其第二首署名王之涣，诗作：

　　　　黄沙直上白云间，一片孤城万仞山。羌笛何须怨杨柳，春光不度玉门关!

除第四句"过"作"度"外，余全同。根据以上情况，可得这样的结论：

（一）诗题应标作《出塞》。因为《乐府诗集》既是收集历代乐府乐曲、歌词最为丰富完备的一部书，所收必当有据，绝不会把属于《凉州》的歌词改收在《出塞》曲下。书的第七十九卷《近代曲词》中，收《凉州》六首，《凉州词》五首，没有王之涣的这首诗，但在第二十二卷《横吹曲词》中，却把此诗收于《出塞》下，为五首中之第二。所以，《国秀集》所标之《凉州词》，或因传唱既广，有人配"凉州"曲调唱过吧？不足为准。

（二）诗的首句"黄沙直上白云间"，是正确的。作"黄河远上"的，只有出于《集异记》的一个系统，而《集异记》属于小说，出自传闻。因为故事很吸引人，诗随事传，成了谬种流传的根本原因。

（三）第四句"春风"二字，除《集异记》一系外，各本全作"春光"，当以"春光"为正，"不度"二字，除《唐诗纪事》一本作"不过"外，各本都作"不度"。当以"不度"为正。

所以王之涣这首诗，题应为《出塞》，字句应以《乐府诗集》为正。当代有代表性的选本，都沿《集异记》之误，仅在首句"黄河远上"下注："一本作黄沙直上"，不再做说明，[④]殊未深考。

<h1 style="text-align:center">三</h1>

前边已说过，照《集异记》所传"黄河远上"一诗，无法讲通。现在把文字校订后，就完全不一样了。见、闻、想象，全有了着落。唐代的边塞诗数量很大，出现了不少边塞诗人，王之涣即其中之一。他的《出塞》一诗，可以称为边塞诗的杰作。它所写的正可以代表边塞的典型环境——玉门关。玉门关和玉门关周围的景物，以鸟瞰的方式来看的话，引人注目的首先是这座城。这座关城，不但和内地繁庶的城市全不相同，而且在辽阔的荒原

上，遥看只剩一个孤单的城影！从关城往南一看，没有别的，只有山，而且是非常高大的山，那就是海拔六千米左右的祁连山！但这里更突出、更令人永远不能忘怀的则是沙漠——白龙堆沙漠。尽管当时是唐朝国力最强大的时期，版图已达里海的东岸和北岸，声威及于小亚细亚，沙漠以西，两个大都护府辖下四十几个都督府，但人们心目中，玉门关以西就是"绝域"，白龙堆把内地和西域隔绝了！所以要写玉门关，那关城、高山、黄沙，都必然地会奔入笔下。试看王昌龄的《从军行》：

> 青海长云暗雪山，孤城遥望玉门关。黄沙百战穿金甲，不破楼兰终不还！

就是既写了"雪山"（指祁连山），又写了"孤城"，又写了"黄沙"，正是这一典型边塞的特色。然而王之涣的着笔点却首先是"沙"，由于这里的"沙"让他印象太深了吧，而所以深，乃是黄沙中的奇特景色。于是"黄沙直上白云间"这一峻拔有力的句子出来了。它不同于"平沙莽莽黄入天"（岑参）那样只写苍茫寥廓，他写的是沙漠的"动"，实际上他写的是沙漠中的旋风。这种旋风，一下子把黄沙卷成沙柱，直冲云霄，一半个时辰后，逐渐移动，最后突发为暴风。既不同于飞沙走石的狂风，也不同于遮天盖地的飓风，虽然最后也将成为暴风，但开始阶段，却是一片静寂，画面非常清晰，而"直上"、"白云"正是抓住了景色的特征的传神之笔。王维的"大漠孤烟直"，"直"字很好，但那写的是狼烟，狼粪的烟本来取其直，只是在大漠的背景中更为鲜明，作者写出来，就成了好句。而王之涣所写，更进了一步。

高适的"大漠穷秋塞草腓，孤城落日斗兵稀"，写了"大漠"中的"孤城"、"落日"，一片凄凉。而王之涣的"一片孤城万仞山"，把"万仞山"和"孤城"做了对比，显出了城之小，再加上

"一片"两字，益显其孤单。玉门关在当地的大自然中所显示的形象，就是如此。但它却是通往西域广大地区的门户、咽喉！和首句在一起，充分画出了玉门关的独特景色，给读者以很深的印象。

《折杨柳》曲，是用笛子吹奏的表现哀怨的曲调。《乐府诗集》收有无名氏的《折杨柳歌辞》五首、《折杨柳枝歌》四首和文人的《折杨柳》诗二十五首。情调都是凄怆哀怨，和曲调相符，可见当时这一曲调的感人之深。我们如果没有令人伤心的环境，也难于深入肺腑。只要在玉门关的彼时彼地，听这样的曲调，就会联系到唐代一百多年来在西域的军事活动，联系到全国人民为这种活动所付出的代价，特别联系到一次次成千上万从这一门户通向西方的士卒、役夫的命运，甚至联系到两汉以来的历史陈迹，而引起强烈的感情波动。当年李广利伐大宛失败，汉武帝不是遮断玉门关不许东归吗？李颀在《古从军行》一诗里，不是也写了"闻道玉门犹被遮，应将性命逐轻车"吗？《折杨柳》的曲子，正代表着这种哀怨之情，自然会引起身临其境的人们的共鸣。诗人于此激动着，沉吟着，思索着，终于感到：关念虽切，无能为力。于是发出"羌笛何须怨杨柳"的劝告，等于说：你这哀怨的笛声，不是徒乱人意吗？最好停止！

值得指出的是诗人在这里不是一般地、简单地反对战争，而更主要的是把目光注射到被玉门关隔断的一批批以数十万计的人！玉门关外的茫茫沙漠，寸草不生，一年到头，见不到春光，是大自然赋予的严酷的事实。但在唐统治者为了满足自己的侈心——统治欲，而把被大食、吐蕃侵凌压迫下要求归属的中亚各国编入版图后，被派出的广大将士，在艰苦的环境中，不惜流血牺牲，维护着民族安定，保卫着东西交通，促进着文化交流，抑制着残暴势力，对历史做出了贡献，却被统治者所遗忘！这些"铁衣远戍"的人们，真和长期置身于沙漠一样，看不到一点春色，得不到春天的温暖！诗人"春光不度玉门关"的结句，正是用双关的手法，寄寓了无比深沉的感慨! 这才是这首抒情诗的主旨所在。

1983 年

注释:

① 指四川人民出版社1979年出版的《古代诗歌选》。

② 见明胡震亨的《唐音癸签》卷三十一。

③ 见《四库全书总目提要·乐府诗集》。

④ 以朱东润主编的《中国历代文学作品选》和社科院文学研究所编的《唐诗选》为例。

兄弟情深的诗文作家王缙

　　王缙（700—781），字夏卿，太原祁（今山西祁县）人，盛唐大诗人王维的弟弟。从小好学能文，和兄维齐名。接连应草泽，文辞清丽举及第，曾做侍御史和武部员外郎等官。安史乱时，他任太原少尹，协助李光弼守太原，功绩和谋略被当时舆论所推重，升宪部侍郎。从此以后，历任高官：在朝两次担任宰相——"同平章事"、"平章事"；外官任过河南副元帅、侍中持节都统河南淮西山南东道诸节度行营事、东都留守、河东节度使兼太原尹、北都留守。他曾多次恳切地让出高位和兼职，一再说自己"才微位高"、"无益时事"，不应"无功增秩"，表现了他的谦恭退让、度德量力的高尚风格。王缙以文人统兵，曾被部下轻视，但他能严申纪律。太原旧将王无纵、张奉璋等恃功，不受约束，缙毫不犹豫地杀了他们，使全军将校再不敢玩忽。他们兄弟间非常友爱，当王维因被安禄山俘虏过而受审查时，他要求免除自己的官职来为兄长赎罪，使兄长得到从宽处理。当他后来贬谪四川，王维也要求纳还官职，请朝廷调他回来。他兄弟的孝友，在当时是很有名的。只是到了晚年，元载专权骄横，他身为宰相之一，却不敢进行斗争，反而事事附和，起了很坏作用。以后元载得罪被诛，他也被贬作远州刺史，后召归，做了太子宾客，一直到去世。年八十二岁。

　　王缙是散文作家兼诗人。他的作品留存的只有散文七篇，诗八首。散文只有表、碑、哀册等体，意义不大；诗和王维的风格相似，具有一种平淡清新之美。如他的《别辋川别业》：

山月晓仍在，林风凉不绝。殷勤如有情，惆怅令人别。

这是应和王维的作品。月，是下弦后的清晨；风，可能是早秋季节。先不说人，而说晓月凉风仿佛留恋离人，于此，离人便不能不动惆怅之情了。二十字的小诗，使读者感到十分亲切。像《九日作》：

莫将边地比京都，八月严霜草已枯。今日登高樽酒里，不知能有菊花无？

这诗可能是作者在长安于重阳节怀念故乡太原的诗。这些诗说明王缙对诗歌创作有很好的修养，只是存诗太少，无法证明他有无现实性、社会性较强的作品。

杜甫的学习和创作

一

如何对待文化遗产，如何深入广泛地、刻苦地向前人学习，对于一个文学家来说，是一个带有根本性质的重要问题。除思想内容可以有所吸取外，在创作方法、艺术技巧上，更不能不有所继承。伟大的现实主义诗人杜甫，正是一个勤于学习、善于学习的典范。他的全部诗歌创作，体现了高度思想性与艺术性的统一，如他的《兵车行》、《丽人行》、《自京赴奉先县咏怀五百字》、"三吏"、"三别"以下成百篇的名作，其辉煌成就，更是前无古人。这种成就的取得，和他的努力学习分不开。他在青少年时期，就已有"读书破万卷"的基本功，因而能得到"下笔如有神"（《奉赠韦左丞丈》）的体验。他晚年对儿子，也要求要"熟精文选理"（《宗武生日》）。在他的全部创作中，我们可以充分看出他对大量古籍的熟悉，尤其对前代作家与作品的熟悉和对那些作家作品艺术特色的深刻体会。宋人说"杜诗无一字无来历"，这当然有些夸大，但也可以说明杜甫书本知识的渊博精湛。元稹说杜甫：

> 上薄风骚，下该沈宋，言夺苏李，气吞曹刘。掩颜谢之孤高，杂徐庾之流丽。尽得古今之体势，而兼昔人之所独专。
>
> ——《唐故检校工部员外郎杜君墓系铭》

这等于说杜诗是对历代诗人的全面继承和发展，是广泛学习前人的结果。这一论点基本上是正确的。而杜甫之善于学习，首先表现在他对遗产的正确看法上。他认为：

> 文章千古事，得失寸心知。作者皆殊列，名声岂浪垂……后贤兼旧制，历代各清规。
>
> ——《偶题》

这里提出"作者皆殊列，名声岂浪垂"，就是说过去的作家地位虽各不同，但他们名声之所以能留传下来，必有一定道理而不是随便就可以"名垂千古"的。又提出"后贤兼旧制，历代各清规"，就是说后起作家可以兼有前代作家制作的优点；前代人有光辉成就，后代人在他们的基础上，也可以有光辉成就。所以，每一代作家都可以有清新的规范。这样，对历代作家，就都不该妄肆菲薄，这是杜甫对遗产的总看法和基本观点。而这种观点，正代表着唐代文学发展的新趋势，是初唐百年来文坛上的矛盾斗争在新的基础上的统一。

二

初唐文坛上的矛盾斗争，一方面是以虞世南、上官仪、"四杰"、"沈宋"为代表的沿袭"齐梁"而"踵事增华"、"余波绮丽"。他们的作品，虽不应全盘否定，但在那种趋势下，形式主义依然风靡一时。一部分人编辑大规模的类书，为诗文写作提供典故、辞藻，虞世南所编的一百六十卷的《北堂书钞》，许敬宗等所编五百卷的《瑶山玉彩》可为代表。另一部分人，大谈诗歌格律、对偶、体势，把沈约以来的"四声八病"和六朝的骈辞俪句，大大扩大了使用范围；元兢的《诗髓脑》、上官仪的《笔札华梁》，就是此类专著。"风雅"以来的现实主义传统，几于荡尽，已全不能满足时代现实的要求。于是另一方面以陈子昂为代表，首举"复古"大旗，高呼"文章道弊五百年矣，汉魏风骨，晋宋莫传"，而致慨于"兴寄都绝"、"风雅不作"（《与东方左史虬修竹篇序》）。李白承之而喊出"自从建安来，绮丽不足珍"（《古风》其一），"梁陈以来，艳薄斯极"，"将复古道，非我而谁！"（孟棨《本事诗·高逸第三》引）经过这样的斗争，在"复古"口号下，廓清了"齐梁"余波，树立了健康雄放的新风气。但在这种斗争影响下，一些随风倒的人们，又走向另一极端——"厚古薄今"。为了要"复古"，便对"四杰"以至庾信，都用"轻薄"态度，任意"嗤"笑指"点"（杜甫《戏为六绝句》之二）。而杜甫正是在上述斗争情势下，提出"历代各清规"的论点的。所以，他的学习态度是"不薄今人爱古人，清词丽句必为邻"（《戏为六绝句》之五）。不论今古，只要好，就一定亲近。他说"转益多师是汝师"（《戏为六绝句》之六），不专一师，才是善于求师；多方面求益，才能吸取多方面的营养，才能使诗歌健壮地发展。他经常提到除"风雅"外的历代作家：从"屈宋"、"苏李"、"陶谢"、"颜谢"或"二谢"、"阴何"、"鲍照"、"庾信"，一直到"王杨卢骆"等人，就是他学习实践的具体说明。有趣的是他还指出鄙薄"齐梁"的李白，也并非不学"齐梁"。他说："李侯有佳句，往往似阴铿"（《与李十二白同寻范十隐居》），说李白的诗有如"清新庾开府，俊逸鲍参军"（《春日忆李白》）。实际上李白自己也屡次称道谢朓[①]，而确实颇得力于包括鲍照、阴铿、庾信等六朝诗人。所以后世批评家有的就直接指出李白"尚沿六朝旧习"，"时作齐梁间人体段"[②]。可见高举"复古"旗帜，仅是李白向形式主义斗争的一面，而创作上仍不妨其广泛地进行学习。因之，杜甫的以"多师"为师，乃是诗人锻炼和提高创作能力所绝对必需的。他的论点，适应着当时诗歌发展的新阶段，可以起推动诗歌向更高目标前进的作用，也是他自己学习经验的总结。

三

杜甫主张广泛地学习前人，已如上述，但这绝不意味着无所选择，精华和糟粕兼容并蓄；他是有选择、有重点、有分析批判的。上边引过的《戏为六绝句》之六，就是具体说明。他说：

> 未及前贤更勿疑，递相祖述复先谁。别裁伪体亲风雅，转益多师是汝师。

前两句是说"递相祖述"，即只跟着前人脚跟"亦步亦趋"地走，"勿疑"是说永远赶不上前人的。后两句则指出正确学习的道路，这一点非常重要。学习前人，必须从精神实质上学，而不是依样画葫芦，徒求形似。明代胡应麟《诗薮》里说：

> 少陵不效四言，不效离骚，不用乐府旧题，自是此老胸中壁立处；然风骚、乐府遗意，往往得之。

所谓"遗意"，正是精神实质所在。杜甫主张"多师"为师，但必须在"别裁伪体亲风雅"的基础上进行。什么是"伪体"，历来有不同解释，实际上"亲风雅"三字，就是辨别"伪体"的标准。"风雅"的传统，就是现实主义的传统，以"风雅"为准，则一切摹拟[1]的假古董，一切无真实内容的形式主义的作品，都可以目之为"伪体"，都应该分别予以剪"裁"或制"裁"，用现在的话来说，就是予以批判（当然这种批判和用马列主义的立场、观点、方法的批判不能相比）。

惟其如此，所以杜甫对前人的学习，非常广泛而又有别择。在"不薄今人爱古人"的同时，就很明确地提出："窃攀屈宋宜方

---

[1]　编者注："摹拟"同"模拟"，下文同。为尽量保留原文早年面貌，故此。

驾，恐与齐梁作后尘"(《戏为六绝句》之五)。这里"屈宋"和"齐梁"，显然不是并列的。"屈宋"是学习的榜样，要"窃攀"，应"方驾"；而"齐梁"呢，不必排斥，但要警惕，怕步它的后尘，做它的尾巴。因之，他在提到前代作家或作品时，总是有所区别的。除上举对"风雅"要"亲"；对"屈宋"要"攀"，要"方驾"外；对"邺中"诸子，则称其"奇"；对曹植，则称其"波澜阔"；对"陶谢"则欲与"同游"；对鲍照，则称其"俊逸"；对谢朓，则称其"堪讽咏"；对"阴何"，称其"清省"，赏其"佳句"，学其"苦用心"；对庾信，称其"清新"，赞其"暮年诗赋"；对"王杨卢骆"，只肯定其"当时体"[③]……显然他最尊崇的是"风雅"、"屈宋"，也就是"风骚"，而对"风骚"，他是要学其"比兴"，学其现实主义精神的。关于建安以下，则仅仅从艺术风格上、写作技巧上、创作态度上、诗坛风气上来肯定他们或取法他们而已。所以，他在称赞当代诗人时，很少用"风骚"一类话，而常提六朝以来的作家，并且认为可以并驾或超过。如赞李白兼具庾信的"清新"和鲍照的"俊逸"，如说孟浩然"赋诗何必多，往往凌鲍谢"(《遣兴五首》之五)，如用"何(逊)刘(孝绰)沈(约)谢(朓)力未工，才兼鲍照愁绝倒"(《苏端薛复筵简薛华醉歌》)，来赞李白和薛华，如说高适可以"方驾曹刘"(《寄高常侍》)等，都是显例。

所以，杜甫对学习前人遗产的态度，是广泛学习，不论今古，而又通过"别裁"进行取舍，最后目标，则是为他的现实主义的诗歌创作服务。

四

杜甫学习前人、继承遗产，为创作服务，已如上述。而创作所走的道路，首先取决于他对创作的正确认识，这仍然要通过他对诗歌的评论来看。前边已提到他赞扬同代作家的艺术成就时，很少把他们和"风骚"联系起来，其实连他最钦佩的好朋友李白，也止于说："笔落惊风雨，诗成泣鬼神"（《寄李十二白二十韵》），钦佩李诗的非常的感染力。但值得注意的是他对陈子昂的赞许。他一面推崇这一前辈"有才继骚雅"，一面又指出陈氏伟大之处是"终古立忠义，感遇有遗篇"（《陈拾遗故宅》）。我们这里当然不评论"忠义"的内涵，而是要指出杜甫显然把诗歌的内容放在第一位。所以他在夔州读到元结的《舂陵行》、《贼退示官吏》时写道："道州忧黎庶，词气浩纵横，两章对秋月，一字偕华星。"（《同元使君舂陵行》）在《序》中更赞叹道："不意复见比兴体制！"等于说元作是"风雅"遗音。这是他对诗歌的最高评价。当他在潭州听了出身绿林曾被号为"白跖"的苏涣自读讽刺时事的诗篇后④，极为倾倒，赞他"突过黄初诗"（《苏大侍御访江浦赋八韵记异》），自己竟高兴到白发变黑，仿佛年轻起来！杜甫为什么对这几位作家如此推崇？没有别的，只是由于这几位能"立忠义"、"忧黎庶"而刺时事，因之，就可以"继骚雅"，就可以具有"比兴体制"，就可以"突过黄初"。换句话说，就是富有现实内容的作品，才是决定诗歌价值的主要依据。这是杜甫对诗歌创作问题的明确看法。

唯此之故，杜甫尽管"不薄今人爱古人"，"转益多师是汝师"地去学习前人，而创作则始终面向现实。他说："即事非今亦非古，长歌激越梢林莽。"（《曲江三章》之二）"即事"就是就目前的事来写，即不学今也不学古，因"事"而"长歌"，发于胸臆，自然声振"林莽"。由于杜甫"穷年忧黎元，叹息肠内热"（《自京赴奉先县咏怀五百字》），所以即使被别人嘲笑，他却依然"浩歌弥激烈"（同上）！而"忧黎元"便是他创作的动力。他常痛心于国事而借古喻今，他说："朱门任倾夺，赤族迭罹殃。国马竭粟豆，官鸡输稻粱。举隅见烦费，引古惜兴亡。"（《壮游》）他认为国家多事之秋，有志之士，自然就不能不发之于词章："羽书还似急，烽火未全停。师老资残寇，戎生及近坰。忠臣辞愤激，烈士涕飘零。"（《秦州见敕目薛三据授司仪郎毕四曜除监察，与二子有故，远喜迁官兼述索居凡三十韵》）他为当时的乱世忧虑而"赋诗常流涕"（《昔游》）。他在临死前的头一年所作《岁晏行》，仍唱着："万国城头吹画角，此曲哀怨何时终！"兵荒马乱，人民遭殃，诗人哀怨的歌声就无法停止！当然杜甫也有不少从个人生活遭遇出发的牢骚，但因他经常把自己和国家人民联结在一起，所以唱出的歌依然强烈地反映着现实。他的"沉饮聊自遣，放歌破愁绝"（《自京赴奉先咏怀》），不正是由于"穷年忧黎元"而来？他的"哀歌时自惜"（《暮春题瀼西新赁草屋五首》之三），他的"此身饮罢无归处，独立苍茫自咏诗"（《乐游园歌》），也都是"无力正乾坤"（《宿江边阁》）的心情流露。他说："愁极本凭诗遣兴"（《至后》），于是诗成了诗人精神，甚至生命的寄托所在。他进一步说："但觉高歌有鬼神，焉知饿死填沟壑！"（《醉时歌》）这种深沉的痛苦，是时代造成的。由于痛苦无法解免而寄托于诗歌，而这种诗歌自然是时代的反映，和正面写现实，同一归趋。他在任华州司功参军时，要求"举孝廉"的人们，答问"贵切时务"（《华州试进士策问五首》之五），为白居易"文章合为时而著，歌诗合为事而作"的理论开了先路。而他自己也正是用"切时务"的要求来创作诗歌的。

以上所举杜甫自己有关创作的自白，充分说明了他对创作的严肃认真的态度。

一般杜诗的研究者，往往拿杜甫的《戏为六绝句》、《偶题》、《解闷十二首》中的五首，《遣兴五首》中的第五首和他对历代及同代作家的零星称述，作为杜甫的诗歌理论，事实上那是很不够的。因为那部分材料，只是杜甫学习心得有所为而发的议论或仅对某些作家某一两点所做的评议，既不是全面论述前人，更不是要建立一个诗论体系。假如就拿那些作为他的诗歌理论，那就会突出地感到和他的现实主义的创作太不相称了。因为那些议论，十之七八，是从艺术性和写作功力方面考虑，不大触及思想性。然而他却始终面向现实，用诗歌来诅咒黑暗，希求光明。现存的他的一千四百多首诗，就是具体证明。

五

孟棨《本事诗》说：

> 杜（甫）逢禄山之难，流离陇蜀，（此处有阙文）毕陈于诗。推见至隐，殆无遗事，故当时号为"诗史"。
>
> ——《高逸》第三

可见从唐代起，杜诗已被称为"诗史"。这个称号，很能说明杜诗的特点。不过我们今天对"诗史"的理解和过去不同。不是说杜诗如实地用韵语记录了历史事实，而是说它通过这一艺术形式，具体形象地反映了当时的历史现实，真实地再现了历史面貌，具有文学上的现实主义的诸特点。同时我们从杜甫反映现实的创作中，又可以充分看出他和人民的感情，这才是现实主义的核心。他不仅同情人民的苦难，而且进一步主动地分担着这些苦难，因之在不少作品中，他成了人民的代言人。他经常推己及人，自己苦，就想到人民更苦：当他的幼子被饿死的时候，他却想到自己属于"生常免租税，名不隶征伐"的特权阶级，竟然饿死了儿子，那"平人"又将如何呢？于是"默思失业徒，因念远戍卒"的遭遇，就不能不为之伤痛了。当他手建的"茅屋"为风雨所破"漏无干处"、"长夜沾湿"时，却想着无数的"天下寒士"，希望他们能不受风雨摧残之苦！由于他那样善于为别人着想，所以他能办到"枣熟从人打，葵荒欲自锄"（《秋野五首》之一），"从人打"就是由着别人去摘取果实；能办到"减米散同舟，艰难思共济"（《解忧》），把仅有的米自己少吃些分给大家。他能体贴穷人的心情，他告诉吴郎说：那个到堂前打枣子的妇人是"不为贫穷宁有此"，而应该考虑"只缘恐惧转须亲"（《又呈吴郎》），要这个年轻人体会体会穷人的难处。他能认识到所谓盗贼的本质："盗贼本王臣"（《有感五首》之三），是"官逼民反"。他能为劳动人民辩护："若道巫山女粗丑，何得此有昭君村"（《负薪行》），"若道士无英俊才，何得山有屈原宅？"（《最能行》）。显然，三峡一带的劳动男女，不是不美，不是不英俊，只是恶劣的生活环境，改变了他们的体态与才能而已。这样就使他的创作具有了高度的思想性。

杜甫是十分重视艺术技巧在诗歌表现上的作用的。从前边所举他对诗歌遗产的论述中，已可以充分得到说明。由于他的艺术功力是为他的积极的、进步的思想内容服务，因而他不会走向形式主义，反而使诗的思想内容表现得更有力、更充分。我们也必须在这样的理解下，来看杜甫的"为人性僻耽佳句，语不惊人死不休"（《江上值水如海势聊短述》），"遣词必中律"（《桥陵诗三十韵》），"赋诗新句稳，不觉自长吟"（《长吟》），"颇学阴何苦用心"（《解闷十二首》之七），"晚节渐于诗律细"（《遣闷戏呈路十九曹长》）等语，才不至于错误地认为他是艺术第一论者。也才能体会到他所说"毫发无遗憾"（《敬赠郑谏议》），是对艺术最严肃的态度，而"思飘云物外，律中鬼神惊"（同上），乃是必然的造诣。元稹说"自诗人以来，未有如子美者"（《唐故检校工部员外郎杜君墓系铭》），从杜甫的学习和创作过程来看，这话也是有道理的。

1984 年

注释：

① 如李诗"谁念北楼上，临风怀谢公"（《秋登宣城谢朓北楼》），"中

间小谢又清发"(《宣州谢朓楼饯别校书叔云》)，"解道澄江静如练，令人长忆谢玄晖"(《留别西河刘少府》)等等，都是证明。

② 语见王世贞《艺苑卮言》和蔡绦《西清诗话》。

③ 这一段是根据杜甫《与李十二白同寻范十隐居》、《春日忆李白》、《江上值水如海势聊短述》、《戏为六绝句》、《寄岑嘉州》、《咏怀古迹五首》之一、《解闷十二首》之七、《偶题》、《秋日夔府咏怀寄郑监、李宾客》、《追酬故高蜀州人日见寄》等诗。

④ 钱易《南部新书》说苏涣有《变律诗》十九首(《全唐诗》存三首)，又说"唐人谓涣诗长于讽刺"。

杜甫的服色

前些时为了纪念杜甫，要画一张杜甫像，可是他的衣服该染什么颜色呢？不研究，好像没问题；一研究，就有了问题，甚至有了相当麻烦的问题。

我们知道，封建时代官员们的服色，是分等级的，杜甫最后的官职是节度参谋、检校工部员外郎。节度参谋，是职务而不叙级，实际叙级的是工部员外郎。工部员外郎是从六品上阶（《旧唐书·职官志》）。据两唐书《舆服志》、《车服志》，高宗显庆以后"紫为三品之服"，"绯为四品之服"，"浅绯为五品之服"，"深绿为六品之服"，"浅绿为七品之服"，"深青为八品之服"，"浅青为九品之服"，"黄为流外官及庶人之服"。那么杜甫按级应服深绿，似乎已不成问题。

但读他在成都作的《春日江村》五首之四"扶病垂朱绂"，在夔州作的《西阁》二首之一"朱绂犹纱帽"等诗句，就感到服绿不对。二诗都作于任工部员外郎后，都说自己有"朱绂"①。这就引起了新问题，即服色可不可以高于他的官阶（"朱"色即"绯"色，为五品以上之服）？或"绂"色可不可以不同于服色，即可不可以绿服而红绂？

为了方便，先解决第二个问题。杜诗自称的"朱绂"是不是就代表朱服即"绯"服呢？答复应该是肯定的。白居易《秦中吟·轻肥》中说："朱绂皆大夫，紫绶或将军。"按唐代后期的官阶，从五品以上有：朝散大夫、朝请大夫、朝议大夫、中散大夫、谏议大夫、中大夫、太中大夫、通议大夫、正议大夫等。（《旧唐

书·职官志》）

这些五品以上的大夫就该"绯服"，而白诗只举"朱绂"，正是以"朱绂"代表了"绯衣"。至于三品以上有：由龙武将军、千牛将军、羽林将军上至各种大将军（同上），皆应服紫，而白诗也只以"紫绶"代表了"紫"服。故"朱绂"、"紫绶"，就代表着"绯"衣、"紫"衣。

又高适《答侯少府》诗说他被诏到长安后"褐衣不得见，黄绶翻在身"。"黄绶"二字，正代表着黄服，为庶人的服色。故"绂"或"绶"与服皆应同色。

晚唐诗人罗隐有一首《感弄猴人赐朱绂》诗："十二三年就试期，五湖烟月奈相违。何如学得孙供奉，一笑唐王便着绯。"《幕府燕闲录》有这首诗的本事，说这诗是为了僖宗赏给玩猴子的艺人绯袍而写的。我们看诗题是"赐朱绂"，而第四句诗则说是"着绯"，可见"朱绂"就能代表"绯"服。那么杜甫诗两次提到他的"朱绂"就说明他当时是已"着绯"即红袍了。"绂"与"服"也当然同色。

回头再谈第一个问题，即为何官阶只是从六品，却可以穿五品以上的服色呢？原来唐代的官阶服色虽有一定，但实际上却有不少例外，这就是所谓"赐"。《旧唐书·舆服志》："开元九年，张嘉贞为中书令，奏：'诸致仕许终身佩鱼以为荣宠；以理去任，亦听佩鱼袋。'自后恩制赐赏绯、紫，例兼鱼袋之章服。因之佩鱼袋服朱紫者众矣。"这里既可说明"赐赏绯、紫"这一事实已属常见，又可说明"赐赏绯、紫"即兼赐"鱼袋"，还可说明"致仕"、"以理去任"——不做官后仍可着原官服饰。

杜甫的红袍，是否也是"赐"呢？当然也是"赐"。此事《新唐书》本传不载，《旧唐书》有之，应从《旧唐书》。杜诗《春日江村》五首之三云："赤管随王命，银章付老翁。"《仇注》引《顾注》"唐时无赐印者，公时已赐绯，因其有随身鱼袋而言耳"，很正确。"银章"，即指"鱼袋"，因"赐绯"，故有"银章"。此诗之四，即提到"朱绂"，可见杜甫确为以从六品上的工部员外郎而被"赐"五品的"绯"服，而且免官后仍然保持着。服色高于官阶，这在当时已相当平常。杜甫未入仕前所作《寄高三十五书记》诗有："闻君已朱绂。"诗作于天宝十三载（754）高适任哥舒翰河西节度书记时。当时高适的官衔是"左骁卫兵曹参军兼营节度书记"，官阶是正八品下，但也可以被赐"朱绂"。足见皇帝要表示"恩宠"，是可以随便"赐"你高一级或高几级的服色的。到了僖宗"赐弄猴人""着绯"，就更说明"赐"之污滥了。结论：杜甫像，宜画红袍。

1962 年 10 月 22 日

注释：

　　① 绂，资料不足，很难说明它的形制。在训诂上，绂、绶互训，白居易也把绂、绶互举，可能是同品异名。而绶，则两《唐书》屡见。武德间规定的绶，有大绶和小双绶。大绶从长一丈八尺宽九寸到长一丈二尺宽六寸，凡五等。小双绶都是二尺六寸。当时大绶分朱、绿、紫、青、黑五色。小绶色同大绶。后来记载绶的资料就没有了。可以肯定的是绂、绶是一种长带饰物，颜色长短宽窄都是等级分别。不是普通说的印绶，也不是有些人从训诂上认为的韍或蔽膝。

九世纪的伟大诗人白居易

——为纪念白居易诞生 1185 周年而作

在中国文学史上可以称为"诗歌时代"的唐代，它的代表诗人，除李白、杜甫这两个光辉的名字外，就是我们所熟悉、在世界诗坛上也占着重要地位的诗人白居易。他生在大历七年 (772)，卒于会昌六年 (846)。从他的诞生到现在已一千一百七十五年了。这个伟大的诗人，代表着"唐诗"发展的一个阶段——深入社会的阶段，也代表着汉以来"乐府诗"发展的一个阶段——"新乐府"，更重要的是他代表着中国诗歌史上现实主义发展的高峰。从他遗留的两千八百多首诗中，我们不仅可以看见他的生活、心情和人格，还可以看见当时的社会、阶级关系和矛盾斗争。通过他的诗的内容和形式，我们更可以充分看到他的作品和人民的密切联系。他同情人民的疾苦，反对残酷的压迫和剥削，基本上是站在维护人民利益这一方面的。因此，把白居易称为"人民诗人"，他是当之无愧的。

白居易所处的时代，是唐帝国已走上衰乱的时期。当时朝廷所能控制的领土，约只有贞观、开元时的三分之一；在籍人口，几乎只剩开元的四分之一；而养活的军队却多至八十余万；内战外祸又不断发生。这样，租税徭役的负担，就不能不屡加至若干倍，而腐化的政治更造成无限制的额外剥削。另一面，朝廷宦官专权，朋党倾轧，这就使任何有志气、有能力、有眼光的人，不得当权，任何改革要求都没有实现希望。黑暗笼罩了一切。而一切向黑暗斗争、想冲破黑暗的努力，都只成为一闪即灭的火花。

白居易的政治努力，正是如此。只有他的诗，则不受时、空限制，而发出万丈光芒。

白居易由于所出身的士大夫家庭，所受封建教养和社会统治意识的影响，他一生所走的路线，正和一般士大夫相同，即通过做官来求实现理想；政治失败，则退处消沉。他从三十二岁登拔萃科任校书郎起，历：盩厔县尉、翰林学士、左拾遗、京兆户曹参军、太子左赞善大夫、江州司马、忠州刺史、尚书司门员外郎、主客郎中知制诰、中书舍人知制诰、杭州刺史、左庶子分司东都、苏州刺史、秘书监、刑部侍郎、宾客分司、河南尹、太子太傅分司等官。表面看来并不寂寞，但实际上，却是一个屡受挫折的历程。

在他三十七岁做左拾遗的时候，由于拾遗位虽卑，却是谏官，他非常珍视这个能说话的职位。他用全副力量提改革意见，向黑暗进攻，但不仅没起什么作用，并已种下了被当权者嫉恨的种子。好在丁忧三年，缓和了这种矛盾。可是在四十三岁做了太子左赞善大夫的时候，一言不合宰相的意，就被降贬江州司马。这是他的经历的第一段。时间久了，他的好友元稹得重用了，他也得到中书舍人和元稹同知制诰。他又屡次提出军事、政治上的意见，全不见用，他便很知趣地请求外调，得做杭州刺史，这时五十一岁。从此，他除在刺史任上做了些于人民有利工作外，再没有积极想入朝了。这是他的经历的第二段。此后，他表现的是：屡次称病辞官，或者请求到洛阳（东都）做分司——有名义不负实责的职位。而这反合于当权者的心意，所以还屡次升级。可是这难道是白居易所真愿意的吗？他的心情是痛苦的，所以常借佛、老来麻醉消遣，以至老死。总的说来：五十岁以前，尤其是四十岁以前，他是积极的斗士；五十岁，尤其是五十三岁以后，他就成了消沉自晦的一流了。

白居易的政治生涯如上所述，而诗歌创作，也完全与之相应。他是以诗歌配合政治斗争的，而所受的打击，也多因诗歌而起。试看他《与元九书》中的一段：

> 凡闻仆《贺雨》诗，众口籍籍以为非宜矣；闻《哭孔戡》诗，众面脉脉尽不悦矣；闻《秦中吟》，则权豪贵近者相目而变色矣；闻《登乐游园寄足下》诗，则执政柄者扼腕矣；闻《宿紫阁村》诗，则握军要者切齿矣。大率如此，不可遍举。

这正是他做左拾遗时的情况，他作这些诗，正是为了要"救济人病，裨补时阙"。可是他刺痛了许多人，也就被诬为"沽誉"、"诋讦"、"讪谤"！在这前后几年中，他的代表杰作《新乐府》五十首、《秦中吟》十首，都产生了。而其他讽谕诗百余首，也多作于此期。

这些诗所写的范围非常广泛，倾向非常鲜明。一方面激动地同情各个角落的苦难人民，一方面愤慨地揭发、斥责或劝告各式各样的祸国殃民的当权者。像《上阳人》、《折臂翁》、《胡旋女》、《缚戎人》、《杜陵叟》、《卖炭翁》、《红线毯》、《缭绫》、《官牛》、《重赋》、《轻肥》、《歌舞》、《买花》以至《观刈麦》、《宿紫阁山北村》、《采地黄者》之属，篇篇都能震荡人心，使人体味到当时的黑暗现实。试读："剥我身上帛，夺我口中粟，虐人害物即豺狼，何必钩爪锯牙食人肉！"（《杜陵叟》）"夺我身上暖，买尔眼前恩！"（《重赋》）"厨有臭败肉，库有朽贯钱，……岂无穷贱者，忍不被饥寒！"（《伤宅》）都用人民的口气，说出他们的愤慨与不平。试读："举杯未及饮，暴卒来入门。紫衣持刀斧，草草十余人。夺我席上酒，掣我盘中飧。……口称采造家，身属神策军。"（《宿紫阁山北村》）"翩翩两骑来者谁？黄衣使者白衫儿。手把文书口称敕，回车叱牛牵向北。"（《卖炭翁》）画出了军人和宫使劫掠人民的景象。试读:"樽罍溢九酝,水陆罗八珍……是岁江南旱,衢州人食人!"(《轻肥》)"一丛深色花,十户中人赋。"(《买花》)"欢酣促密坐,醉暖脱重裘……岂知阌乡狱,中有冻死囚!"(《歌舞》)用鲜明的对比,反映出不同阶级生活的悬殊。至于《折臂翁》的沉痛,《缚戎人》的冤苦,更足感人。不能备举。

白居易由于热爱人民,所以对能为人民解除痛苦的官吏则予以热情的歌颂,像《立碑》对望江县的曲令、《道州民》对于道州刺史阳城都是。阳城大胆地抗诏来解放矮奴,白居易用非常有力的笔调写:"一自阳城来守郡,不贡矮奴频诏问。城云'臣按六典书,任土贡有不贡无'。道州水土所生者,只有矮民无矮奴。"何等理直气壮!而诗人的艺术造诣,也充分可以看出。他在《上阳人》中写老宫人的凄苦道:"宿空房,秋夜长,夜长无寐天不明。耿耿残灯背壁影,萧萧暗雨打窗声。春日迟,日迟独坐天难暮。宫莺百啭愁厌闻,梁燕双栖老休妒。莺归燕去长悄然,春往秋来不记年。惟向深宫望明月,东西四五百回圆。"写得何等细腻深刻!

白居易自分他的诗为:讽谕、闲适、感伤、杂律四类。并且说:"谓之讽谕诗,兼济之志也;谓之闲适诗,独善之义也。"讽谕诗既如上述,而他的闲适诗我们看来也非尽自了一身,他仍然经常关怀着人民。像"天地自长久,斯人几时活?"(《九日登西原宴望》)、"停杯问生事,夫种妻儿获。筋力苦疲劳,衣食常单薄。自惭禄位者,曾不营农作!"(《观稼》一),到处多有。而感伤一类——诗人所不重视的,也有许多不朽名著,《长恨歌》、《琵琶行》之类,千余年来,脍炙人口,思想性、艺术性都达到少有的高度。即杂律诗之中,佳作亦自不乏。他的全集中,虽然难免有芜杂或草率的作品,但并不因之减低诗人的伟大成就。

白居易的伟大,还在于他对文学理论的贡献。杜甫可以称为伟大的现实主义诗人,但他没有提出明确的理论。元结和《箧巾集》中的几个作家，以至戴叔伦、顾况等人，都注意到反映社会现实。白居易的朋友张籍，已可以称为这派诗的大作家，元稹并有和白居易相同的理论。但真能举起鲜明的旗帜，用透辟的言论，阐明现实主义的精神，就只有白居易了。他的文学理论有三个要点：

一、注重写实，反对华丽。他认为"淫辞丽藻，生于文，反伤文者也"，"必当尚质抑淫，著诚去伪"（《策林》六十八）。因此他反对梁陈作家的"嘲风雪，弄花草"，而强调"风雅比兴"。他自己正是"辞质"、"言直"、"事核"、"体顺"（《新乐府序》）。这就反对了对现实的歪曲和伪饰。

二、注意文学的社会效果。他赞成张籍的诗是"末尝著空文"（《读张籍古乐府》）。他认为："文章合为时而著，诗歌合为事而作。"（《与元九书》）他自己的作品就是"为君为臣为民为物为事而作，不为文而作也"（《新乐府序》）。这又反对了纯艺术的倾向。

三、注意讽刺和替人民说话。他强调"风雅比兴"——《诗经》以来好的传统，认为诗歌必须有所讽。他要"唯歌生民病"，他是"但伤民病痛，不识时忌讳"（《伤重衢》），"有可以救济人病，裨补时阙，而难于指言者，辄咏歌之"（《与元九书》）。人民的生活，正是现实主义创作的源泉。

这些都非常重要而且和他的实践相结合。当时的诗人除元稹、张籍外，还有李绅、韩愈、柳宗元、孟郊、贾岛、卢同、刘叉、李贺、王建等人，虽然各有他的成就，但较之白居易，却不能相比。白居易是伟大的人民诗人，他的诗集，是我国文学遗产中的珍宝。

1957 年 3 月 1 日

《长恨歌》的主题

关于白居易的长诗《长恨歌》的主题问题，曾经引起不少人的争论。一个主要的分歧，就在于它是"讽刺诗"还是"爱情诗"上边。参加讨论的许多同志，在分析《长恨歌》本身和参证《长恨传》外，还参考了不少材料，但在论断上却仍然缺乏足够说服对方的力量。同时也存在对同样价值的资料各取所需，不管其他的缺点。比如有人拿白氏《自题诗卷集末》的"一篇长恨有风情，十首秦吟近正声"的诗句来证明《长恨歌》是"有风情"的，和《秦中吟》并列，是讽刺诗；但反对者却又举出白氏的《与元九书》中的一段话："今仆之诗，人所爱者，悉不过杂律诗与《长恨歌》以下耳。时之所重，仆之所轻"，来证明白氏自己轻视《长恨歌》，因为它和《与元九书》中所强调的"讽谕"相排斥。实际上这样从个别语句出发，是很难得出正确判断的。

本来，用诗人自己的话，证明他自己的作品，是最可靠的，但是必须考虑，而且必须联系他的主导思想，尤其是他写作此一作品前后的具体思想。

白居易的思想，除晚期的佛教思想较严重外，无疑是以儒家为中心的，他的进步倾向，也始终是以儒家教义为依据。所谓"兼济"、"独善"，所谓"风雅比兴"的诗歌理论和他初走上仕途时的极言敢谏、关心民瘼，都是儒家思想的体现。而这在《长恨歌》中，也不例外。陈鸿所说的"惩尤物，窒乱阶"，也正符合白氏的思想、观点。《长恨歌》作于元和元年（806）十二月，白氏正做盩厔尉。过了两年，到元和三年（808），便是他创作最辉煌的时期，也就是他行动上"有阙必规，有违必谏，朝廷得失无不察，天下利病无不言"（《初授拾遗献书》）做左拾遗的时期。《秦中吟》十首，《新乐府》五十首，都作于此一二年中。因此，我认为诗人作《长恨歌》时的思想，应该和作《秦中吟》、《新乐府》时的思想相差不远。说到这里，我们就不能不联系到他在《新乐府》中的一些诗了。

《新乐府》中有《胡旋女》一首，序说："戒近习也"，这是诗人的一贯观点。而重要的是这首诗的后半由"胡旋女"联系到：

> ……天宝季年时欲变，臣妾人人学圆转。中有太真外禄山，二人最道能胡旋。梨花园中册作妃，金鸡障下养为儿。禄山胡旋迷君眼，兵过黄河疑未反。贵妃胡旋惑君心，死弃马嵬念更深。从兹地轴天维转，五十年来制不禁。胡旋女，莫空舞！数唱此歌悟明主。

这是白氏在元和时期因胡旋而联想到天宝末的史实的，可见此事在他心中的重要地位。诗中对贵妃，他认为是"惑君心"的；对明皇，则明确地批判他受贵妃的迷惑"死弃马嵬念更深"。而且认为唐朝之所以几于亡国，应归罪于明皇、贵妃，明白点说，就是应归罪于明皇宠贵妃。显然这仍是儒家"女宠误国"的观点，视女人为"祸水"的观点。假如《长恨歌》是赞扬明皇和贵妃的什么"真挚"爱情的话，绝不会在一二年后，却提出这样的完全相反的观点来。

也许有人说：《长恨歌》、《胡旋女》虽然谈到同一事实，但诗人不妨有不同的主题，不能据《长恨歌》赞扬爱情来否定《胡旋女》的批判政治；也不能据《胡旋女》的批判政治，来否定《长恨歌》的赞扬爱情。我认为这里要谈的不是同一题材可不可以有两个主题，而是一个人对同一问题的观点，不容自相矛盾。

《新乐府》中还有一首《李夫人》，序说："鉴嬖惑也"，和《胡旋女》的序《戒近习》，观点一致。这首诗中一开始就写李夫人死了，汉武念之不已，再写到由方士招魂，再写到魂的来不来，都使君心苦悲，然后一转，从汉代转到当代说：

> 伤心不独汉武帝，自古迄今皆若斯。君不见穆王三日哭，重璧台前伤盛姬；又不见太陵（即太上皇陵，即玄宗）一掬泪，马嵬坡下念杨妃。纵令妍姿艳质化为土，此恨长在无销期。生亦惑，死亦惑，尤物惑人忘不得。人非木石皆有情，不如不见倾城色。

这里所说的明皇对杨妃的悼念情况和《长恨歌》中并无不同，但对这一事实，诗人的态度却完全是批判的。"此恨长在无销期"，正是"此恨绵绵无尽期"，而诗人指责他（明皇）的观点和《胡旋女》也完全一致。这是《长恨歌》的最好、最可靠的注脚。

《新乐府》中还有一首《古冢狐》，虽没有提到明皇贵妃的故事，但可以说明白氏对女色的观点。在他说了狐以色迷人后，说：

> 女为狐媚害却深，日增月长溺人心。何况褒妲之色善蛊惑，能丧人家覆人国。

他把历史上荒淫至亡的君主的罪恶，主要归罪到妇女身上！这观点，显然歪曲了历史事实，替统治者开脱，但这却是白氏所受传统儒家观念影响形成的局限性，和《胡旋女》、《李夫人》以至《长恨歌》中的观点完全一致。不过《长恨歌》的主题不是专反映这一问题而已。

由上可知：白氏对历史上一些曾被宠幸的女子，持着"祸水"观点，对历史上的荒淫君主则着重批判他的"迷惑"。回头我们再看看《长恨歌》。从"汉皇重色思倾国",而"从此君主不早朝",而"三千宠爱在一身",而"姊妹兄弟皆列土",而"渔阳鼙鼓动地来,惊破霓裳羽衣曲",而"宛转蛾眉马前死",到"回看血泪相和流",一层层描写了明皇的"迷惑"于贵妃,直接影响到政治措施,直接招致了"安史之乱",终于得到悲惨结局。这是诗的前半,诗人批判明皇的态度很明显。从描写中,充分可以看出这一统治者荒淫糜烂的生活,充分可以看出他如何不理朝政,如何滥用封赏,甚至如何影响了社会风气——"不重生男重生女"!又如何在大乱中束手无策,仓皇西走,终于用牺牲所爱换取个人安全!诗人所塑造的形象,有力地昭示了李隆基是怎样的一个腐朽的统治阶级的典型人物。

问题当然在下一半。下一半,从"圣主朝朝暮暮情",到"见月伤心","闻铃肠断",到"归来池苑皆依旧","对此泪垂","夕殿悄然","孤灯挑尽",全写明皇对杨妃的思念。然后"临邛道士""升天入地"终至"仙山",太真"凝睇谢君王"、"殷勤寄词",最后归结到"此恨绵绵无绝期"。在写明皇追念贵妃之外,又写了杨妃对旧情的追忆。总看后半,似乎全是写爱情的。因此有的同志便说这是"歌颂了'天长地久有时尽,此恨绵绵无绝期'的生死不渝的爱情"(徐朔方《长生殿》前言)。但持此说法的人,无法调和后半"歌颂爱情"和前半批判政治的矛盾。于是便进一步为之解释说:"李杨已经由历史人物成为传说的人物了","《长恨歌》中的人物,并不是历史上真实的帝王和后妃",云云(引同上)。但这又和诗的前半明明白白地正面描写明皇、贵妃的身份相矛盾。我们很难理解在一篇作品中前边写的皇帝、妃子身份,而后边却不是"帝王和后妃"。歌颂爱情的说法,实际上是说不通的。

那么,我们究竟该怎样理解《长恨歌》的主题呢?我认为:前半的批判,不容怀疑;而后半则是进一步的批判。后半所写的唐明皇这一人物，和前半是统一的。他在后半中的形象，是对国家社会丝毫不予考虑（人民灾难，更不必说），而朝思暮想的，只有他的美人。诗人在一开始就把他放在君主地位上的，那么，他只是"芙蓉如面柳如眉"地去想，只是悲伤"翡翠衾寒谁与共"，他究竟该算是一个怎样的君主呢？想得没完没了，再叫方士去觅魂，去到无何有之乡去觅！这种行为说明什么？显然结论只有一个，就是诗人在《胡旋女》中所指出的"死弃马嵬念更深"，也就是《李夫人》中所批评的"生亦惑死亦惑"。而全诗所塑造的明皇形象，正是一个荒淫糊涂的最高统治者。诗中有力地昭示了一个事实，就是：天宝之乱，谁造成的？李隆基。乱起后李隆基怎样对待这一现实呢？虽几乎亡国而他毫无悔悟，毫无转变，一直糊涂下去！后半的描写，加深了对这一人物的批判。

最后对贵妃的描写，一则说"谢君王"（谢是决绝的语气），再则说"昭阳殿里恩爱绝"，难道说这是写对明皇的爱吗？当她把"钿盒金钗"交给方士时说："但教心似金钿坚，天上人间会相见"，这是说明皇以前就已"心似金钿坚"呢？还是怨他不能像"金钿"一样呢？这时的太真（已不是贵妃），已表示不再和明皇见面了，那她这两句话，显然就等于说："好吧，你如想再见面，必须有和金钿一般的心才行。"马嵬坡的悲剧，应该使她伤心愤慨。而下面的"殷勤寄词"，则是追叙过去明皇和她一起赌的"誓"。但明皇实践了誓言没有？他是牺牲对方来保全自己的啊！因此这一段的补写，更是诗人借当时的传言，从杨玉环角度上来批判李隆基。这是更进一层的批判。等于这样说：退一步，不用对君主的要求来责难李隆基，单说爱情吧，在杨玉环立场上看，李隆基真正不必假惺惺了，他哪里有什么真实爱情，他不能辞"负心"的谴责，他的灵魂多么丑恶！对这一人物——最高统治者的荒淫丑恶的揭露，就是这篇长诗的主题。

最后，我重复一下，白居易存在着女人"祸水"的观点，是落后的、错误的；而这篇长诗，着重突出地批判李隆基，却完全正确，不愧为一篇杰作。

以上论点，我在 1957、1958 年两次教学中，就已提出。近来偶检《唐诗别裁》，沈德潜有以下几句话：

> 《长恨歌》讥明皇之迷于色而不悟也。以女宠几于丧国，应知从前之谬戾矣，乃犹令方士遍索，而方士因乃以虚无缥缈之词为对，遂信钿钗私语为真，而信其果为仙人也。

我认为沈氏基本上抓住了诗的中心，虽然还不够准确。

1962 年

柳宗元的读书和交友

柳宗元作为一个思想家，作为一个政论家，是值得重视的；而作为一个文学家，就更值得重视了。不过，要探索他的文学，却不能不对他的为人先做一番了解，欲知其文，就应先知其人。这里就他读书和交友两方面，提出一些看法。

一、关于读书

信书成自误，经事渐知非。

——《三赠刘员外》

这是柳宗元给他的好友刘禹锡的一首小诗的头两句。"信书"，是说相信书本知识。柳宗元的青少年时代，书本知识已积累得相当厚实，他相信这些知识是真的，是可靠的，但结果却造成"自误"——造成自己的错误。因而他总结出一条经验，就是："经事"——经过社会实践，才能"渐知非"，慢慢理解到什么不对，当然也理解到什么是对的了。"渐"字包括长期的阅历和长期的思辨过程。他就在这种过程中，清除了对书本知识的迷信。而于阅读中间，贯穿着批判精神。特别是他参加的政治革新失败以后更为明显。柳宗元被贬谪以前，虽有进步倾向，但还有些不切实际，还夹杂着蒙昧和迷信成分；而贬永州之后，生活环境、条件的变化，使他的思想深化了，使他的认识提高了；唯物的、无神论的、人本主义的进步思想成为主导，并逐渐建立了进步的思想体系。他的批判精神，就植根于此。

在封建时代，作为封建统治者最有力的支柱之一，就是所谓"受命之符"。这是借天愚民，把统治者神圣化，使人不敢侵犯。从秦始皇以来的传国玺上就刻着"受命于天"这句话，而历代封建学者与文人，更有大量这类言论。董仲舒的《天人三策》、司马相如《封禅文》、刘向《洪范五行传》、扬雄《剧秦美新》、班彪《王命论》、班固《典引》之类，就是代表。但是柳宗元对这些权威作品，却直斥其为"类淫巫瞽史，诳乱后代"！他写了一篇《贞符》来发挥"受命不于天，于其人，休符不于祥，于其仁"的人本主义的理论，摧毁了统治者的这一支柱，非常富于战斗性。

汉代以来，《左传》的地位由三传并列而逐渐成为独尊，与《春秋》相表里，成了所谓"经"的一部分，一般读书人很少敢于訾议。而柳宗元却能尖锐地提出批评，《六逆论》就是最突出的例子。《左传》借卫石碏的话提出"贱妨贵，少陵长，远间亲，新间旧，小加大，淫破义"的所谓"六逆"，认为是"乱本"。可是，柳宗元读了这种言论，立刻对"贱妨贵"、"远间亲"、"新间旧"等绝对错误论点进行了有力批驳。他认为应该看人的智愚、贤不贤，而不应该看他的贵贱、远亲、新旧，如果贱的、远的、新的人，是圣是贤，那么因用他而"妨"了"贵"，"间"了"亲"，"间"了"旧"，就不但不会乱，相反能得到根本的治。这是向亲近贵族进攻，也是对封建宗法制度有力的冲击，代表着历史前进的趋势。柳宗元对前辈史学家刘知几所举史学"六家"之一的《国语》，更做了系统的批判。他写出了大小六十七篇文章，批判了几十件事、近三十个历史人物。他认为《国语》一书"文胜而尨，好诡以反伦"（《与吕道州温论非国语书》），"说多诬淫"，所以他"本诸理"而"非"之，目的为"救世之谬"（《非国语·序·后序》）。尽管他所批判的不一定正确，但这种根据现实要求和自己掌握的"理"来批判地读书的精神和方法，却是十分可贵的。

柳宗元有名的《封建论》，是批判魏曹元首以下陆机、刘颂以至唐太宗的封建言论的。《四维论》批判管子以"礼义廉耻"并列的不合逻辑。《时令论》批判《吕氏春秋》把自然现象和政令融合在一起是无益有害。《晋文公问守原议》批判"晋君择大任不公议于朝而私议于宫，不博谋于卿相而独谋于寺人"为失政。如此等等，都是大胆而富于创见的。其他，对《列子》、《文子》、《论语》、《鬼谷子》、《亢仓子》、《鹖冠子》等古书，都曾先用批判眼光，指出它的是非真伪，然后决定取舍。他在《六逆论》的末段，还正式提出批判的必要：他认为古人的言论，往往站不住脚："齗齗而不安"；是非混淆："谓之是，可也；谓之非，亦可也。混然而已"；所以必须批判地"定其是非"。尽管"拘儒瞽生"反对，也仍要这样做。当然，柳宗元由于生活在封建时代而本身又是地主阶级的知识分子，不能不受时代阶级的局限，他的批判不能和今天的批判相提并论，但他所持的态度，显然和"食古不化"、"颂古非今"相对立，而和我们今天"古为今用"的原则相一致。这就值得我们批判地学习。

二、关于交友

柳宗元对待朋友，是既诚挚而又有原则。他对他所参加的政治集团的首领王叔文，不但在其初失势时，评价很高，就是到了远谪"赐死"以后，仍没有一句贬词。[①]他对刘禹锡、吕温、韩泰、韩晔、凌准等志同道合的，可以称为同志的朋友，更是相互关怀，相互支持，相互批评，相互勉励，相得无间，始终如一。在他们的政治集团失败后，只有吕温当时出使在外，没受什么打击，因而柳宗元希望通过他来实现共同的政治理想，而吕温却于四十壮年死于衡州刺史任。柳宗元为他作的诔和祭文，痛呼："吾道息矣！""万事已矣！"吕温的死，对柳宗元来说，不是失掉一个好友，而意味着理想的毁灭！这绝不是一般朋友所可能有的感情。元和十年（815），柳宗元和刘禹锡等人被诏改迁远州刺史，他得柳州而刘禹锡得播州。播州较柳州更为鄙远，而禹锡有八十老母。当此，柳宗元毫不迟疑，自动请求以柳易播，自己到最困难的地方去来照顾朋友、同志。这种品质，韩愈为他作墓志时也大为赞叹。他在永州贬所，听说饶州刺史元藇，"莅政三日，举宣英（韩晔）以自代"，便非常感动，如同身受。② 他和他的朋友的感情，就是这样的如同一体！他们论政、论理、论文、论事，既体现了他们之间的切磋琢磨，也体现了他们在进步基础上的思想的一致，而思想的一致又是深厚友谊的基础。

柳宗元还有像韩愈一类人的朋友。他对这类朋友，虽也有一定情谊，在某些地方也相互推重，但不是同志。对原则性的分歧，绝不调和。韩愈曾经有一套对天的理论，用瓜果为喻，说天地中间生人，等于瓜果中生虫子；虫子越多越活动，瓜果就越烂得厉害，人越多越活动，对天地的破坏也越大。从天的角度来看，人做事越多罪越大，就该处罚；越不做事越自相残害，功越大，就该受赏。所以倒霉的人，不该"呼天"、"怨天"！"残民者昌，裕民者殃"，毫不奇怪！这种怪论，说明什么呢？以什么现实为基础呢？显然，当时有不少人对"残民者昌，裕民者殃"抱不平，而"呼天"、"怨天"，韩愈对着这些人说："你倒霉，活该！谁叫你那样积极！你要知道你对于天是有罪的！……"这是用嘲弄的口气，打击积极要求改革的进步分子，而为恶人开脱！话说得轻巧，但却是反动的。柳宗元对此谬论从根本上予以驳斥，说天地和瓜果一样，都是自然物质，根本不会赏罚人；人世的功过，属于人事的范围，认为天使人倒霉或得势，是错误的；如果有人希望天来可怜自己给以恩赐，更是大错。这就使韩愈的谬论彻底破产。柳宗元的话虽不多，但唯物论的光辉，无可争辩地战胜了唯心论。

韩愈曾经请柳宗元看了他给刘秀才的一封信，信中谈到他对做史官的看法。他认为史官不能做，原因是容易得罪人；要不得罪人（当然指当权者），又会受良心责备；自己做史官，不过是宰相可怜自己穷；自己地位低，不该违背有权势的人；史事更难考信，没法写；作史鬼神不会加福于己；国家大事，总会有人记，何必自己？这些论点，充分表现了韩愈的卑鄙、怯懦、苟且、自私，用"遁词"来推诿责任，这和他平日以担当道义自吹，俨然救世主的面目多不相称！柳宗元对此，立刻提出尖锐的批评，斥责他是："甚大谬！"说："古之志道者不若是！"斥责他仅仅"褒贬"都不敢，那还敢做正面斗争吗？柳宗元指出：作为一个史官，应该怕自己"不直"，应该怕自己"不中道"，而不应该怕"刑祸"；应该根据自己所闻所知，"孜孜不敢怠"，不该迷信恐惧；如果你真"卒以为恐惧不敢"，那就该立刻辞职！义正词严，使韩愈无法辩解。这是积极向上的人生观和消极逃避堕落的人生观的斗争，正是阶级斗争在统治阶级内部的反映，柳宗元在这种原则性的问题上，是毫不迁就的。至于他的《与崔饶州论石钟乳书》、《答周君巢饵药久寿书》、《与李睦州论服气书》等文，则是为破除朋友的迷误，而用正确的人生态度相劝勉，也是既体现了友情，也体现了原则的。

柳宗元对青年朋友，是既谦虚又热情，既热情又严厉的。有许多年青人要求拜他为师，他总是婉言拒绝，主要原因是认为自己不够做师："仆道不笃，业甚浅近，环顾其中，未见可师者"，自"以为不足为"；其次则因为不愿受世人非责："世久无师弟子，决为之，且见非，且见罪"，不敢为。这和他的处境有关，而一大半却是出于谦虚。谦虚不是虚伪，所以他愿意和青年"以其余易其不足"，"交以为师"来互相学习。他对年青人的帮助非常热情，他明确表示："诚欲往来言所闻，则仆固愿悉陈中所得者"，"幸而亟来，终日与吾子言，不敢倦，不敢爱，不敢肆"，"秀才时来见咨，仆有诸内者不敢爱惜"。他是那样毫不保留，"诲人不倦"！这种热情，在他未贬以前就是如此。他回忆说："往在京师，后学之士到仆门，日或数十人，仆不敢虚其来意，有长必书之，有不至必惎之。"③因此，他对青年的帮助，实际上是以益友的方式而起了良师的作用。本传说："南方为进士者，有数千里从宗元游，经指授为文辞皆有法。"其影响之大可知。但柳宗元对青年谦虚热情却不妨其要求的严格。他勉励吴秀才"昼夜孜孜"，以"增重其文"④。他批评崔黯："甚矣，子之癖于技也！"⑤他对杜温夫批评得最严厉：杜恭维柳宗元是周公、孔子，他说这简直是"悖乱浮诞"！对杜的文章，直接指出其不通："所谓乎欤耶哉夫者，疑词也，矣耳焉也者，决词也，今生则一之！"最后说自己不答杜的书，好像拒绝教育，这也是一种教育。⑥尽管柳宗元所教育青年的，当然仍是封建地主阶级的文化知识，但他这种对青年朋友的态度，显然也是正确的，仍值得我们批判地学习。

1963 年

注释：

①《柳河东集》卷十三《胡尚书户部侍郎王君先太夫人河间刘氏志》。

②《集》卷三十二《答元饶州论政理书》。

③ 引文并见《答韦中立论师道书》、《与袁君陈秀才避师名书》，并在《集》卷三十四。

④《集》卷三十四，《答吴秀才谢示新文书》。

⑤《集》卷三十四，《报崔黯秀才论文书》。

⑥《集》卷三十四，《复杜温夫书》。

柳宗元的辞赋

——柳宗元在文学上的卓越成就之一

一

辞赋，在我国文学遗产中的地位和价值，还是一个尚待研究的问题。就一般印象来说，似乎它既不能和诗歌相比，也不能和小说、戏剧，以至散文相比。这原因，当然不是由于作者少（实际上作者相当多），作品不多，而主要由于它的思想多半不高，内容多半贫乏，也由于它的形式多半陈陈相因，摹拟多而创造少。但这，绝不等于说辞赋这一文体，就没有可以重视的作家，就没有有价值的作品。辞赋的开山——"楚辞"的价值，已不容置疑，而两汉以来的辞赋作品，有意义的也仍不在少数，只是到目前为止发掘得还不够而已。作为散文大家的柳宗元的辞赋创作，也是应该发掘出来的一部分。

柳宗元的辞赋之所以有价值，是和他的进步和唯物主义、无神论、进步的政治理想、人本论、积极的干预现实、入世态度分不开的。在进步倾向的基础上再加之以精湛的艺术造诣，就使他在不少地方超过前人而做出新的成绩。他的辞赋创作，在通行的《柳河东集》中，应包括"古赋"九篇和被称为"骚"的十三篇，以及被称为"问答"的三篇，《天对》一篇，还有《外集》中的"律赋"三篇，凡二十九篇①。除过三篇"律赋"是应付科举考试，为作赋而作赋，无甚可取外，前几部分的二十六篇，思想、艺术，一般都具有相当高的水平。通过这些作品，我们可以看到柳宗元的为人，他的思想感情、精神面貌；再通过他的处境，心情，看到它所反映的政治局势、社会生活；进一步通过这些还可以看到他对黑暗现实的强烈抗议和不妥协的斗争。他继承了"楚辞"的一些基本写法而更重要的是他把诸子的寓言方式与之结合起来；他不专事于"铺采摛文"，而主要让文采紧密地为"体物写志"服务。"体物"不单纯抒发积愠，主要是通过抒发而贯彻对现实的批判。因此，柳宗元的辞赋，就成为他的富于战斗性的具有特色的文学创作的一部分，堪称为辞赋中的奇葩。

二

永贞元年柳宗元被贬为永州司马，路出湘水作了一篇《吊屈原文》，被后人称为"大近骚体"②。文中一方面列举了屈原时代楚国的政治昏乱，黑白混淆，是非颠倒；一方面则赞扬了屈原"厉针石"以救"重痼"、"穷达不渝"、"服道守义"、"蹈（蹈）大故而不贰（忒）"的坚贞精神。显然，文中写的政治环境，正是柳宗元所面临的现实的写照，而屈原的理想与斗争，也正是他自己的理想与斗争。吊屈原正所以自吊。他的文章和贾谊的《吊屈原赋》一样，可以作为骚赋的续篇。他在文中说：

> 先生（屈原）之貌不可得兮，犹仿佛其文章，托遗编而叹唱兮，涣余涕之盈眶。

由于精神上的相通，所以他那样为屈原的文章所感动，而骚赋对他的影响也就特别深。他的辞赋，形式上大半采用骚体，而内容上则充分贯串着具有时代特征的现实精神。和《吊屈原文》相类的有《吊苌弘文》、《吊乐毅文》。前者借苌弘的忠而被杀，表明自己不怕牺牲——"杀身之匪余戚"，不苟图保身——"誓不偷以自好"的坚决态度；后者借乐毅的"功美不就"，来写自己功败身逐的痛心。作者自己的影子，正是借古人而反映出来的。而《解祟》、《惩咎》、《闵生》、《梦归》、《囚山》五赋，更是直抒胸臆、哀感深切的作品。这五篇赋，都是贬永州后所作，控诉了在黑暗势力攻击下，长期的悲愤扼腕之情；表明了个人忠于理想、关怀故国的情操和坚定不移的决心。

由于柳宗元和王叔文的政治改革运动，是在宦官、藩镇、旧官僚的联合打击下失败的；而对他们所加的罪名，虽完全是造谣诬蔑，但"众口铄金"，无法分辩。多么令人愤慨痛心呢！柳宗元在《解祟赋》中，用"烈火"来描画那些人所造成的灾祸：

> 九泉焦枯而四海渗涸兮，纷挥霍而要遮，风雷唬唬为橐龠兮，回禄煽怒而喊呀。炖堪舆为颟镟，蒸云汉而成霞。邓林大椿不足于以充燎兮，倒扶桑落棠胶葛而相叉。膏摇唇而增炽兮，焰掉舌而弥葩。沃无瓶兮扑无篝，金流玉铄兮，曾不自比于尘沙！

形象地突出了恶势力所搧起的烈焰。无怪乎金玉全被烧毁！这种政治局势，实际上是较之于"谗谄蔽明"、"邪曲害公"[③]更为严重。因为柳宗元等人所触犯的不是某一个人，而是当时统治阶级中当权的主要势力集团。因之，他们的失败，自然就形成"骐骥之弃辱兮，驽骀以为骋"；"玄虯蹶泥兮，畏避蛙黾"，"介鳞槁以横陆兮，鸥啸群而厉吻"[④]等昏乱现象。在这几篇赋内，柳宗元分析了他们政治失败的原因，首先是主观上认识不足，估计过于乐观——"奉讦谋以植内兮，欣余志之有获；再征信乎策书兮，谓炯然而不惑！"其次谋虑不周，警惕不够——"愚者果于自用兮，唯惧夫诚之不一。不顾虑以周图兮，专兹道以为服。谗妒构而不戒兮，犹断断于所执。"再次是客观环境与形势的不利——"哀吾党之不淑兮，遭任遇之卒迫；势危疑而多诈兮，逢天地之否隔！"[⑤]

这是战斗后的总结，而不是消极、悲观。因之，在这些赋内，他进一步表明了宁死不屈为理想献身的决心。他的出发点是为了"闵世"，而不为"贪食盗名"；失败了也"甘脂润乎鼎镬"，只求"蹈前烈而不颇"⑥；他用古人来要求自己"列往则以考己"，他考虑的是：

> 虑吾生之莫保兮，悉代德之元醇，孰眇躯之敢爱兮，窃有继乎古先。⑦

这就是和屈原一样"九死不悔"的精神。

在这些赋内更为重要的是柳宗元在贬谪期中虽极端痛苦，但始终关怀国家，系心人民。他在想象中：

> 登高岩而企踵兮，瞻故邦之殷辚。山水浩以蔽亏兮，路蓊勃以扬氛。空庐颓而不理兮，翳丘木之榛榛。⑧

他又在梦里：

> 指故都以委坠兮，瞰乡里之修直。原田芜秽兮，峥嵘榛棘；乔木摧解兮，垣庐不饰。⑨

他只用暗示而没有敢直写"故邦"、"故都"的灾难，但却表达了他的关心与忧虑。他是不会置身事外也不会忘怀世事的一种人。值得进一步注意的是他在具体描画贬谪地区环境险恶的同时，却能把眼光注视到人民：

> 阳不舒以壅隔兮，群阴沍而为曹。侧耕危获苟以食兮，哀斯民之增劳。⑩

这里，他的痛苦和人民的苦难，更联系在一起了！由于这些赋是直接反映柳宗元在政治生活、痛苦经历中所激起的思想感情的，所以它所反映的矛盾，就是在统治阶级内部，代表中小地主，接近人民、比较进步的阶层和世族地主、掌握统治权的顽固阶层之间的斗争。所以柳宗元等人失败的原因，不是君主个人明不明的问题，也不是一两个奸臣小人进谗的问题，而是进步势力失败，顽固派得势的问题。所以，这些抒情赋的思想意义，就是通过抒情，而反映了当时重大的社会现实。惟其如此，也就使得这些抒情赋，和一般无病呻吟的专事摹拟的骚赋大有不同，而和屈原的作品精神相通。宋代的严羽说"柳子厚深得骚学"，而叶梦得则说他的"诸赋，不蹈袭屈宋一句"⑪，正说明了这种事实。

柳宗元也有用较曲折的方式抒写怀抱的辞赋，那就是《乞巧文》、《答问》、《起废答》一类作品。《答问》、《起废答》用反语来抒发自己的激愤之情，文体原于《答客难》、《解嘲》⑫，而思想深度远过之，形式也有发展。因为他的激愤不是一般的叹老嗟贫，而是和严重的政治斗争联系在一起的。《乞巧文》则更揭露那种巧于钻营以及亲幸通达者，描述自己的拙于逢迎。写作目的，自然是以反语抒发激愤，而其意义，则在于有力地讽刺了现实。和上举各赋合并来看，都是通过写志而反映现实的。其中虽也存在失望、消沉，"知其无可奈何而安之若命"的消极成分，但从总的倾向看来，仍然是积极的。

三

柳宗元的咏物赋《牛赋》、《瓶赋》，在辞赋中别具风格。《牛赋》以牛、驴相比。牛劳驴逸，牛死驴生。结论是："牛虽有功，于己何益！""命有好丑，非若（汝）能力！"似乎作者采取了消极态度，听天任命，但实际上却充分赞扬了牛对人、对社会的功绩，斥责了"不耕不驾"、"曲意随势"，反得"腾踏康庄、出入轻举"

的驴，控诉了牛所受待遇的不公。牛是"利满天下"，活着、死了都有利于人，任何东西都比不上——"物无踰者"。这种称颂，正是歌颂具有牛的精神的人，作者也正是以牛自喻。《瓶赋》以瓶（汲水瓶）和鸱夷（皮革酒袋）相比。汉代扬雄作《酒箴》，其中谈到：瓶在井上危险而易破，不如鸱夷满肚子装酒，为贵人所喜爱。这虽也是有激而言，但究竟宣传了自私自利。柳宗元与之相反，说鸱夷装上酒，引诱好人，使他昏醉，颠倒黑白，甚至败众亡国！而瓶则：

> 钓深抱洁，淡泊是师。和齐五味，宁除渴饥。不甘不坏，久而莫遗。清白可鉴，终不媚私。利泽广大，孰能去之！绠绝身破，何足怨咨！功成事遂，复于土泥。

这种乐于献身的利他精神，是推动社会前进的积极力量，是劳动人民优秀品质的体现，和剥削阶级的自私贪婪完全相反。所以牛和驴、瓶和鸱夷，在柳宗元的笔下，代表着两种完全不同的人，代表着两种完全不同的人生观。作者的抑扬褒贬，符合于人民的思想感情。

和咏物赋相联系，转而借物喻意，言在此而意在彼，用寓言形式来讽刺批判现实的作品，在柳宗元的辞赋中，占有更重要的位置。像《骂尸虫文》、《憎王孙文》，就是代表。《骂尸虫文》描画了一种和旧社会反动势力所利用的"特务"一类人相似的形象。这种人隐藏在人的心腹地区，来偷偷窥伺人的言动，暗暗地记下来，乘你昏睡不注意的时候，去向他的主子报告，求得赏赐、享受。在他的报告中，是非、正邪、善恶全和事实相反，因为他是专以害人为职的，所以"妒人之能，幸人之失"、"求味己口，胡人之恤"！作者对这种阴险诡诈的东西恨之入骨，希望把他全部消灭，说这样，"下民"才能活下去。虽然作者没有正面把矛头指向最高统治者，而且还想通过统治者来消灭祸根，反映了他思想上的局限；但把这类统治者的爪牙的面目揭露出来而予以诛伐，就起着积极的战斗作用。《憎王孙文》⑬用王孙（猴子）和猿，影射着两种政治集团。猿具有一切美德，不害禾稼，爱惜果木，故所居之山非常繁荣；王孙则残暴成性，专会破坏，而且：

> 盗取民食兮，私己不分。充嗛果腹兮，骄傲骥欣。嘉华美木兮硕而繁，群披竞啮兮枯株根。毁成败实兮更怒喧，居民怨苦兮号穹旻。

这难道不是剥削集团的画像吗？作者一再喊出"王孙兮甚可憎，噫，山之灵兮胡不闻！"来质问最高统治者。他虽没有能够指出最高统治者就是最大剥削者的实质，但他的质问，已代表着人民的正义的呼声，至少使最高统治者不能辞其咎。文章的末尾还正面指出这两种集团绝不能共处："群小遂兮君子违，大人聚兮孽无余"，"善与恶不同乡"，这说明斗争是必然的而且也是无法调和的。尽管柳宗元所写的斗争仍然不出统治阶级内部斗争的范围，但却是阶级斗争在统治阶级内部的反映，而其中进步的正义的一方，总是多少和广大人民相一致的。至如他的《宥蝮蛇文》说蝮蛇的恶毒，乃"缘形役性，不可自止"，"不遏其凶，若病乎己"，也就是说他的毒是禀性如此，不可改变。这是作者在社会生活中，发现了有这种极端恶毒的人，但作者不会阶级分析，不知道那是阶级性的表现，只感到这种人的凶顽难化，因而用蝮蛇来象征他，揭露他的本质，引起人民的警惕。可惜的是作者对蝮蛇的态度，是"宥"，而不是杀。想用防和避，使其不能害己，这是作者政争失败后，偶然出现的软弱表现。他还把这态度解释为宽大，来自我解嘲，更降低了斗争性。《逐毕方文》借《山海经》所载"怪鸟"——毕方，能造成火灾的怪事，来斥责祸害人民的罪魁。

《愬螭文》斥责"怪螭"在江边害人："膏血是利，私自肥兮"，"妖猾下民，使颠危兮"，"充心饱腹，肆敖嬉兮"，而诉之江神，请他"降罚"。和《憎王孙文》一样，对最高统治者存有幻想。但他的控诉，他的憎恨，仍然有强烈的斗争意义。宋代晁补之说：

> 《离骚》以虬龙鸾凤托君子，以恶禽臭物指谗佞。王孙、尸虫、蝮蛇，小人谗佞之类也。其憎之也，骂之也，投畀有北之意也；其宥之也，以远小人不恶而严之义也。盖《离骚》备此义，而宗元放之焉。⑭

说柳宗元的这类赋和《离骚》有联系，是可以的，但应指出它所受诸子寓言的影响更深，而所反映的社会现实之广，也远远超过《离骚》。这是两个作家的时代和具体处境不同所决定的。

四

柳宗元的其他辞赋，像《斩曲几文》反对邪曲诡谀，《哀溺文》讽刺重货忘生，《招海贾文》讽刺行险侥利，《辨伏神文》指出不审真伪之害，都可以称为有为而作，不空为文。而《佩韦赋》、《愈膏肓疾赋》则更有值得重视的地方。《佩韦赋》写的是修养问题。序中首先提出"中庸"二字，而主旨所在，则是"韬义于中，服和于躬"，也就是内方外圆，也就是思想要刚正，而态度要灵活。这也是他在斗争实践中的经验总结。《愈膏肓疾赋》借晋景公与秦缓的谈话，说明治国养生，"宁关天命，在我人力"，"治国在贤"，而不在天，来强调人的作用，表现了积极向上的精神。

在柳宗元的辞赋中，最具有"铺采摛文"的汉赋特色的，莫过于《晋问》。《晋问》的形式，原于枚乘《七发》，而思想性却大大超过了它。傅毅《七激》、张衡《七辨》、崔骃《七闲》、马融《七广》、曹植《七启》、王粲《七释》、张协《七命》、陆机《七征》之类，皆不能比。大抵傅玄《七林》中所集作品，虽不能说全无意义，但那些都是面向贵族统治者而备陈宫室姬妾之奉、田猎游赏之观、饮食狗马之美的。最后才"曲终奏雅"，微见讽谕，不出于扬雄所谓"劝百讽一"的范围。而柳宗元的《晋问》则借他和吴子（不必实指吴武陵）的谈话，陈述晋地表里山河、出产坚甲利刃和名马木材、水产、池盐，以至文公伯业，而结以"尧之遗风"。这些都不是从统治者的享受娱乐的角度来谈，而是从国家与人民的角度来谈；然后再以"表里山河，备败而已"，"在德不在险"，"兵之用，由德则吉，由暴则凶"，"恃险与马……是不一姓"，"君子患无德……不患材之不己有"，"口舌之利，不足以利百姓"，盐"可以利民，而未为民利"，"伯者……引大利以自向，……而民乃后焉"来逐层批评；最后举"尧之遗风"："俭"、"让"、"谋"、"和"、"恬以愉"，作为政治理想。特别是他借吴子的话所指出的"民利"：

> 安其常而得所欲，服其教而便于己。百货通行而不知所自来，老幼亲戚相保而无德之者。不苦兵刑，不疾赋力。所谓民利，民自利者是也。

这是柳宗元理想社会的图画。在阶级矛盾尖锐、剥削惨重的中唐时代，希望人民能够安定、满足，不要给他制造不方便，生活所需能自由得到，亲人们都很安全，尤其是不为兵刑和赋役所苦，使他自在地活下去，这难道不是人民最迫切的普遍要求吗？柳宗元用辞赋这一艺术形式层层深入地把它表达出来，就具有深厚的现实意义。叶梦得说："《晋问》、《天对》之类，高于魏晋，无后世因缘卑陋之气。"[15]评价很高，但还没有指出《晋问》的内容实质，是不足以说明它的思想意义的。至于《天对》，文学气味较少，此不具论。

五

尽管有人称柳宗元为"辞赋丽手"⑯，但他的辞赋，却丝毫没有铺陈堆砌的毛病，而有独具特色的艺术技巧。从表现方式上看，他善于借古喻今。引古为比的不必提，只看像《愈膏肓疾赋》吧！借晋景公和秦缓的谈话，展开论难。原故事见于《春秋左氏成十年传》，而这篇赋所叙却全是创造。事虽创造，但却和两个古人融化在一起，使古人为自己的写作意图服务。这是庄周"重言"的发展。他更善于借物喻意，《瓶赋》、《牛赋》、《骂尸虫文》、《憎王孙文》等等都是。这类作品，表面看来处处摹写事物惟妙惟肖；而字里行间，却处处能觉到所描摹的是人，是某种人。承继了庄周、韩非等人的寓言传统，而又出之以辞赋，使原来简短的寓言，增加了描写；同时使板重或靡丽的辞赋，得到清新有力的内容。作者还善于因事兴感，因故致慨：《乞巧文》因七夕祈巧之事，而深感己拙；《辨伏神文》因药伪增病之事，而感辨伪之不易；《解祟赋》因筮以《太玄》之故，而有慨于口舌谗言之如烈火；《梦归赋》因梦魂自由，而深致故闾之思。……这些都因小悟大，由近及远，连类而及，耐人寻味。至于一般直抒胸臆的，就不必谈了。这就大大丰富了辞赋的表现方法。

柳宗元的辞赋，有充分的灵活性。他根据内容的要求，来自由地组织他的篇章。他有像《晋问》那样几千字的巨制，也有像《瓶赋》、《牛赋》那样一百几十字的短篇；有以问答为线索的，像《乞巧文》、《宥蝮蛇文》、《晋问》之类，也有全篇用问答组成的，像《愈膏肓疾赋》、《天对》之类；有用第一人称自叙的，像《惩咎》、《闵生》之类，也有用第三人称来描写的，像《憎王孙文》、《瓶赋》之类；有用骚体、长句短句都间以"兮"字的，也有用汉赋四言为主的短句而间以散行长句的；有用骈俪排偶的地方，也有段与段相排、而以散句联系贯串的地方；有句句韵，有间句韵，也有段与段韵。节奏明快，字句错落，富于自然之美。他承受了楚辞、汉赋、六朝赋、民间俗赋等多方面的影响，而又能打破一切拘束，具有独创精神。

柳宗元的辞赋，在描写方面也有很好的成就。先看他写楚越一带的山势：

> 楚越之郊环万山兮，势腾踊夫波涛。纷对回合仰伏以离迤兮，若重墉之相袭。争生角逐上轶旁出兮，其下坼裂而为壕。欣下颓以就顺兮，曾不亩平而又高。⑰

用"波涛"、"腾踊"写"万山"，用"纷对、回合、仰伏"来写山的各种姿态，用重墙相包来写四望的印象，用"争生、角逐、上轶、旁出"来写山与山并列的气势，用"坼裂"写断崖的陡峭，最后用没有一亩地平坦，来总括那一地区。没有到过那里，没有那种生活体验的，是不会写得那样具体形象的。他在《晋问》中写盐池的全貌：

> 但至其所，则见沟塍畦畹之交错轮囷，若稼若圃，敞兮匀匀，涣兮鳞鳞，逦涂纷属，不知其垠。

把盐池的像稻田、水清浅、面积广阔都写出来了。当成盐时：

> 无声无形，燥结迅诡，回眸一瞬，积雪百里。

从无形而有形，那么迅速！再写到收盐时的情况：

> 眩转的皪，乍似陨星及地，明灭相射，冰裂电碎，尨从增益。大者印累，小者珠剖，涌者如坻，坳者如缶；日晶熠

煜，萤骇电走，亘步盈车，方尺数斗。

那样的光晶耀眼，那样的有涌有坳，那样的丰厚！没有亲见过，是很难想象的，很难写得具体的。再如在《宥蝮蛇文》中写蛇：

曲脊屈胁，惟行之纤，目兼蜂虿，色浪泥涂。其颈蹙恶，其腹次且。褰鼻钩牙，穴出榛居，蓄怒而蟠，衔毒而趋。……风摇草动，百毒齐起。首拳脊努，呻舌摇尾。

刻画得何等真、细。这种地方，有不少例子。尤其像《晋问》中写马群，各种马的生活动态，委曲详尽，不能不惊叹作者观察细致而描写传神。他与司马相如等大赋家专事堆砌丽辞而没有形象完全不同。因为那是以字书为基础而这则以生活为基础，所以那不是艺术而这才是艺术。当然柳宗元的辞赋，也有写得单薄的地方。像《辨伏神文》，就是把事件用韵文陈述了一下，点明了一下寓意，像《憎王孙文》，散文的序较韵文的赋还有力。这就说明作者有些地方可能是不太经意的。

六

柳宗元的辞赋如上所举：抒情一类赋，表达了在恶劣环境中坚贞不屈和对国家、人民的关怀；咏物和寓言一类赋，歌颂了有功于人而不怕牺牲的利他精神并从多方面打击了黑暗势力；而论政一类赋，则强调了人的作用和以"民利"为本的政治思想。这些作品内容的充实、反映社会现实的深广和所具有的战斗性，都是历来辞赋所少有的。辞赋在柳宗元手里，已成为战斗的武器，司马相如、扬雄之流，是不可与他同日而语的。我们今天对古代作家作品的评价，首先是看他"对待人民的态度如何，在历史上有无进步意义"⑱。柳宗元辞赋之所以有价值，正在于他处处表现了对人民关怀的态度和在历史上具有进步意义上。

在两汉以后的长期过程中，辞赋久已变成一种千篇一律的公式化的东西，很难谈到真正的艺术性；而柳宗元的二十多篇赋，却基本改变了这种情况，使它具有了优秀文学作品应有的艺术感染力，能够较好地为思想内容服务，使它得到较完美的表现。这也是值得我们借鉴的。

柳宗元的辞赋，和他的散文起着同样的作用，而他的最大成就还在散文方面。这里只希望以上的论述有助于对他的作品做全面的理解。

1963 年 2 月

注释：

①《柳河东集》卷十八和卷十九中被标为"骚"的十三篇，各篇原题都称为"文"，实质是骚体的赋。《天对》是用屈原《天问》的体裁，就《天问》各条予以答复。卷十五被标为"问答"的三篇，《晋问》是《七发》体，《答问》、《起废答》都是《答客难》性质，所以都是辞赋，只是散文的成分大些。

② 蒋之翘注《柳河东集》本篇题解中语。

③《史记·屈原列传》中语。

④ 见《闵生赋》。介鳞，龙母。本作鳞介，依《淮南子》改。

⑤ 见《惩咎赋》。在《答问》中对自己不懂世务，分析得更具体，可参看。

⑥ 见《惩咎赋》。在《答问》中对自己不懂世务，分析得更具体，可参看。

⑦ 见《闵生赋》。

⑧ 见《闵生赋》。

⑨ 见《梦归赋》。

⑩ 见《囚山赋》。

⑪ 蒋注《柳河东集·叙说》引。

⑫《答客难》东方朔作,《解嘲》扬雄作。

⑬《憎王孙文》和《骂尸虫文》等几篇,都有散文的序,而此篇韵文部分,没有序中所写完备,似乎脱落了描写猿的一段。

⑭ 见《柳河东集·宥蝮蛇文》题下注引。

⑮ 见蒋注《柳河东集叙说》。

⑯ 见蒋注《柳河东集叙说》、《晋问》题下注引。

⑰ 见《囚山赋》。

⑱ 毛泽东同志《在延安文艺座谈会上的讲话》。

柳宗元的诗歌

——柳宗元在文学上的卓越成就之二

一

　　柳宗元在诗歌方面，不像他在辞赋方面不大为一般人所注意，而是被看作中唐名家之一，仅次于他在散文创作上的地位。但是他的诗歌的具体成就，究竟如何？从宋至今，论者虽多，却仍莫衷一是。从一般诗话中看：有些人把他和韩愈相比，有些人把他和韦应物并论，还有人拿他和王维、陈子昂相较；而评论的依据，有的是就地位言，有的是就风格论，有的是就某些具体作品看，见仁见智，各有不同。这里不想深究。这里只想借古今比较有代表性的说法或共同倾向的评论，来进一步探索柳诗的价值。

　　过去有不少人把柳宗元看作"陶派"诗人，或直称为"陶柳"，或把他和王维、孟浩然、储光羲、韦应物等并称为唐代的"陶派"诗人。他们说：

> 柳州诗不多，亦备众家体，惟学陶是其本性所好，独不可及也。[①]
>
> 柳诗学陶者便似陶。[②]
>
> 柳子厚诗在陶渊明下，韦苏州上；柳子厚晚年诗极似陶渊明。[③]

这些话说明柳宗元是自觉地学陶而逐渐成为"陶派"诗人。他们认为：

> 柳子厚发纤秾于简古，寄至味于淡泊……所贵乎枯淡者，谓其外枯而中膏，似淡而实美，渊明、子厚之流也。④
> 柳诗雄深简淡，迥拔流俗，至味自高，直揖陶、谢。⑤

这些话是从文字风格上、气味意境上，来论述柳与陶同趣。他们曾指出《首春逢耕者》、《田家三首》、《饮酒》、《读书》、《咏三良》、《咏荆轲》、《掩役夫张进骸》等篇，认为"差有渊明风味"或"绝有渊明风味"，或"逼真渊明"，或"渊明有咏，子厚拟之"。⑥

以上种种，似乎很足说明柳与陶的渊源，柳的价值也似乎就在于能与陶相比。实际上这类说法是不正确的。尽管我们承认柳诗有学陶渊明的痕迹，柳诗的字句、风格、意境有与陶相似之处，而且在过去未被人指出过的诗篇中也能找出不少例子。但是一则我们不能说柳只学陶而不学别人或主要学陶而少学别人；二则文学风格等等，不是决定文学作品的唯一标准或主要标准，思想内容和所反映的现实才是最主要的标准；三则柳诗中可以称为与陶相似的也只是少数，远不能代表全部；四则即使从内容到形式都与陶相似的作品，在实质上却还可能含有完全不同的因素。所以用空洞的、不加深究的"陶派诗人"一类头衔来定柳诗的价值，就会造成一种错觉，而不能真正认识柳诗。

过去还有另外一种说法，认为柳诗不是接近陶而是接近谢灵运。上举材料中，已有一条说："柳诗……直揖陶、谢。"已提出了谢，但还没有撇开陶，至于说：

> 子厚《初秋》篇"稍稍雨侵竹，翻翻鹊惊发"，语颇新巧，犹未失为沈谢。⑦

　　这就丢掉陶而拖出了沈约、谢朓。这说明有些人不同意"陶柳"这种看法，而认为柳与谢有相近之处。到胡小石、刘大杰等先生，则进一步肯定了柳与谢的关系，尤其是与"大谢"——谢灵运的关系。刘大杰先生曾明确地说：

　　　　"他（柳）的山水之作，非出于陶而颇近于大谢。其行文造句，时多刻画之痕，险峻之气。""全非写意，而在用力刻画其形貌。"⑧

　　这是从写作方法方面，具体指出柳与谢的渊源。我们如果从柳集中看《法华寺石门精舍》、《游朝阳岩遂登西亭》、《湘口馆潇湘二水所会》、《登蒲州石矶望横江口岛潭深回斜对香零山》、《南涧中题》、《游石角过小岭至长岛村》、《与崔策登西山》、《构法华寺西亭》等作，也会自然感觉到它的字句、风格等和二谢特别是大谢的相似之处。但是，问题在于：与谢相类的诗数量也并不多；同时，题材同，风格似，感情却又不一定相同；而似陶部分与似谢部分也显然有异。所以用似谢来代替似陶的说法，对评价柳诗，是没有什么新的意义的，仅可以从客观上说明柳诗不仅向陶学习也同样向谢学习，具有两家的不同特点而已。

　　以上所举各家之所以不能正确评价柳诗，主要是由于他们没有马克思主义，没有马克思义的文艺理论，因而他们不可能认识问题的本质，总不能全脱形式主义看问题的圈子，这就使他们的判断，受到很大的局限。新中国成立后，和其他社会科学一样，古典文学的研究已大为改观，对柳诗的看法，也有很大发展。特点是首先重视了思想内容，其次才注意艺术技巧。这可以说是评价柳诗的新的开始，而为我们进一步研究打下基础。如马茂元同志的《柳宗元的诗》⑨，陈友琴同志的《柳宗元的诗及其评价问题》⑩和其他新出文学史或有关柳宗元的专著，都是如此。

以马、陈二同志的文章为例：马同志的文章，首先举出柳诗中的"政治讽刺"诗，并历举《行路难》、《放鹧鸪词》、《跂乌词》、《笼鹰词》等篇目，说他们"表现了曲折隐蔽的战斗精神"。他说：

> 这类诗篇，形象之生动鲜明，笔锋之轻快活泼，创造性地发扬了我国古代神话中的现实主义精神和民歌的优良传统。

然后再论列了柳诗中"直接反映人民疾苦"、"少数民族生活"、"自然风景"、"个人牢骚抑郁和离乡去国的悲哀"等内容。茂元同志的文章显然和过去的不同，他没有把"自然风景"作为重点，而大力发掘了柳诗的广泛内容。陈同志的文章，也同样以思想内容为主，但重点却首先放在"游览山水诗"方面，说这类诗和柳宗元写的许多山水游记一样：

> 借文字以发泄他的牢骚不平之气。……他的思想感情很接近于屈原。

接着也论述了柳的"讽刺时事"和写"农村景象"的作品。这就等于说：即使"山水游览"的题材和陶谢等人相同，而思想内容却大有不同于陶谢的特点，何况柳诗还有别的重要内容呢！

以上可见马、陈二同志对柳诗的评价，已大大超过过去的看法，同时也逐渐接近了柳诗的实际。不过，他们的结论，还存在着不准确、不深入、不全面的缺点。因之，我们的任务，就是要在已有的基础上再前进一步。

二

我们对古代作家的作品，首先是看它的内容反映了些什么，反映了哪些社会现实，反映的深度、广度如何，有没有接触到现实的本质；作者是用怎样的态度来对待现实的，他代表着哪一个阶层，为哪些人说话，他对待人民的态度怎样，在历史发展上有没有进步作用等等，来分析它的思想性。尽管作家的作品千差万别，不能一概而论，但基本精神、主要倾向，终归是可以被掌握、被指出的。正因如此，所以我们对柳诗的研究，也首先从这方面着手。

　　现存的一百四十多首柳宗元的诗，其中最多的是抒情诗四十余首，约占三分之一，包括各个时期不同处境的不同情感的抒写；咏物诗二十余首，包括一些寓言诗在内；山水景物诗约二十首，包括与僧道赠答的诗；咏史三首和其他若干首。在这些作品中，思想性最强的，当然是写现实的部分。像《田家三首》，就是久已为人们所注意的名作。不过，旧时代所注意的，仅是"鸡鸣村巷白"、"里胥夜经过"一类字句，说它风味似陶而已 ⑪。现代人对它的评价虽已很高，但仍没有发掘出它的内蕴和它的时代特征。实际上这三首诗所写农民生活，角度不同，重点各异：第一首主要写农民的辛劳困苦。他们是"鸡鸣村巷白，夜色暮归田"，早起晚归，而劳动果实却"尽输助徭役"。唐代从实行两税法以后，本应没有别的额外剥削了，但事实却是徭役频繁，剥削惨重，"助徭役"正反映了这种现实。诗的末尾，诗人感叹地写道："子孙日已长，世世还复然！"概括了长期封建剥削下人民无法改变的生活状况。淡淡的两句话，也蕴藏着作者对人民的深厚同情。第二首除过先写了"蚕丝尽输税，机杼空倚壁"的另一种残酷剥削外，重点还在于写恶毒的鞭打对人民精神的严重威胁。作为统治阶级最下层的爪牙"里胥"，所到之处，人民就不得不"鸡黍事筵席"来殷勤招待。他没有直接掠夺，而只轻淡地、装好人地渲染一下交租慢一点就会遭到"鞭扑恣狼藉"的惩罚！诗的深度就在于写出了统治者的潜伏着的威力，威胁着善良的人民，使他们安心受剥削而丝毫不敢怠慢。这是长期镇压、积威难犯所造成的局势。这是元和时代社会还多少有几分安定，人民还企望着苟延残喘，不至于立刻铤而走险的情况下出现的现象。第三首重点写的是丰收中农民的心情。"今年幸少丰，无厌馕与粥？"——丰收了，但农民并不敢希望改善多少生活，而只想着：该能多吃几顿稠粥和稀粥吧？诗人写出老农们欢欣地说出这样可怜的愿望，就充分反映了他们常年生活是多么悲惨！三首诗，可以说是当时人民疾苦的很好的概括，既接触到当时社会的主要矛盾，也表现了作者对人民的充分同情。

柳宗元的政治讽刺诗，一般评论者也都注意到了，但评论得还很不全面，也还不够准确。他们有的只提出了《行路难三首》，而把几首寓言自写的作品也算在内 ⑫；有的仅提出了《古东门行》⑬，这就远不能说明柳诗在这方面的成就。实际上柳诗中除过摹仿 [1]《雅》、《颂》用四言体所写的《平淮夷雅》、《视民诗》和摹仿汉魏乐府写的《唐铙歌鼓吹曲十二篇》，虽写现实而目的在于歌颂统治集团的武功盛德，没有积极意义外；有意义、有价值的作品还不少。像《感遇二首》之一，一面指责统治者"徒嗟日沉湎，丸鼓骛奇音"，一面提出国家的危殆"危根一以振，齐斧来相寻"；中间则用"东海久摇荡，南风已骎骎"来影射藩镇之跋扈，用"众情嗜奸利，居货捐千金"来影射朝中群臣的包藏祸心、惟利是图，因而发出"谁念岁寒心"的忧叹。这便是诗人对元和初年政局曲折而忠实的反映。像《龟背戏》，写新出的一种赌博是"长安新技出宫掖，喧喧初遍王侯宅"，"修门象棋不复贵，魏宫妆奁世所弃"，如何风靡于宫廷贵族之间，然后进一步讽刺借赌博进身的人拿"瑞质耀奇文"的玩意儿，"愿持千岁寿吾君"——用歌颂语来博取皇帝欢心；最后表示了自己对这种情况的鄙夷。"庙堂巾笥非余慕"——像龟一样得到"庙堂巾笥"地位，那不是

---

[1]　编者注："摹仿"同"模仿"，下文同。为尽量保留原文早年面貌，故此。

我所羡慕的! 所写虽仅是一个具体问题，而所反映的则是统治阶级集团腐朽生活的一个侧面。至于像《行路难三首》，其一，指出了为追求理想而失败身死的人物反遭世俗讥笑的可悲现象；其二，指出了大批人才横遭摧残，以致无材可用的政治危机；其三，警告了那些利用政治黑暗而气焰暄赫的人，一朝环境改变了，必然走向毁灭的命运。三首诗，都是从不同角度上来反映政治现实的。

在这类诗中，《古东门行》自然也是一首比较突出的作品。这是用乐府古题来写当前现实的。两《唐书·宪宗纪》均载，元和十年（815）六月，盗杀宰相武元衡。而盗的主使者则是强藩王承宗，同时李师道也有此阴谋尚未得便。柳宗元此诗即为此而作。原来武元衡虽未参加王叔文、柳宗元等的政治改革集团，甚至和刘禹锡有过小意见，但他当政后，却有不少行动与王、柳等人的政见相同，对藩镇的不妥协即其一端，也因而遭到暗杀。柳宗元在诗中一面对朝廷上下严加谴责，一面对武元衡深致哀悼。他指责"侥巡司隶眠如羊"，"当街一叱百吏走"，因而使得"凶徒侧耳潜惬心"；他指责"悍臣破胆皆杜口"——没有胆说话，"魏王卧内藏兵符"——君主也不肯讨贼；他用汉朝号称"忠直"因奏淮南王反而被杀的冯敬和春秋楚国被白公所杀的子西来比，说"冯敬胸中函匕首"，"子西掩袂真无辜"，而沉痛地喊出"绝咽断骨那可补[14]，万金宠赠不如土"。在这诗中诗人的爱憎十分分明，他支持的是正直、有远见、敢于斗争、为国家安全而牺牲的、有进步性的人物，反对的是懦弱退缩、苟安旦夕、不敢斗争、向恶势力妥协的腐朽统治集团。这首诗不但大胆地写出真实，而且表达了出身于中小地主的进步阶层的共同看法。当时白居易不就因为越职言武元衡被刺事而受到贬谪的打击吗？

此外，像《南省转牒欲具江国图令尽通风俗故事》，讽刺执政者不切实际地要求"尽通"少数民族地区"风俗"，作"江国图"来粉饰"圣代"的太平，指出"椎髻老人难借问，黄茆深峒敢留连"。因为在唐王朝大汉族主义的统治下，民族关系恶劣，要了解他们根本不可能，所以倒不如到《周书·王会篇》去找现成材料好呢！像《韦道安》表扬侠义人物，《戏题石门长老东轩》讽刺出世寄生生活等，都有一定意义。

从上可见：柳诗直接反映的社会现实已相当深广，和他的散文相同，有很高的思想性。当然作者所代表的只是统治阶级内有进步性的中下阶层，对封建政权仍采取维护态度，特别在《闻籍田有感》和《掩役夫张进骸》二首中表现得明显。前者因听说宪宗皇帝要举行"籍田"仪式，而自己不得参与，引为遗憾；后者虽表扬了役夫的辛勤劳动，但却从同情中保留着等级观点，说明他所受时代与阶级的局限，限制了作品的思想意义。

三

在柳诗中，抒情部分无疑也有不少思想性较强的作品，而这类诗的总特点则是：写牢骚、抑郁、愤慨不平的篇什和他的骚赋同趣；写羁旅去国怀乡之情的，乃由政治遭遇所产生而与一般羁旅穷愁不同；写闲适怡乐的，却又隐藏着深沉的苦痛。这些诗，一方面是他所处具体环境在思想感情中的反映，一方面也就通过他对思想感情的表达，而反映了当时社会的一部分现实。试读：

"理世固轻士，弃捐湘之湄！""凄惨日相视，离忧坐自滋。"

——《零陵赠李卿元侍御简吴武陵》

愤慨朝廷的"轻士"，心情十分"凄惨"。试读：

"还如渡辽水，更似谪长沙。""沉埋全死地，流落半生涯！""守道甘长绝，明心欲自劚！"

——《同刘廿八院长述旧言怀》

拿过去贤者被谪相比，而处境更惨！为了"守道"，甘心受苦，为了明心，真想自杀！试读：

> 少时陈力希公侯，许国不复为身谋。风波一跌逝万里，壮心瓦解空缧囚！
>
> ——《冉溪》

以身"许国"而竟遭囚系！像这样的诗句，逐处都是，而诗人所处环境之黑暗、险恶，即可想见了。蔡宽夫说："子厚之贬，其忧悲憔悴之叹，发于诗者，特为酸楚。"⑮实际上岂止"酸楚"而已！

其所以如此，不是别的原因，而是"孤生易为感，失路少所宜"（《南涧中题》），孤独，失路——看不到前途所致。因此，我们仍可以看出诗里边所含的诗人痛苦遭遇的影子。柳诗中写另一种感情的，像：

> 宿云散州渚，晓日明村坞。高树临清池，风惊夜来雨。予心适无事，偶此成宾主。
>
> ——《雨后晓行独至愚溪北池》

似乎很闲适，与陶诗相近，但这只是偶然的表面的现象，而本质的、经常的则是"岁暮惊离索"（《郊居岁暮》）、"寂寞将何言"（《中夜起望西园值月》）一类孤独、苦闷之感。这就说明了他和陶的根本不同之处。

柳宗元的山水景物诗，是历来被人重视的一部分。但它的特点，却不仅在于写山水景物而更在于通过山水景物抒发了他深挚的感情。不只像苏轼评《南涧中题》所说"忧中有乐，乐中有忧"，而是忧是主导，乐是排遣。他说：

谪弃殊隐沦，登陟非远郊。所怀缓伊郁，讵欲肩夷巢！

——《游朝阳岩遂登西亭》

可见他所以纵情山水，绝不同于隐士，而是为缓和抑郁，他绝不想并肩伯夷巢父。他是"隐忧倦永夜"，才"凌雾临江津"（《登蒲州石矶》）的，他是"窜身楚南极"，才"山水穷险艰"（《构法华寺西亭》）的。所以他因"投迹山水地"，就"放情咏《离骚》"（《游南亭夜还叙志》）了。陈友琴同志说"柳的山水诗是为了'发泄他的牢骚不平之气'"，是不错的。不过，也不应忽视他对山水的爱好和欣赏的一面。所以就山水景物诗来看：柳宗元不同于真能淡泊的陶渊明，也不同于有田园可赏的孟浩然、储光羲，还不同于又官又隐的王维、韦应物，而形成自己独具特色的诗。这类诗中，也夹有消沉、不健康、自我麻醉的因素。这是地主阶级知识分子找不到出路时软弱的表现，应该批判。但柳宗元终归是积极入世的，所以即使失意，也不学导引，不学道（见《种仙灵毗》、《种术》），不出世（见《浩初上人见贻绝句》），只要一有机会可能用世时，便唱着"采真诚眷恋，许国无淹留"（《界围岩水帘》）了！

柳宗元的咏物诗，也不是单纯咏物的，除几首公认为寓言诗外，多半都是借物寓意。《跂乌词》、《笼鹰词》、《放鹧鸪词》等三首寓言诗中所写"还顾泥涂备蝼蚁，仰看栋梁防燕雀"的"乌"、"一夕十顾惊且伤"的"鹰"和希望"鹧鸪"得到"破笼展翅"的自由的心情，都是显明地以物自喻，表现了在恶劣环境中的危惧和愿望。也许由于疏忽吧，马茂元同志竟把这几首诗放在"政治讽刺"诗中，而且说它"发扬了我国古代神话中的现实主义精神"云云，那是很奇怪的。除三首寓言以外的咏物诗，像《南中荣橘柚》、《湘岸移木芙蓉》、《红蕉》、《酬贾鹏山人郡内新栽松寓兴见赠二首》、《感遇二首》之二，都有把所咏之物拟人化的倾向，以物的品德比人的品德，以表现个人的兴趣，具有寓言性质。这就与出现于晚唐的以咏物为游戏的作品完全不同了。

柳宗元写边地风习的诗，同样很少从异地风光着眼，而是从忧生之感进而产生对边远人民的同情。所以他既写了"林邑东回山似戟，牂牁南下水如汤"（《得卢衡州书因以诗寄》），"崩云下漓水，劈箭上浔江"（《答刘连州邦字》）等奇山异水惊险非常的景物；还写了"青箬裹盐归峒客，绿荷包饭趁虚人。鹅毛御腊缝山罽，鸡骨占年拜水神"（《柳州峒氓》）的少数民族的人民。而更重要的是，诗人为了便于处理少数民族人民的问题，愿意深入到他们中去："愁向公庭问重译，欲投章甫作文身！"（《柳州峒氓》）他积极地想处理讼狱，而苦恼于语言不通要辗转翻译，因而想丢掉中原的衣冠，断发文身地夷人化。

这和他初到柳州时，即投身于安定社会秩序的斗争是一致的，也和他在柳州任内平反冤狱、解放奴隶等行动是一致的。所以柳宗元写边地风习的诗，不同于一般写异地风光，而体现了他对人民的深切关注。

至于仅有三首的咏史诗，对史事做了较正确的评价，表现了他的进步观点。而数量较多的酬赠诗，虽有不少抒情自叙成分，但无意义的应酬也不在少数，需要分别对待。

总之，柳诗一百多首中，思想性强的占比重相当大。这是由他的"文之用，辞令褒贬，导扬讽谕而已"[16]的进步文学观点所决定的。我们应予以全面地估价。

四

对古代文学作品的艺术技巧的探索，应看他吸取了前人的地方，更应看他发展了前人的地方，也就是看达到那些前人没有达到的境界；应该看他如何根据内容需要而进行艺术创造，如何具体形象地加强了作品的表现力与感染力；应该看他如何精练而生动地发挥语言的艺术作用；看他如何在创作上提供了新的经验等等。

柳宗元的诗歌的艺术性，就其继承前人来说，他是广泛学习、多方面吸取，而又自具特色的。他学"雅颂"、学"乐府"、学"陶"、学"谢"、学鲍照、学陈子昂以至学杜甫，都有迹象可寻。在一般柳诗注本中，多已被注者所指出，不必赘述。这里只就可以称为柳诗特色的，可以作为他的艺术创造的，来谈他的艺术成就。

柳诗的特色之一，就是用朴素平淡的语言，来写自己的心境与感受。像：

> 觉闻寒露坠，开户临西园。寒月上东岭，泠泠疏竹根。
> 石泉远逾响，山鸟时一喧。倚楹遂至旦，寂寞将何言！
> ——《中夜起望西园值月上》

境，那样静！心，那样寂寞！深夜不寐，直到天明，苦痛可知。写得那样平淡、朴素，却能使读者充分体会到作者的内心深处。这类诗，不借助任何华词丽句，不借助细致描写，而只淡淡地把个人在具体处境中的体味写出来，有情有境，富于言外之意。这就是过去人称之为似陶而实际上不为陶所限的一种艺术造诣。

柳诗的另一特色，则是用工致的笔触，精细地刻画景物以至人情世态。像：

> 远岫攒众顶，澄江抱清湾。
> ——《构法华寺西亭》

> 澄潭涌沉鸥，半壁跳悬猱。
> ——《游南亭夜还叙志》

写山水景物而用"攒"、"抱"、"涌沉"、"跳悬"一类词，都是极尽刻画之能事的。至于：

> 贮愁听夜雨，隔泊数残葩。
> 枭族音常聒，豺群喙竞呀。
> ……
> 耳静烦喧蚁，魂惊怯怒蛙。
> ——《同刘二十八院长述旧言怀》

环境、心情，都刻画得深而且细。这种艺术手法，既大量用之于刻画山容水态，使人有近似谢灵运的感觉；同时也用之于生活情态，使它成为为写作意图服务的常用技巧。特别在他所写的长篇山水诗和五言排律两类作品中使用得最多。

柳诗的艺术，可以称之为独特成就的，应该是比兴和寓言的运用。这是他在辞赋中尤其是散文中，使用得很好的一种写法，在诗内也用得相当好。譬如他用"铩羽集枯干，低昂互鸣悲"(《零陵赠李卿元侍御简吴武陵》)来写他和他的朋友的遭遇；而"海畔尖山似剑铓"(《与浩初上人同看山》)用"剑铓"来比"尖山"，又暗伏着下句"割肠"的苦痛；用"衡岳新摧天柱峰"(《哭吕衡州》)来哭好友之死；而"摇心剧悬旌"(《游石角过小岭》)用"悬旌"来比心摇，说明心情的危惧，都是用比兴方法，形象鲜明，加深了对读者的感染。而《高山路有孤松》、《酬贾鹏山人郡内新栽松》第二首，则是用松来写人，已属寓言性质。《行路难》第一首"夸父"与"狰人"的对比，第二首林木的被毁，都是很好的寓言。而《跂乌词》、《笼鹰词》、《放鹧鸪词》中的"乌"、"鹰"、"鹧鸪"，更写得形象生动，既合乎动物的习性，又赋予了人的感情；《感遇》第二首中"鸳斯"，也是如此。这是对抒情咏物诗创造性的发展。

　　柳宗元没有全力来写诗，因而他的诗没有塑造出像杜甫、白居易所塑造的大量艺术形象。但在一部分作品中，也仍有很好的成就。除过他的抒情诗都有一个鲜明的"我"外，像《田家》里的"里胥"，《韦道安》中的"韦道安"，以及《渔父》中的"渔父"，都是十分生动的形象。这些诗篇也都是柳诗艺术的最高造诣。与此相类的还有《江雪》，也是被后人称为绝唱的名作。

　　柳宗元的长律诗中，有些和元白"千字律"一样，有意难中见巧；和韩愈一样，有有意用险韵怪字的倾向，这是形式主义的表现，应该予以批判。过去有些人同样予以称道，那是不对的。

1963 年 4 月

注释：

①《柳河东集》蒋注本，《叙说》引韩驹语。

②《柳河东集》蒋注本，《叙说》引朱熹语。

③ 同上引苏轼语，亦见《苕溪渔隐丛话》卷十九。

④ 同上。

⑤ 同上，引蔡绦语，亦见《唐音癸签》卷上。

⑥ 见各诗题下注。

⑦ 见蒋注《南涧中题》题下引刘履语。

⑧《中国文学发展史》1947年本，338页。

⑨《光明日报·文学遗产》，249期。

⑩ 同上，381期。

⑪ 蒋注《田家三首》题下引曾吉甫语。

⑫《光明日报·文学遗产》，249期。

⑬ 同上，381期。

⑭ 咽，蒋本作曘，从别本；可，蒋本作下，从别本。

⑮ 见《苕溪渔隐丛话》卷十九，《诗人玉屑》卷十二。

⑯《杨评事文集后序》。

柳宗元的文论

——柳宗元在文学上的卓越成就之三

作为中唐古文运动的主将之一的柳宗元，由于他和韩愈一起领导了古文运动，完成了文体改革，他的文论一般总是和韩愈相提并论的，而且他们的论点，一般也认为是基本一致的。韩愈论文有"志道"、"好道"的言论①，柳宗元论文也有"明道"、"翼道"的言论②；韩愈文、道并重，柳宗元也文、道并重；韩愈学文的最高标准是儒家经典，柳宗元学文的最高标准也是儒家经典等等，在在都可以说明他们的一致性。这当然是由于他们都出身于中小地主阶层，都曾受儒家教养，都受着当时儒学复古潮流的影响所致③。但这绝不等于说韩柳二人的文论没有什么区别，而值得注意的，正是他们的区别还相当大。韩愈在走入仕途之后的政治路线和他对儒家道统继承者的地位的追求，使他的思想倾向于唯心保守，顽固而靠拢大地主集团，并成为大地主集团利益的维护者和代言人。从《原道》、《原性》、《原鬼》、《对禹问》等文中，就能得到具体说明。而柳宗元一开始就投身于进步的政治斗争，失败后又长期过着被排斥、被压抑的抑郁生活，和人民距离较近，因之，无神论、唯物主义在他的思想中就占着主导地位，他代表了中小地主的进步要求，还在一定程度上代表了广大人民的利益。《封建论》、《贞符》、《天说》、《答元饶州论政理书》等可做代表。韩柳二人在思想意识上有这样本质的不同，那就不可避免地要表现在他们的文论中。这里，不预备把韩柳二人的文论做比较研究，而韩愈在文论上的成就、贡献和缺点，也不是三言两语所能解决的；这里只是为了说明柳宗元的文论的特点，因而只就韩愈文论中与柳宗元有关的诸点，拿来做一些比照而已。

一

柳宗元文中首先应该探讨的，当然是关于"道"的问题。他说：

> 始吾幼且少，为文章以辞为工。及长，乃知文章以明道，是固不苟为炳炳烺烺，务彩色、夸声音而以为能也。
> ——《答韦中立论师道书》（《柳河东集》卷三十四）

显然"道"是首要的，"彩色"、"声音"是次要的，而作文的目的，首先是"明道"。

> 圣人之言，期以明道，学者务求诸道而遗其辞……道假辞而明，辞假书而传，要之，之道而已耳。
> ——《报崔黯秀才书》（《柳河东集》卷三十四）

学文首先是学"道"，"辞"是"道"的工具。他在《答韦中立论师道书》中，叙述了自己严肃的写作态度后说"此吾所以羽翼夫道也"。——严肃的写作实践，就是为了"翼道"。

根据这些，可知柳宗元文论中"道"是第一位，"文"或"辞"是第二位；也可以说内容是第一位，形式是第二位。这是正确的。但柳宗元文论的进步性，不仅表现在这里，他和韩愈的不同处，也不在这里。同样重视"道"，重视内容，而"道"的内涵即内容所指的是什么，才是决定其进步与落后的关键。韩愈所重的"道"，是他所谓的"尧舜禹汤文武周公孔孟之道"，也就是以封建等级制为核心、以封建伦理为信条的"道"，而柳宗元所重的"道"，虽也谈"尧舜"、"孔子"，而其实质则是面向现实的"理道"；韩愈用古"道"衡量现实，柳宗元则从现实出发来阐明"道"。故韩愈的论点用在文学上，倾向于复古主义；柳宗元的论点用在文学上，则倾向于现实主义。

柳宗元自谓："仆士人，颇识古今理道。"（《与李翰林建书》）而所谓"理道"，就是能"施乎事"的治世之道。没有机会"施乎事"，才拿它"立言垂文"④。所以柳宗元谈"道"，从来不是抽象的、孤立的，而总是和现实联系起来（尽管他所谓"道"，仍不出封建阶级范围）。他一则说："以《诗》、《礼》、《春秋》之道，施于事，及于物"（《送徐从事北游序》），再则说："意欲施之事实，以辅时及物为道"（《答吴武陵论非国语书》），三则说："以尧舜孔子所传者，就其道，施于物，斯已矣"（《与杨晦之第二书》），"道之及，及乎物而已耳"（《报崔黯秀才书》），所以说："道之行，物得其利"（《与萧翰林俛书》）。因此，柳宗元所谓"文以明道"，就是说文学是为了阐明或宣传"施事"、"及物"、"辅时"——有补于社会现实的"道"。所以他在给杨晦之的信中举伊尹、管仲作为"及物"、"行道"的标准，而认为不从这方面谈问题，那么"学古道、为古辞"，就是毫无意义的。基于此，才能理解他所说"文以行为本"（《报袁君陈秀才避师名书》），"文章，士之末也"（《与杨京兆凭书》）的意义。这里，我们应该指出：柳宗元一贯有重视事功，轻视文学——也就是对文学作用认识不足的看法，但这也正足以说明他的文学观点之所以始终与现实结合的原因。

二

"文章合为时而著，歌诗合为事而作"，是白居易在《与元九书》中提出的著名论点，而与之同时，在文坛上活动较早的柳宗元，却也有与此完全一致的言论。从上所举，已可见其端倪。下边再进一步做具体考察，由于柳宗元是文行一致论者，"行"在用世，而"文"也以用世为标准。他读了韩愈《毛颖传》后题词说：

> 世人之笑之（《毛颖传》）也，不以其俳乎？而俳，又非圣人之所弃者。《诗》曰："善戏谑兮，不为虐兮！"太史公有《滑稽列传》，皆取乎有益于世者也。
>
> 韩子穷古书好斯文，嘉颖之能尽其意，故奋而为之传，以发其郁积。而学者得之励，其有益于世欤！
>
> ——《读韩愈所著〈毛颖传〉后题》（《集》卷二十一）

他如此重视"有益于世"，一再强调，反对一般不重视现实作用而只从文体上嘲笑的态度。他对杨晦之说，你如果认为圣人不能学，那他"又何以作言语、立道理，千百年天下传道之？是皆无益于世；独遗好事者藻缋文字以矜世取誉"（《与杨晦之第二书》）。可见柳宗元认为"圣人"的"言语"、"道理"，也是为了"用"，为了"有益于世"。

但是"文"、"行"究竟不是一回事，"文"怎样用世呢？他说：

> 文之用，辞令褒贬，导扬讽谕而已。
>
> 文有二道：辞令褒贬，本乎著述者也；导扬讽谕，本乎比兴者也。
>
> ——《杨评事文集后序》（《集》卷二十一）

这是说"文"是通过"辞令褒贬"、"导扬讽谕"来对现实起作用的；而且他所说的"文"，包括散文——"著述"和韵文——"比兴"两部分。也就是说：散文要通过好的辞令来"褒"善"贬"恶；韵文则既有称赞的"导扬"，又有"讽"刺教"谕"。所以二者都为了"用"。这种文学为现实服务的论调,韩愈是不明确的,而与上举白居易的论点,完全一致。白居易的文论虽也提到"文章"、"诗歌"两方面,而侧重诗歌。柳宗元的文论,则侧重于散文而亦兼及诗歌。柳宗元在《答贡士沈起书》中曾表示对当时诗风的深切感叹道:"嗟乎!仆尝病兴寄之作埋郁于世,辞有枝叶,荡而成风,益用慨然!"这种强调"兴寄",反对"辞有枝叶",和白居易的提倡"风雅比兴",反对"嘲风月,弄花草"也完全一致。他们共同代表着当时文学运动的进步倾向。

三

柳宗元文论中另一个值得探讨的问题,是他对于"文"、"辞"的看法。柳宗元和韩愈都有重"道"轻"文",也就是"文"从属于"道"的言论。这种内容重于形式的观点,二人一致;而内容的实质,两人却大有不同,已如上述。那么他们对被他们一致放在次要位置上的"文"、"辞",即形式问题,是否看法一致呢?答案是:不全一致。而这不一致之处,也正是柳宗元较进步的文论中重要组成部分。他们一致的是"道"虽重要而"文"也不能忽视。韩愈说:"愈之志在古道,又甚好其辞。"(《答陈生书》)"若圣人之道,不用文则已,用则必尚其能者。"(《答刘正夫书》)可见韩之如何重"辞"重"文"。而且实质上他的文论贡献也主要在于作文方法的探讨上。柳宗元说:

　　　文章,士之末也,然立言存乎其中。
　　　　　　　　　　　　　　　　　　——《与杨京兆凭书》

这是对文章的重视。又说:

　　　辅时及物之道,不可陈于今,则宜垂于后。言而不文,则泥。然则文者固不可少也。

——《答吴武陵论非国语书》

这里也明确指出"文"、"辞"的重要。他在《非国语后序》中，也感慨地说："吾今乃知文之可以行于远也！"用"行远"来说明"文"的作用，已接近了用感染力来说明形式技巧的作用了。他又曾说：

> 虽其言鄙野，足以备于用；然而阙其文采，固不足以竦动时听夸示后学。立言而朽，君子不由也。

——《杨评事文集后序》

本来"备于用"，是柳宗元文论的根本问题，可是他认为没有"文采"，就不能感染当时，影响后世，想要使"立言"、"不朽"，就办不到。"竦动时听"云云，正指的是感染力，较韩所言，已进了一步。重要的是韩在重"道"不轻"文"的口号下，实际上却转上了特别注意于"文"，因而在谈"文从字顺"的同时，却大赞樊宗师极端怪僻不可句读的所谓"词必己出"的文，而他自己也曾以"怪怪奇奇"自喻⑤（虽然他为文大半并不如此）。这就和他重内容的言论相悖，而走上新的形式主义。柳宗元则不然。柳在《与杨晦之第二书》中，曾反对"无益于世"而"独遗好事者藻缋文字，以矜世取誉"。在《答吴武陵论非国语书》中，更明确地指出：

> 夫为一书，务富文采，不顾事实，而益之以诬怪，张之以阔诞，以炳然诱后生而终之以僻，是犹用文锦复陷阱也。

可见他一方面重视"文采"来提高文章的宣传效果，但是一面却反对"务富文采"以至于"怪"、"僻",认为这样为害更大。显然这一点与韩愈不同。他在另一处说：

> 为文之士，亦多渔猎前作，戕贼文史，抉其意，抽其华，置齿牙间。遇事蜂起，金声玉耀，诳聋瞽之人，徼一时之声，虽终沦弃，而夺朱乱雅，为害已甚。
>
> ——《与友人论为文书》

文义与上引相发。所以，韩愈用"志道"等口号，反对了六朝的形式主义，但在论创作方法上，又走上了新的形式主义。柳宗元则反对一切形式主义，重"文"正所以"明道"、"翼道"，重形式正所以加强对内容的宣传力。二者是辩证的统一，没有韩愈文论中存在的矛盾。尽管柳宗元所谓的"文采"或"文"、"辞"，不能等同于现代的"艺术性"，不可能有现代所谓"艺术性"的丰富内涵；尽管他没有也不可能有现代的文学概念，而他的以上论点，却无疑是较为正确，是他从现实生活、现实斗争和创作实践中体味到的，倾向于现实主义的，是当时最进步的文艺思想，推进了文论和文学的发展。

四

韩愈在谈创作方面，有所谓"不平则鸣"和"穷苦易好"的论点[6]，较为进步；柳宗元没有这样提，但却有完整的说明创作动力的论点。他说：

> 君子遭世之理，则呻呼踊跃以求知于世，而遁隐之志息焉。于是感激愤悱，思奋其志略以效于当世，以形于文字，伸于歌咏，是有其具而未得行其道者之为之也。
>
> ——《娄二十四秀才花下对酒唱和诗序》

这里把"感激愤悱"作为诗文创作的动力，近于"不平则鸣"；但他所指的是"思奋其志略，以效于当世"的积极用世的"志士"，而不全同于个人"穷困"一类的"不平"。因此，在这种动力下写出的文章，自然以"辅时及物"为内容，而不限于"叹老嗟卑"一类。"穷苦易好"的作品，可以间接反映现实；而"思效当世"的作品，则可以直接作用于现实。"思效当世"的具体内容，他虽然没有列举，但可以拿他《送邠宁独孤书记赴辟命序》作为例证。《序》中谈到在"犬戎陷河右，逼西鄙，积兵备虞，县道告劳"的形势下，假如独孤书记"曳裾戎幕之下，专弄文墨，为壮夫捧腹"，这是："甚未可也！"该怎样呢？应该利用"章奏"为"天子论列熟计"——充分令朝廷了解形势；应该"赋从军之乐"来鼓舞士气；应该用"移书"、"谕告"沦陷区被"劫胁"的群众；或者用司马相如的"谕蜀之书"和平解决；或者用班固"燕然之文"来歌颂武功胜利。这才是："真可慕也！"显然，这就是"效于当世"，也就是用文学具体地为现实服务之一例。所以"志士"们的"感激愤悱"，是由于对社会现实的了解和关怀，有时也由于他们自己的遭遇和人民的苦难相一致，因而把感情和用世联系起来。这一点，柳宗元有更深刻的理解。他说：

> 吾观古豪贤士，能知生人艰饥羸寒、蒙难抵暴、摔抑无告以呼而怜者，皆饱穷厄，恒孤危，诡诡怦怦，东西南北无所归，然后至于此也。
>
> ——《送表弟吕让将仕进序》

这里已接触到环境生活对人们感情的变化所起的决定性作用，而对社会人生的深入了解，才是"感激愤悱"的根源。而这，也才能作出为现实服务的作品。长期封建社会中，从屈原、司马迁到李白、杜甫所有进步作家，都是这样了解现实、反映现实、批判现实的。所以柳宗元的"感激愤悱"论、司马迁的"发愤著书"说和韩愈的"不平则鸣"说相通，而更为充实具体。

柳宗元基于以上的观点，所以在谈到自己的创作时，首要的也是益世，其次才是抒情，而二者也往往结合在一起。他说他作《非国语》就是因为：

> 余惧世之学者，溺其文采而沦于是非，本诸理，作《非国语》。
>
> ——《非国语序》（《集》卷四十四）

> 尝读《国语》，病其文胜而言庞，好诡以反伦，其道舛递，而学者以其文也，咸嗜悦焉。……余勇不自制，以当时之诇怒，辄黜其不臧，救世之谬，凡为六十七篇。
>
> ——《与吕道州温论非国语书》（《集》卷三十一）

他要用他的文章来补救《国语》所起的坏影响，来反对当时读《国语》者重文采轻内容的错误倾向。这是干预现实的态度，正如他所说有"激乎中"而发的。今《柳集》中大量反映现实、讽刺或批判现实的作品，也都是对世事有所"激愤"而写成的。他的《捕蛇者说》是有鉴于"赋敛之毒"，"甚于是蛇"，"故为之说"；《哀溺文》则是由于"惟大氓之忧"；《三戒》则是"恶世之人不推己之本，而乘物以逞"；《辨伏神文》也是"书而为词"，"愿瘳来者"；《褐说》也是"悲""诞漫之说胜，而名实之事丧"；于《韦道安诗》则说："我歌非悼死，所悼时世情"；于《梁丘据赞》则说："激赞梁丘，心焉孔瘁"；于《师友箴》则说："既以儆己，又以诫人"，等等，可以充分说明。当然柳宗元也还谈到用文章抒发个人的"不平"之"鸣"的一面。他说：

> 宗元无异能，独好为文章，……今者畏罪悔咎，伏匿惴
> 慄，犹未能去之，时时举首长吟哀歌，舒泄幽郁。
>
> ——《上李中丞献所著文启》（《集》卷三十六）

"幽郁"之中，当然也可包括他站在他的阶级立场上对社会现实的感慨。但重点却在"舒泄"。所以在《哭连州凌员外司马》中说："我歌诚自痛，非独为君悲！"因"自痛"而歌，自然会真挚感人。他在《对贺者》文中说："长歌之哀，过乎痛哭"，这是由感情谈创作，又接触到创作对感情的深化、激化作用了。总之，柳宗元谈创作的动力问题，既植根于现实，又激发于感情，较之"不平则鸣"是更为完整的。

五

柳宗元文论中应该探讨的还有继承与革新的问题。韩愈论文强调所谓"非三代两汉之书不敢观"，而所学习的范围，也上自《书》、《春秋》、《左氏》、《易》、《诗》，下至《庄》、《骚》、司马相如、扬雄的作品⑦，同时又强调"师其意，不师其辞"，"辞必己出"，"能自树立"⑧。这是韩愈文论的真正核心。柳宗元则在"文以行为本，在先诚其中"的原则下，来谈继承：

> 其外者当先读《六经》，次《论语》、孟轲书，皆经言；
> 《左氏》、《国语》、庄周、屈原之辞，稍采取之；榖梁子、太
> 史公甚峻洁，可出入。
>
> ——《报袁君陈秀才避师名书》

有选择、有先后地学习古人著述，提高写作能力。他又曾谈到：

本之《书》以求其质，本之《诗》以求其恒，本之《礼》以求其宜，本之《春秋》以求其断，本之《易》以求其动，此吾所以取道之原也。

——《答韦中立论师道书》

这是就各书特点，从意义上继承它。然后：

参之《穀氏》以厉其气，参之《孟》、《荀》以畅其支，参之《老》、《庄》以肆其端，参之《国语》以博其趣，参之《离骚》以致其幽，参之《太史》以著其洁，此吾所以旁推交通而以之为文也。

——《答韦中立论师道书》

这是就各书的特点，从写作方面继承它。所举书以先秦为主，与韩愈同。但就文来说，他还很重视汉代。他说：

文之近古而尤壮丽者，莫若汉之西京。……殷周之前，其文简而野，魏晋以降，则荡而靡。得其中者汉氏。

——《柳宗直两汉文类序》（《集》卷二十一）

从这种"本之三代，洎于汉氏"的言论中，可见他对遗产是既较广泛地做了审查，又有区别地予以评价，而后才谈吸取的。由于柳宗元一贯从实际出发，主张形式为内容服务，所以他之学古，绝不为文采所迷惑，在和他的朋友吕温等论《非国语》时屡次谈到。同时，他反对剽袭——"渔猎前作，戕贼文史"（《与友人论为文书》）。他评论杨晦之"文章极正，其辞奥雅……"，但用《庄子》、《国语》文字太多，反累正气（《与杨晦之第二书》）。因之，他的学古，只是为了通过对遗产的熟悉，既吸取它有益的内容，也掌握它的写作方法，为自己创造性写作打基础，而创作则绝不受此拘束。所以他说：

> 吾虽少为文，不能自雕斫，引笔行墨，快意累累，意尽便止，亦何所师法！
>
> ——《复杜温夫书》

这是说在创作时，行止自如，根本用不上摹拟地"师法"前人。这正是善于学古、融会贯通所达到的境界。似易而实难，所以他又说：

> 吾每为文章，未尝敢以轻心掉之，惧其剽而不留也；未尝敢以怠心易之，惧其弛而不严也；未尝敢以昏气出之，惧其昧没而杂也；未尝敢以矜气作之，惧其偃蹇而骄也。
>
> ——《答韦中立论师道书》

何等严肃认真！何等难于下笔！接着他还谈到怎样"抑之"、"扬之"、"疏之"、"廉之"、"微而发之"、"固而存之"等工夫，真是创造性的劳动！这样，他就从善于学古达到了善于革新。这和韩愈自述"惟陈言之务去"，似同而实异。因为韩太重"言"了！而韩愈创作时从"戛戛其难"到"然来"、"浩乎其沛然"⑨的境界，则与柳颇有共同之处。不过柳到此便止，没有像韩那样再走上"怪奇"的道路，没有走向形式主义。

柳宗元没有在文字上求"怪奇"，并不等于他不注意或不太注意文字的革新。相反，他是以描写的客观事物为准，而惨淡经营，以求准确地具体地反映对象的。当他接受裴中立的委托写《訾家洲记》时，他是：

> 伏受严命，不敢固让，退自揣度，惕然汗流。累奉游
> 宴，窃观物象，涉旬模拟，不得万一；窃复详忖，进退
> 若坠。
>
> ——《上裴中立中丞撰晋家洲亭记启》（《集》卷三十六）

古今公认柳宗元的游记文写得好，而其所以好，却由于他"观物象"的功夫深，为写一篇记，竟至于以自然为范本而成十天地来"模拟"它，还要进一步做艺术思维——"详忖"！这才是真正的创作！而柳宗元在散文上的革新，显然已不限于文学或文体的革新。虽然他没有把这种实践中的新体会提高为完整的创作理论，但在那时代已是值得珍视的创作经验的介绍了。

六

综上所述，柳宗元文论中："道"是首要的，"文"是次要的论点；"道"所指的是"理道"——即治世之道的论点；"文章"必须"有益于世"的论点；"文"通过"辞令褒贬，导扬讽谕"来对现实发生作用的论点；"文采"的重要性不容忽视但又反对"务富文采，不顾事实"的论点；"感激愤悱，思效当世"是创作动力的论点；身历"穷厄"才能了解"人生"的论点和面向现实的创作态度；广泛学习遗产却绝不为"文采"所迷惑的论点；不要"雕斫"而须严肃认真地进行创作的论点；观察"物象"而后进行描写的论点等等，有些和韩愈相同或相近，有些和韩愈不同，有些为柳宗元所独具。而其总的进步倾向，则和他所代表的中小地主阶级较进步的思想意识和较进步的政治斗争分不开。作为斗争一翼的文学，作为推动文学的文论，柳宗元都起了积极的作用。至于封建地主阶级在他思想上以至文论上所打下的阶级烙印，那是不可避免的，只是要在借鉴中善于抉择而已。

此外，柳宗元还有像论作史，不怕"刑祸"，唯怕"不直"

（《与韩愈论史官书》）；论科举对文学的影响，"唯其所尚，文学移而从之"（《送崔子符罢举诗序》）；以至论作文要"志于道"，"勿怪、勿杂、勿务速显"，"源而流者，岁旱不涸，蓄谷者不病凶年"（《报袁君陈秀才避师名书》）——重视修养积蓄等论点，也都有一定意义，这里不一一论列了。

1964 年春

注释：

　①《韩集·答陈生书》"愈之志在古道"；《答陈秀才书》"愈之所志于古者，不独其辞之好，好其道焉尔"。

　②《报崔黯秀才论为文书》和《答韦中立论师道书》。引见下文。

　③ 学复古运动，是天宝之乱以后，地主阶级欲挽救其濒于崩溃的命运，而想重兴儒学来巩固统治的一种思潮，在文学上则表现为古文运动。

　④ 大意见《与吕道州温论非国语书》。

　⑤ 见《韩集·南阳樊绍述墓志铭》和《送穷文》。

　⑥ 见《韩集·送孟东野序》和《荆潭唱和诗序》。

　⑦ 见《韩集·答李翊书》和《进学解》。

　⑧ 见《韩集·答刘正夫书》和《韩集·南阳樊绍述墓志铭》。

　⑨ 见《韩集·答李翊书》。

"古文运动"与"唐宋八大家"

在中国汉语文学史上，有两次著名的"古文运动"。一次在中唐，以韩愈、柳宗元为首领；一次在北宋，以欧阳修为主盟。韩柳之后，李翱、皇甫湜等人，写作成绩不能和韩、柳相颉颃；欧阳之后，曾巩、王安石，苏洵、轼、辙父子，写作成绩虽亦有广狭高下之分，然尚足为欧阳之羽翼。到了明人，便以两代八人并称，号为"唐宋八大家"。最早把他们的文章合为一集的为朱右，但那个本子早已佚失。其后便有茅坤的《唐宋八大家集》，至今流传不绝。八家的次序，朱氏是：韩、柳、欧、曾、王、苏；茅氏则变为：韩、柳、欧、苏、曾、王，以后便成了习惯的提法。经过清代"桐城派"的称扬，"八家"的影响，便从通都大邑深入到穷乡僻壤，成为一切开笔作文者的典范。直到"五四"新文化运动后，才逐渐失去其光彩。

所谓"古文运动"，实质上是以复古为旗帜的散文改革运动。散文为什么要改革呢？原因是散文是以记录语言为职志的，语言不断变化，相应的散文也不得不进行变革。比如商、周时代的《尚书》，其中不少文章像所谓"周诰"、"殷盘"，后人读起来很难懂，韩愈称之为"佶屈聱牙"，因为它记录语言时，虚字，即语气词很少，当时人能懂，后来的人就懂不了。到了春秋战国时期，在社会大动乱、大变革的急迫需要下，便创造了有大量之、乎、者、也、已、焉、哉等一系列语气词的散文。在记录语言上，做到了"无不达之意，无不喻之情"的地步，先秦诸子的文章就是代表。这是散文的一次大跃进、大变革。

但这时又出现了"雅言"和俗语"方言"的矛盾。以《论语》为首的诸子文，基本上属于"雅言"系统，而"雅言"的性质，相当于今天所谓"普通话"。这是吸取各地"方言"中最共同的成分而形成的一种文体，既适用于一个地区，也适用于九州各国。这就叫作"文言"，不合这个标准的，就会因"言不文"而"行而不远"（《左氏襄公二十五年传》）。但它和口头的俗"方言"，却有了一定距离。口头语变化很快，这种矛盾也越来越大。秦始皇统一六国，也统一了文字——"书同文"。于是，一字多音、一音多字、一字多义、一义多字的现象，成了汉语的特色，也为散文提供了丰富的词汇。这就是文言散文的传统。这一传统持续了两千多年，为华夏民族的团结、国家的统一和文化的繁荣发展，做出了卓越的贡献。

由于散文终究是以记录语言为职志的，而社会的发展和生活的要求，不断变化着，要充分用文字表现出来，就需不断地吸收口语中生动活泼的成分，来提高它的表现力。历史上的散文家在这方面做得越好的，他的成就就越大。而司马迁正是做得最好的伟大典范之一。从班固起，开始有脱离口语的倾向，经魏晋到六朝，就进一步向畸形的形式主义发展，形成了所谓"骈文"。在当时的士族门阀统治下，文化只掌握在少数上层分子手里。于是他们的文章，脱离现实，脱离社会，脱离人民生活；内容空虚，而只追求字句对偶的美，辞藻华丽的美，用典巧妙的美，音调谐和的美，使文章成为统治阶级的装饰品、玩赏品，全不切于实用。尽管其间个别作者像鲍照、像庾信等人，也写有题材严肃、感情真挚的作品，但因文体的限制，终难为广大群众所接受。所以从总的趋势来看，六朝骈文，代表着散文发展史上极端衰敝的文风。

到了唐代，时代完全不同了，而骈俪之风却仍长期占着统治地位。以太宗李世民的英武，文治武功都取得了巨大成功，但对文学却只拿来作为粉饰太平的工具，自己也附庸风雅，追步齐梁。故齐梁余风，风靡一世，而且延续达百年之久。但由于这种文体难于为现实服务，所以早在六朝，骈俪盛行的同时，要求改革的呼声已不断出现。北周苏绰，曾作《大诰》以立散文的标准；隋文帝杨坚下诏："公私文翰，并宜实录。"随后，李谔也上书请革文弊。初唐"四杰"为骈文高手，却也有改革要求。至陈子昂，则高举起反齐梁的旗帜。盛唐以来，萧颖士、李华，在创作实践上都能突破六朝藩篱，各自名家；而元结、独孤及、梁肃、柳冕等人，从理论到实践，为"古文运动"奠定了丰厚的基础。韩、柳继起，遂使这一次散文改革运动，达到高潮。《四库提要》对此做了总结性的评论说："考唐自贞观以后，文士皆沿六朝之体，经开元、天宝，诗歌大变，而文格犹袭旧规。元结与独孤及，始奋起湔除，萧颖士、李华左右之，其后韩愈继起，唐之古文，遂蔚然极盛。"基本上是符合实际的。

唐代以"古文"为旗帜的散文改革运动，是散文发展史上对骈文歧途的拨乱反正。而这个拨乱反正，又和当时的儒学复古潮流紧密联系着，也和时代的要求分不开。盛唐是唐王朝盛极而衰的关键时期，以安史之乱为转折点，从这次大乱后，适用粉饰太平的骈体文，越来越不需要了，需要的是能为政治、经济改革服务的，切于实用的文体。加以当时社会最大祸害之一，是道佛，特别是佛教地主的横行。因之尊儒反佛和提倡古文合而为一。提倡古文的人，大都是儒学崇拜和佛教反对者。由于当时出身于中小地主的封建士大夫，要忠君、爱民、忧国，没有别的法宝，只有传统的儒学。他们反佛上可能有差别，而崇儒则毫无例外。他们把"中兴"、"救世"的愿望，都寄托在儒学复兴上，而以新体散文为之鼓吹。苏轼称颂韩愈"文起八代之衰，而道济天下之溺"（《潮州韩文公庙碑》），就是从这个意义上说的，不管韩是否真能达到如此其高的地位。

在韩柳的当时，古文虽在文坛上占据了绝对的优势，也出现了除韩门李翱、皇甫湜等人以外，白居易、元稹、吕温、刘禹锡等大批作者；但随着晚唐政治的腐朽黑暗、濒临崩溃的形势，坚持以古文批判现实的作家像皮日休、陆龟蒙一类人，却越来越少。而由宦海浮沉转上醉生梦死、荒淫堕落的文人则日见其多。于是适于自欺欺人、以浮华掩真实的骈文，又一度盛行起来。李商隐、温庭筠，就代表着这一转变。李商隐曾在他的《樊南甲集序》中说：他十六七岁时，就能以作古文露头角，后来在藩镇幕府任职，又两次做秘书省房中官，才改作"今体"，专学任（昉）、范（云）、徐（陵）、庾（信），终于成了骈文专家。经过五代十国的分裂变化，直至北宋，文章的工巧靡丽，超过了六朝，而以李商隐为不祧之祖。赵氏王朝建立了空前的君主专政，而官僚们更可以在高度物质享受下，优游俯仰其间。杨亿、刘筠为首的达官集团，在诗歌方面有《西昆酬唱集》，为靡丽诗风的代表，而其文也与之相辅，被称为"西昆体"。他们"务以言语声偶相摘裂，号为时文"（欧阳修《苏轼文集序》），"句读妍巧，对偶得当"，"事实繁多，声律谐调"（石介《上赵先生书》），"穷妍极态"，"淫巧侈丽，浮华纂组"（石介《怪说》），"专事藻饰，破碎大雅，反谓大道不适于用，废而弗学"（范仲淹《尹师鲁河南集序》）。这种文章的特点，形式上比六朝更整齐，所谓"骈四俪六"，基本上全是四、六句；内容上不只是空，而且是伪。文章至此，完全走上死路。而政治局势的内忧外患，促使朝野人士产生了维护政权和进行改革的迫切愿望。以此为契机，便出现了第二次"古文运动"。这一运动以柳开、穆修、石介为前驱，从理论上予时文以沉重打击，为古文开拓道路，而王禹偁则在写作实践上做出了成绩。韩愈当年在尊儒、反佛、写古文的过程中，曾提出所谓"禹、汤、文、武、周公、孔子、孟轲之道"的"道统"理论。而在宋代的古文运动中，则既强调"道统"又强调"文统"，两"统"都以韩愈为崇拜偶像。到了欧阳修，借两次"知贡举"的机会，用政治力量严禁考生写作骈文，而大力提倡古文。三苏、曾、王都是在他提拔影响下成为一代作家的。欧阳修便是当时公认的韩愈"道统"、"文统"的继承者。加上他的政治地位（曾任枢密副使、参知政事——即副统帅、副相），影响也特别大。苏轼曾说："愈（韩愈）之后三百年而得欧阳子，其学推韩愈、孟子以达于孔氏。"（《居士集序》）而《神宗旧史·本传》中说："至修文一出，天下皆向慕，为之唯恐不及，一时文章大变。"（《欧阳文忠公集》附录）所以宋代的"古文运动"，是唐代"古文运动"的直接继承者，是较之唐代更容易取得成功的。

这两次"古文"即散文改革运动的代表人物们的贡献，主要在新散文的创作上，但标榜的却都是"文以明道"。"道"是第一位，而"文"是第二位的。他们都尊儒，而宋人提得更响亮；他们都提到"道统"。他们的具体主张当然也有差别。比如同一"道"也，韩愈、欧阳修等所指，都是"文武周公孔子之道"，而柳宗元、三苏，则强调的是"理道"（治世之道）和"有补于国"的道；同一尊儒也，韩愈、石介等力批佛老，而柳宗元、苏轼等，却不排佛老。但总的看来，他们多半并不是哲学家或思想家，而重要的是散文家，是在整个散文发展史上起有革新和创造的作用的。他们的文集，是我们宝贵的文学遗产。

韩愈、柳宗元不仅时代上居"八家"之首，更重要的是他俩的散文创作，足以领袖群伦。前人对韩愈的文章，很重视他的理论文。其实韩的理论文，不在于说理说得怎么高明，而在于他具有一种蓬勃的气势。这种蓬勃的气势，源于炽热的感情；炽热的感情源于现实的激发和典籍的陶冶。他的《原道》、《原性》、《原毁》、《论佛骨表》，固然反映了一定的社会现实，也表达了作者分明的爱憎，但与其说是说理精深，倒不如说是"攻势凌厉"。他的抒情性论文，像《伯夷颂》、《获麟解》、《杂说》一、四之类，不管你同意不同意它的论点，都不能不受它的感染而为它所激动。弱于理，强于气，很有点近于《孟子》。只有《师说》、《争臣论》等篇，词明理举，堪称理论文的佳作。

韩愈散文中成绩最大的，应该是他的传记文，包括大量的墓志在内。这里除过违心的谀墓之词外，可以说是十分丰富多彩的。传记中像《张中丞传·后序》，名为"后序"，实是补李翰《张巡传》之不足而补写的一篇传记。序中塑造了张巡、许远、南霁云三个英雄人物，朴素而生动，非常感人。墓志中他对不同人物的不同事迹、不同性格和不同思想感情，通过集中、突出、剪裁、渲染，而出之以富于感情的笔调，使所写人物充满活力。像给他的朋友柳宗元、孟郊、樊宗师等所写墓志，都是如此。至如《试大理评事王君墓志铭》写"天下奇男子"王适，《故幽州节度判官赠给事中清河张君墓志铭》写骂叛徒被杀的张彻，用朴素的描写来刻画人物，尤具特色。

韩愈的赠序，是一个创造。他的大量赠序文，都是抒情文的上品。长篇像《送李愿归盘谷序》，短篇像《送董邵南序》，或故作旷达，或强作劝勉，而郁勃之气，溢于言表。其他如《祭十二郎文》之且泣且诉，《进学解》之寓愤于谐，《画记》之把繁杂的人物器用，写得了如指掌，都是很高的艺术品。韩愈的文章，有"怪怪奇奇"的一面，那是新的形式主义，影响不好；而"文从字顺"的一面，则不但"务去陈言"，而且不断吸收新的语言予以提炼；再加上字法、句法、章法和结构的讲求，使散文发展更具有了一种新的光彩。

柳宗元的文章，最大的特色不是感情而是理智。他青少年时期就博极群书，而且善于把书本和现实相印证。他曾说："信书成自误，经事渐知非。"（《三赠刘员外》）因之他的全部作品处处闪耀着理智的光芒。他的理论文代表作《封建论》，是周秦以来历史的总结，条分缕析，反复论证，以理服人而非以情感人。《桐叶封弟辨》、《断刑论》以及《非国语》之属，莫不如此。单就文学方面来看，他的最大创造，是寓言和辞赋。像《三戒》、《颠蝂传》、《罴说》等，都是因物肖形，极尽嬉笑怒骂、幽默讽刺之能事。辞赋中除直接抒情者外，也多以寓言行之。像《骂尸虫文》、《宥蝮蛇文》、《憎王孙文》等，都是借物刺人，十分深刻，为古今文家所少有。以《永州八记》为代表的游记文，是柳宗元的另一创造。这些游记，不仅体现了他对自然风光观察体味的深刻细致，而更重要的是把自己的身世情感融于自然景物之中，使山水也具有了他的思想性格。至于他的传记文，像《段太尉逸事状》；赠序，像《送薛存义之任序》，都不只是文章好，而重要的是陈义高。他写段秀实关心人民疾苦，沉着、勇敢地和权势强暴者做斗争，至今读之，仍勃勃有生气。他向薛存义提出官吏是人民的仆役的观点，更不是一般作者所能企及的。

北宋古文家，并尊韩柳而侧重于韩，欧阳修又强调"韩李"（李翱）。说明他们不仅反对了骈俪，也反对了由韩的"怪奇"而导致的险怪一路，而只走李翱所承继的韩的"文从字顺"一面。这是符合散文发展史的规律的。欧阳修致力最大的是传记文，他以《新唐书》和《新五代史》的主编和编者，列身于史学家之林；而作为文坛领袖，自然也以这方面成就更为突出。他写传记文的标准是："事信、言文。"（《代人上王枢密求先集序书》）要"事信"，就要调查考证；要"言文"，就要斟酌详略、剪裁。这在他的《论尹师鲁墓志》一文中，说得最清楚。"事信"需要客观，而"言文"又不能不带主观色彩。他的史传和史论，大都具备着这两个特点。理论文他虽不见长，但《朋党论》、《纵囚论》等，却表现了他的真知灼见。文章丝毫没有剑拔弩张的气味，而只是反复论证，抑扬顿挫，从容不迫，以理服人。他的"序"（书序、赠序），"记"（记亭、园、台、堂），多有名篇。在写作上则夹叙夹议，间以描写，往往有"一唱三叹"之妙。

　　苏洵和轼、辙父子兄弟齐名，而各有不同风貌。苏洵长于政论，高者可以与《战国策》中的名篇比美。《管仲论》故作惊人之语，然后予以论证，很有策士遗风。《六国论》借战国史实，总结经验教训，以反对宋王朝的对外屈辱政策，却具有深刻的现实意义。苏轼博学多才，有识，结合着他一生所走过不平坦的道路，接触社会面相当广阔，这就决定了他的思想的复杂性。他尊儒而喜释道，对事、对物、对人，常有独立的深刻见解。他不固执，也不圆滑，随遇而安，无所不适。表现在文章中，是十分丰富、复杂，而又汪洋恣肆的。他有一部分理论文，好矜奇立异，抓一个特点作为一篇的中心，反复论证，以达到预期的结论，《留侯论》可做代表。他把张良一生功业成就的关键，说成是在于"能忍"，在于"忍小忿而就大谋"；道理是不能令人信服的，但却不能不佩服他文章所具有的魅力。他的杂文、杂记，往往对事理观察入微，富于哲学意味，而又妙趣横生。像《日喻》用瞎子不能靠别人的指点来认识太阳，来说明"道可致而不可求"的道理。因为一切事物的规律，主要从不断的实践体验中得来，其精微之处的确是不可言传的。这种道理《庄子》说得最透，而苏轼文中也写有不少这方面的体会。苏轼的前后两篇《赤壁赋》，是他的另一方面的名作。他用平易精练的语言，写流连于江山风月之间的人物，怀古伤今，抒发对人生的感慨；终于把沉郁苦闷的心情，融于物我两忘的境界，达观而非消沉。写景，写情，各极其妙，是散文赋的杰作，是有辞赋以来所未曾有的。苏辙与乃兄相形之下，当然要减色得多。但他的佳作，亦复能独自树立。他长于叙记文，《黄州快哉亭记》、《武昌九曲亭记》，可为代表。《快哉亭记》极写山川形胜，联系对古人、古事的怀念，从而抒发其政治失意而不以得失为怀的旷达心情。文章雄放而有风致。他的其他作品，大都委曲明畅，时有秀气。

　　曾巩的散文，《宋史》说他"为文章上下驰骋，愈出而愈工。

本源六经，斟酌于司马迁、韩愈，一时为文者，鲜能过也"（本传）。实际上他和欧阳修最为接近，也最为欧阳修所赏识。他的《墨池记》说王羲之的书法之所以好，在于"精力自致"而不是"天成"，强调了"学"的作用。他的《越州赵公救灾记》，是一篇很好的"荒政"总结，写得委曲周至，事理明晰。由于他以儒家正统自居，故文章也以"古雅"、"平正"为特点。他的有名的《〈战国策〉目录序》，把策士们的言论作为"邪说"，而鼓吹"先王之道，因时适变，为法不同，而考之无疵，用之无弊"，体现了强烈的儒家卫道士的观点，这是他所以不能有更大成就的原因。

王安石在历史上以变法著名，但在学术上却是儒法并用而以儒为主，只是在写作上吸收了法家精神而已。他特别注意文章的实用价值，他认为"文者务为有补于世用而已矣"，"要之以适用为本"，这和柳宗元的主张一致。一般说他的文章精悍严密，逻辑性强，全没有浮词滥语，而说理明透。长篇论文如此，短篇也不乏脍炙人口的名作，像《答司马谏议书》，就司马光的来书，一一辩驳，针锋相对，点滴不漏，使对方难于反对。而《读〈孟尝君传〉》，更一扫千余年来人们对孟尝君"得士"的评价，提出相反的结论。不到一百字的短篇，却写得层次分明，转折有力，真是得未曾有。尽管这两篇文章的论点不无欠妥之处，但作者驱遣文字的功夫，却是很少见的。

由于唐宋两次"古文运动"，由于"八大家"的写作实践，使适应新时代要求的新散文，长期占据了散文发展史上的主流地位。由宋、金、元到明，一直统治着文坛。明代前后七子的"复古运动"，矛头指的是"时文"——"八股文"，有一定意义，但他们标举秦汉，排斥唐宋，没有创造出新文体。而唐顺之、归有光等人，重整旗鼓，直承"八家"；"八家"之称，也从此确定下来。但承袭多，发展少，宗唐宋与宗秦汉，乃"五十步"与"百步"之差。其作用不能和唐宋两次"古文运动"相比。到了清代，与"时文"对立，在各体骈、散文都在复兴的情势下，桐城派又一次掀起了一个古文高潮。他们总结了八家的写作特点，提出了所谓"古文义、法"，传授不绝。尽管他们讲的"义"、"法"，又造成了新的框框，成了散文写作的新桎梏，以至"五四"时代，被称为"桐城妖孽"，但"唐宋八家"的创作经验，却仍然值得我们重视。概括起来，有下列几点：

一、它虽是脱离口语的文言，但不断以词汇的更新维持其与口语的联系，表现力较强；

二、字句、篇章，没有死硬的格式，可以根据内容的需要，自由抒写，桎梏较少；

三、虽形式自由，但仍有章法、篇法以至句法、字法可循，有腔有调，有节奏感，富于感染力。

虽然这些东西，如果没有深厚充实的内容，就仍会成为可憎的滥调；但是作为优秀文学遗产的一部分，批判地吸取其精华，剔除其糟粕，借鉴其形式，是有益的、必要的，也是我们今天的责任。

1984 年 4 月 15 日

从唐诗到宋词的演化

唐诗、宋词，代表着中国诗歌发展的两个阶段。就其诗歌的本质来说，本没有什么不同；但就其体制来说，却显然有异。本文所要说明的，就是体制问题。也就是说：既然诗、词同是诗歌，为什么体制却不相同。

从唐诗到宋词是演进，也是变化。这里我们可以提出两个问题：① 唐诗为什么要变成宋词？ ② 唐诗是怎样变成宋词的？前者要求指出促成它演变的因素，后者要求指出它的演变过程。下边就分头论述。

本来诗歌的核心是歌，而歌一定要有个声调，因之一开始它就和音乐分不开。原始歌谣如此，《诗三百》篇也如此，汉乐府如此，六朝吴歌、西曲和梁鼓角横吹曲所载的北方歌词也莫不如此。这个传统的特点，就是乐谱和唱词相结合，通过演唱为社会服务。乐谱和唱词相结合的方式，不外两方面，沈约《宋书·乐志》说为："由徒歌而被之管弦"和"因管弦而造歌以被之"；元稹《乐府古题序》说为："选词配乐"和"由乐定词"；郭茂倩《乐府诗集》说为："因歌而造声"和"因场而作歌"。三种说法实际上还只是两点，即先有唱词后配乐谱，和先有乐谱后配唱词。

但是在这一歌乐结合的传统之外，诗歌走着另外一条道路，就是脱离音乐和歌唱而成为一种只能看、能读，至多有读的声调的文人诗。像大小《雅》里的讽刺作品就可能如此，魏晋文人的五言诗也如此，而唐代发展到高峰的大量的文人诗作都是如此。尽管这种不合乐、不能唱的诗，远祖都是合乐能唱的歌，可是"附庸蔚为大国"，它在唐代已占了压倒的优势。

这样说，唐代的歌乐是不是就衰落了呢? 当然不是。因为人民是爱好歌乐的，统治阶级更要用歌乐为娱乐品，歌乐是人类生活必不可少的一部分，鼎盛的唐代，更不能例外。而只是当时的歌乐的制作与演唱者，都借用文人诗来配乐来唱而已。胡仔《苕溪渔隐丛话》说："唐初歌辞，多是五言诗或七言诗。"王士禛《唐人万首绝句选序》说："唐三百年以绝句擅场，即唐三百年之乐府。"而薛用弱《集异记》所载"旗亭画壁"的故事中歌妓所歌就是王昌龄、高适、王之涣的绝句诗。至如王维的《渭城》、李白的《清平调》，也都是绝句诗，都是实例。

但音乐的曲调，是很复杂的——一调一谱。而五七言诗，却是固定的、整齐的。拿整齐固定的诗配乐唱，势不能不一个谱变一种唱法，这就产生了矛盾，即唱词不能符合乐谱的音节。那么，打破五七言的整齐形式，变为长短句，就是必然的要求了。杨慎《词品》说："唐人绝句，多作乐府歌。而七言绝句，随名（调名）变腔，如《水调歌头》、《春莺转》、《胡渭州》、《小秦王》、《三台》、《清平调》、《阳关》、《雨霖铃》，皆是七言绝句而异其名。其腔调不可考矣。"这话说得不十分明白。简单地说，就是杨氏所举各调，都借用七绝作唱词。唱词是七言四句而腔调却很多。当然不能符合节拍。这就是亟待解决的矛盾。解决的方法，只有用长短句的词，来配合不同曲调的节拍了。这也就是诗向词的路上前进。

以上说明了"合乐"的要求，是诗变为词的关键。

唐帝国的扩张、繁荣和文化的高涨，物质文明的不断进步，为乐歌的大发展，提供了充分条件。南朝以来的民间曲调继续演进，而外国的乐器和乐曲也大量被吸收了进来，这就使得唐代的歌乐空前丰富起来。《旧唐书·音乐志》说："开元以来，歌者杂用胡夷、里巷之曲"，实际上还不仅开元时才如此。民间曲调，现在可知者如《竹枝》、《采莲子》、《渔歌子》、《南乡子》、《南歌子》、《杨柳枝》、《渔父》……都是。而据《唐书·音乐志》言：

> 　高祖登极之后，享宴因隋旧制，用九部之乐。
> 　其后分为立、坐二部。今立部伎有《安乐》、《太平乐》、《破阵乐》、《庆善乐》、《大定乐》、《上元乐》、《圣寿乐》、《光圣乐》凡八。自《破阵》以下皆擂大鼓，杂以龟兹之乐。……坐部伎有《燕乐》、《长寿乐》、《天授乐》、《鸟歌万寿乐》、《龙池乐》、《破阵乐》凡六部。自《长寿》以下，皆用龟兹乐。

这说明当时朝廷的乐十五部中竟有十一部是用外国或杂外国乐的。龟兹，在今新疆库车、沙雅之间。而这里所说的龟兹乐，却是包括西方各国——如康居、波斯、大食、拂林——在内的。其乐曲，像《柘枝》、《贺兰钵》、《上云乐》、《祆神急》、《穆户沙》、《苏幕遮》、《菩萨蛮》（Bussurman 的音译，原为波斯语，义为回教徒）……都是。在这样繁盛的乐曲情况下，而唱词却只是五七言诗！这种情况就成为促成长短句词兴起的一个重要力量。

再加上商业都市的豪华，统治者和官僚阶层的淫靡享乐，歌伎舞女的职业需要，使得符合乐谱、便于歌唱的唱词的制作，更迫不及待了。

以上说明了词在歌乐的迫切需要下，就很快地生长起来。

"词"原来就叫"曲子"或"曲子词"。"曲子"指谱，"词"是唱词。这名称到北宋还如此，很可以说明词和音乐的关系。"词"又叫"诗余"，这又说明了它和诗的渊源。从上所述，已可证明这一问题。但诗和词具体嬗变的过程是怎样的呢？可以分四点来谈：

（1）只打破诗的某些规律即成为词的。

（2）在诗的基础上填"泛声"而变为长短句的。

（3）由民歌加填"和声"而成长短句的。

（4）放弃诗的形式依谱填词自然是长短句的。

关于（1）如魏承班的《生查子》："烟雨晚晴天，零落花无语。难话此时心，梁燕双来去。琴韵对熏风，有恨和情抚。肠断断弦频，泪滴黄金缕。"显然这是五律形式，但却用仄韵，不对偶，平仄也有不同。而《醉公子》也以五言八句为基础中间换韵；《玉楼春》、《瑞鹧鸪》也基本上是七律而变了一些规律；至于变绝句中一两句的就更多了。

关于（2）这一项非常重要。上边已说到唐人经常用五七言诗作唱词来配乐谱，而且也说到唱词和乐谱的难合，也就是说在歌唱时，除整齐的唱词外，必然还有有音节而无字的地方，这种无字的音，叫作"泛声"或"虚声"、"散声"。把这种"泛声"填上实字，和原来整齐的五七言诗句相间，不就是长短句了吗？

《朱子语类》："古乐府只是诗，中间却添许多泛声。后来人怕失了那泛声，逐一添个实字，遂成长短句，今曲子便是。"

《苕溪渔隐丛话》："《小秦王》必须杂以虚声，乃可歌耳。"

方成培《香研居词麈》："唐人所歌五七言绝句，必杂以散声，然后可比之管弦，……后来遂谱其散声，以字句实之，而长短句兴焉。"

以上诸说，说明一个事实，就是：为了歌唱整齐的诗，必须有"泛声"；"泛声"处填了实字，就成了长短句。再用具体例子来谈。如传为唐玄宗的《好时光》：

> 宝髻偏宜宫样，莲脸嫩，体红香。眉黛不须张敞画，天教入鬓长。莫倚倾国貌，嫁取个有情郎。彼此当年少，莫负好时光。

初看起来，已是道地的长短句，但细看后就可以看出"偏""嫩""张敞""个"诸字，都是后加的，是填"泛声"的结果。原词应只是：

> 宝髻宜宫祥，莲脸体红香。眉黛不须画，天教入鬓长。莫倚倾国貌，嫁取有情郎。彼此当年少，莫负好时光。

刘毓盘《词史》就有此看法，应是不错的。又如温庭筠的《南歌子》(《全唐诗》载六首)：

> 手里金鹦鹉，胸前绣凤凰。偷眼暗形相，不如从嫁与，作鸳鸯。

显然最后三字，乃因填"泛声"而来。而五代孙光宪的《南歌子》却是：

> 艳冶青楼女，风流似楚真。骊珠美玉未为珍，窈窕一枝芳柳，入腰身。舞袖频回雪，歌声几动尘。慢凝秋水顾情人，只缘倾国著处觉生春。

同一曲调，"泛声"处填字更多，三句变成七言，四句变成六言。五言绝句的本来面目全不见了，而且重叠了一次。这种情况非常普遍。又如《渔家傲》原名《水鼓子》(据《升庵诗话》)，原只是七言绝句，但《玉壶清话》记无名氏的《渔家傲》作：

> 二月江南山水路，李花零落生无主。一个鲤鱼无着处，风兼雨、玉龙生甲归天去。

"风兼雨"正是填"泛声"。而范仲淹的《渔家傲》"塞下秋来风景异"又叠成了双片。也可以说明同样问题。

关于（3），民歌的"和声"，起初和乐歌的"泛声"不同。它是一人歌而其他人"和"。后来把民歌记了谱，"和声"之处，便和"泛声"相同了。再填以实字，也成为长短句（因当时民歌也多是五七言句子）。

唐人仿作民歌，往往不注"和声"，如刘禹锡作《竹枝》多首，都写为七言绝句。但五代孙光宪和皇甫松的《竹枝》却都写着和声。孙的第一首：

> "门前春水白苹花——竹枝，岸上无人小艇斜——女儿。商女经过江欲暮——竹枝，散抛残食饲神鸦——女儿。"

他们作的每一首，都以"竹枝"、"女儿"为"和声"。皇甫松的《采莲子》则以"举棹"、"年少"为"和声"。"和声"只取声调，并无意义。后来填为有意义的实字，填两个以至三五个字，当然就成了长短句的"词"。如温庭筠的《杨柳枝》：

> 宜春苑外最长条，闲袅春风伴舞腰。正是玉人肠断处，一渠春水赤栏桥。

而五代顾敻的《杨柳枝》：

> 秋夜香闺思寂寥，漏迢迢。鸳帏罗帐麝烟销，烛光摇。正忆玉郎游荡去，无寻处。更闻帘外雨潇潇，滴芭蕉。

温作未注"和声"，顾作已把每句下"和声"处填三个实字。而无名氏的《杨柳枝》：

> 春去春来春复春，寒暑来频。月生月尽月还新，又被老

摧人。只是庭前千岁月，长在长存。不见堂上百年人，尽总化为尘。

"和声"处填实字达四五字。七言绝句的形式当然不复存在了。

关于（4），这是更彻底的办法，根本放弃了对五七言诗的借用，而只依谱作词。这样就大量产生了长短句的"词"。不劳举例。

王安石《乐论》："先有词而后以律度为曲，是'声依永'，若先定律而后以词填之，则是咏依声也。"

胡震亨《唐音癸签》引朱子："古之歌者，皆先有词，后有声。故曰：'歌永言，声依永'，如今先撰腔子，后填词，即是永依声也。"

王、朱所说都是事实，即先有乐谱曲调，而后依谱填词。后来作词叫作"填词"，原因就在于此。

以上说明：整齐的五七言诗，怎样打破规律，并通过填"泛声"、"和声"，逐渐变为纯粹"倚声填词"的概况。

当然，不能唱不合乐的文人诗，并不因词体的兴起而被代替，相反，它还是壮大地向前发展着。等到"宋词"又逐渐脱离歌唱时，"元曲"便又起而代之，继续保持着歌乐的传统。这已是诗歌史上的规律了。

1956 年

绝句和诗歌遗产

　　绝句是我国古典诗歌遗产中的重要体裁之一。从形式上看，它是一种四句的短诗。古代民间歌谣，有两句的，有三句的，有四句的，前两种不普遍，而四句一首的则大量存在。人们从长期创作实践中，逐渐趋向于四句两韵的格式。这种格式，头一句可押韵，可不押韵，只二四两句一定押韵。于是就成为一种通行的四句两韵体。不过四句一首的诗歌，句子的字数起先并无限制，有三言的，有四言的，有五言的，有六言的，有七言的。经过长期发展，五言、七言两种，便占了压倒的优势。我们今天可以看到的魏晋南北朝以来，南方的吴歌、西曲，其中百分之七八十，都是五言四句；北方民歌存于梁鼓角横吹曲的，也有相当多的五言四句体。七言四句的，晋以来存有《并州歌》，《豫州歌》，《捉搦歌》（四首）和梁、陈间的《乌栖曲》（十余首），《栖乌曲》（四首）之类，虽不算多，但已可看出发展趋势。不过，这种五或七言四句的诗歌，还不能叫作绝句^①。因为从音律上看，绝句又是格律诗的一种，必须再具备音律的条件，才能算绝句。从南齐永明间，沈约、王融等人为了增加诗歌的音乐美，把文字的"四声"运用于诗歌创作，走上格律诗的第一步。但他们注意的，还只是两句诗的音韵协调，所谓"一简之内，音韵尽殊，两句之中，轻重互异"^②。同时，他们当时着眼的是一般五言诗，和五言四句的短诗无涉。到了初唐，"沈宋"等人，发展两句的音律为四句的音律，并重复一次成了八句四韵的律诗，后来再把四句一周期的音律重复多次，成了排律，同时由五言推及七言，再加上节奏、对偶等条件，便完成了全套的格律诗。当然，绝句的完成也就包括在内了。

绝句作为一种新诗体，是否有优越性？它和其他诗体比起来，孰短孰长？一般说来，五七言古和杂言歌行，不调平仄，不讲对偶，不限篇幅，不拘一韵，应该是最富于表现力了；但诗歌的发展，却说明它不能满足人们的艺术要求。长篇排律，不受篇幅限制，是优点，但无论多么长，都要全调平仄，除首二句末二句自由外，全要两两相对，增加了写作难度，即使像杜甫那样的大家，他的排律作品仍令人感到沉闷板滞，难免受吃力不讨好之诮；五、七律要求全合音律，但好在只有八句，要求对偶工整，好在首二句末二句可以自由。因之，凡有一定修养的作者，便不难纯熟地掌握这一工具，而发挥它的音律美、对偶美等特点，从而加强它的表现力。绝句在格律诗中，短小而自由，音律方面，只要求四句两韵，对偶方面，可全对，可全不对，可首二句对、后二句不对，可后二句对、首二句不对，灵活性减少了它的局限性；篇幅小难于反映重大题材，但可以联成组诗以弥补其不足。因之，唐宋以来出现了大批绝句名家，作出了大量绝句作品，大大增强了它在格律诗以至整个诗歌史上的重要性。

"唐三百年以绝句擅场。"③南宋洪迈编辑了一万首绝句诗，名为《唐人万首绝句》。清代王士禛就其中选出九百余首，名为《唐人万首绝句选》。可见绝句诗如何被后世所重视。唐代诗人，往往由于绝句写得好而驰名当代。因为当时乐府歌辞唱的多半是绝句诗，流传得很快。像王维、李白、王昌龄、王之涣、高适、李益、韩翃等多人，都有有关故事，传为佳话。

诗歌的任务，无非是抒情、写景、记事，然后通过情、景、事来反映现实。唐代诗人在绝句的创作上，给我们创造了很好的经验，他们最善于灵活地把情、景、事融在一起，短短的四句诗，却具有强烈的感人力量，给人以美的感受。早期的像王勃的五绝，曾被誉为"已入妙境"④。试读他的：

> 长江悲已滞，万里念将归。况复高风晚，山山黄叶飞。
>
> ——《思归》

先写情而后写景，不是触景生情，而是情因景增。妙在把凝结于胸中的离家之久、之远、之悲和归心之切，一下子放在秋风落叶之中，其情便不言而喻。苏颋的：

> 北风吹白云，万里渡河汾。心绪逢摇落，秋声不可闻。
>
> ——《汾上惊秋》

却是从景写起，再写到事，再写到心绪对秋声的感应，完全是另一种写法。王维的：

> 木末芙蓉花，山中发红萼。涧户寂无人，纷纷开且落。
>
> ——《辛夷坞》

有景物却似乎无感情，他是用幽静冷漠的心情来写的，所以"别是一家体裁"⑤。当然这不代表王维的全部，他早年的从军、送别等题材的诗并不如此。像有名的《渭城曲》：

> 渭城朝雨浥轻尘，客舍青青柳色新。劝君更尽一杯酒，西出阳关无故人。

"朝雨"、"轻尘"、"客舍"、"柳色"，只起着加深别情的作用，写来多么扣人心弦，因为它代表着千万人的共同感情。王之涣的小诗：

> 白日依山尽，黄河入海流。欲穷千里目，更上一层楼。
>
> ——《登鹳雀楼》

头句还可以说是写景，写的是远山，太阳傍着山向山后落；次句就难说是写景，因为黄河入海他是看不见的，这是思维中整个黄河形象的缩写，面对当前的洪流，就联想到几千里的巨浸；后两句是说，想望远而登高，这是经验得来的常识，但却更概括着广阔的人生经验，富有暗示性，因而成了千古名作。

李白和王昌龄，是唐绝的两高峰。李的送别诗：

> 故人西辞黄鹤楼，烟花三月下扬州。孤帆远影碧空尽，惟见长江天际流。
>
> ——《黄鹤楼送孟浩然之广陵》

全未写情，而情之深、之挚，尽在言外。友人已去，送者伫望，他望船、望帆、望帆影，直到帆影消失于碧空之中，只有江流远去与天空相接、相融而已。王昌龄的：

> 寒雨连江夜入吴，平明送客楚山孤。洛阳亲友如相问，一片冰心在玉壶。
>
> ——《芙蓉楼送辛渐》

"入吴"的不是人，是"雨"。"寒雨连江"，雨云很低；江北"楚山"在雨云中只见孤影，写景入化。诗中没有写离情别绪，他关心的是"洛阳亲友"，关心的是"洛阳亲友"对自己这个远谪东南的友人的关怀，而以胸怀磊落如玉壶冰，来告慰故人。曲折深沉，无以复加。李、王绝句的题材，都相当丰富，我们不能多举，包括许多名篇在内。这里只再各提一例。李白的《上皇西巡南京歌》：

> 莫道君王行路难，六龙西幸万人欢。地转锦江成渭水，
> 天回玉垒作长安。

安史乱起，玄宗西逃，"行路难"，等于说此路难行，作者原来是这样看的，这和关中人民意见一致。但玄宗抵蜀，依然有万人欢呼，君王依然欢乐，锦江、玉垒，竟变成旧日的渭水、长安了！这是何等深刻的讽刺！王昌龄的《从军行》之四：

> 秦时明月汉时关，万里长征人未还。但使龙城飞将在，
> 不教胡马度阴山！

前两句总结了历史。成千年的边防安否，千万征人的生死存亡，决定于边将的是否得人。对"飞将"的期望，包含着对现实的感叹。而后两句，正代表着人民的愿望。另外，李白的朋友杜甫，是被认为短于作绝句的，但他的作品却别具一格。他有四句全对偶、全写景的七绝，而议论体的《八阵图》五绝"功盖三分国，名成八阵图。江流石不转，遗恨失吞吴！"更值得注意。他高度评价了诸葛亮的"功"、"名"，而总结了把诸葛亮联吴政策改为"吞吴"政策的错误的教训，发出了怀古之悠情。凝练到如此程度，足见功夫。

大历间的绝句名家"以李益为第一"[⑥]。元和以后，刘禹锡大量吸取《竹枝词》、《杨柳枝词》、《踏歌词》等民歌，别开生面。王建大量以绝句写《宫词》，集中反映统治阶级压迫下的一种生活侧面，成了宫闺题材一类诗的总汇。刘禹锡的一些怀古咏史绝句"山围故国"、"朱雀桥边"之类，写得感慨苍凉。到了晚唐，李商隐、温庭筠、杜牧等人，把这类诗更推进了一步。因为怀古正所

以伤今，不只抒发兴亡沧桑之感而已。李商隐的绝句写得和他的七律一样深沉绚丽，像《嫦娥》：

> 云母屏风烛影深，长河渐落晓星沉。嫦娥应悔偷灵药，碧海青天夜夜心。

前二句已暗托出豪华宫院中彻夜不眠的人，而后二句却不写此人而写月宫中的嫦娥；嫦娥不是愉快的、欢乐的，却是孤独的、凄苦的，又不说她孤苦，只说她后悔当年偷药成仙，以致永远脱离人世，永对碧海青天，孤苦无告！而他所要写的人，便与嫦娥合而为一。嫦娥就是那人的影子，一层深似一层。

宋人诗，一般认为说理多，性情少，伤于浅露，少有余味；但绝句好作品仍然不少，特别是王安石。《临川集》中，收入四百多首绝句，暮年所作，更是精妙绝伦。其他若苏轼、陆游、姜夔，好作品都不少。作为一种习用的、灵活性很大的诗体，一直被人们沿用到今天，依然可以在写作中发挥它的作用。

如上所述，绝句诗对诗歌遗产的贡献，已可略见一斑。而今天的诗歌创作，除愿意、善于用这种旧诗体的作者外，一般写新诗的作者，也完全可以学习它的写作方法，以提高自己的艺术水平。比如，高度的概括，是诗歌写作的首要要求，更是短诗的首要要求。前人绝句有不少很好的典范，像王之涣的《凉州词》的后二句"羌笛何须怨杨柳，春风不度玉门关"，就概括了大量的历史和现实。两汉以来，沟通西域，有好的一面，但由于统治者的野心，使成千累万的征人葬身于玉门关外的荒沙之中的事，也不在少。李广利伐大宛不就是一次典型事件吗？这类惨事，在长期的封建历史中，不断发生，很少有改变希望，而征人的苦难，更是说不完的。"春风不度玉门关"一句，就是对这种历史和现实的感情的升华。笛中吹出的《折杨柳》怨声，只是对作者的思维起了触发作用而已。其次，精练的语言，也是短诗共同要求。像刘禹锡的《石头城》：

> 山围故国周遭在，潮打空城寂寞回。淮水东边旧时月，夜深还过女墙来。

要写这座荒废了的历史名城，如何下手？作者捕捉了景色的几个特点：山在、城空、潮依旧打、回，特别是月，照样运行，以突现物是人非。而"故国"的"故"，"空城"的"空"和"旧时"、"还过"等词，都是精练之至，用不变的自然风光衬出变了的人世。怀古之情，溢于言外。再其次，暗示象征的方法，也是短诗必不可少的写作手段。像柳宗元的《江雪》：

> 千山鸟飞绝，万径人踪灭。孤舟蓑笠翁，独钓寒江雪。

有人说此诗写了一个高人逸士，可谓全未着边。有人说写的是贫苦渔民，着了一点边，但还是没有抓住实质。你看：那么多的山，那么多的路，竟没有一鸟一人的影子，何等寂寞，何等阴沉！而寒气笼罩下，正下着雪的江中，那个孤舟，那个披蓑顶笠的老翁，却不管周围环境如何严酷，坚持着自己能做的工作。这不等于是作者的自画像吗？至如像黄巢的两首菊花诗，则是象征的杰作，这里不再引了。

总之，绝句诗，特别是丰富多彩的唐人绝句诗，是古代优秀诗歌遗产的重要部分。我们既可以拿它作为写短诗的借鉴，也可以学习前人用联章的方式作为写长篇的参考，还可以从写作诗歌的共同规律方面，总结他们的经验。20 世纪 60 年代，文艺界曾经展开过新格律诗的讨论，虽然还没有成熟的统一看法，但无疑是有意义的探索。而包括绝句在内的旧格律诗，也无疑将是新格律诗一个重要的基点。我们的任务，在善于创造，而创造的开始，则是要善于学习。

1979 年 12 月

注释：

① 绝句一词，起于六朝，这里是指严格的绝句而言。

②《宋书·谢灵运传论》。

③《唐人万首绝句选·序》。

④ 胡应麟语，引自《唐音癸签》。

⑤ 胡应麟语，引自《唐音癸签》。

⑥ 胡应麟语，引自《唐音癸签》。

由词之音律论苏东坡之知不知音

一

三百篇可歌，汉乐府可歌，而"字音"与"乐音"不必谐，作者不必知音。故贩夫里巷走卒之人，皆可作。

永明体诗，因字音而为格，虽不必歌，而自有其音节，故作者必通四声，其极至于除八病，以技术言，为一进步。

沈宋以后，律绝之格调确立，唐人以绝句为"乐歌"（亦有用律者），而绝句之"格调"，不必与"乐调"合。故为绝句者，但留心于绝句之"格调"，而不必知"乐谱"之音节也。

长短句之兴，缘于乐，由"词"与"谱"节奏之合，于是当家本色之词人，莫不通乐。自柳永、秦观、周邦彦、李清照，以至姜夔、吴文英、张炎，皆其著者，其极至于"分五音，五声，六律，清浊重轻"（李清照语）。而"字音"、"乐音"，乃吻合无间。

故姜白石精于音律，则其词每"过旬涂稿乃定"（《庆宫春·自叙》）。白石之后，其事益精，故张寄闲之《瑞鹤仙》有云："粉蝶儿扑定花心不去"，"按之词谱，声字皆协，惟'扑'字稍不协，故改为'守'字乃协"。《惜花春》有云："'锁窗深'，'深'字音不协，改为'幽'字，又不协，改为'明'字，歌之始协。"（说详张炎《词源》）

为音之协，一字不惮数改，此种作风，是否为至善，与文学作者之是否宜如此，今不具论。而词之"字音"与谱之"乐音"之吻合，以技术言，亦实为一进步。词之与汉乐府不同者在此（除内容外），词之所以为一新体者亦在此。故词人之了解及应用音律之程度，各有不同，而音律为词之重要条件，则无可异议。

东坡于词，为两宋之一大家，而在当时，誉之者不如毁之者多，其原因盖即以音律问题为主，然东坡究为知音与否，殊待讨论也。

二

知音问题，可分二方面：一谓口能不能唱曲，一谓词能不能协乐。世谓东坡不能唱曲，盖本于其所自言云："平生有三不如人，谓著棋、吃酒、唱曲也。"（见皇甫牧《玉匣记》）至其词之不协乐，则当世之人批评之语（详后）。而此二方面，就吾人可得之材料观之，皆不尽然。

陆放翁《渭南文集》有云："世言东坡不能歌，故所作乐府，词多不协。晁以道谓绍圣初与东坡别于汴上，东坡酒酣，自歌《古阳关》。则公非不能歌，但豪放不喜剪裁以就声律耳。"

东坡《哨遍·自序》云："渊明《归去来》，有其辞而无其声，余既治东坡，筑雪堂于上，人俱笑其陋，独鄱阳董毅夫过而悦之，有卜邻之意，乃取《归去来辞》，使就声律，以遗毅夫，使家童歌之，时相从于东坡，释耒而和之，扣牛角而为之节。不亦乐乎。"

《避暑录》云："子瞻在黄州，与数客饮江上。夜归，江面际天，风露浩然，有当其意。乃作歌词，所谓'小舟从此逝，江海寄余生'者，与客大歌数过而散。"

观此三事，则东坡非不能歌者。

东坡《志林》自云："与郭生游寒溪，主簿吴亮置酒。郭生善挽歌，言'恨无佳句'，因为改乐府诗意歌之。座客有泣下者。其词曰：'乌啼鹊噪昏乔木，清明寒食谁家哭。风吹旷野纸钱飞，古墓垒垒春草绿。棠梨花映白杨树，尽是死生离别处，冥漠重泉哭不闻，萧萧暮雨人归去。'"

《侯鲭录·瑶池宴》本事云："东坡云：'琴曲有《瑶池宴》，其词不协，而声亦怨咽，因变其词作闺怨。'故《寄陈寄常书》云：

'此曲奇妙，无妄与人。'其词云：'飞花成阵春心困，寸寸别肠。多少愁闷无人问，偷啼自揾残妆粉，拖瑶琴寻出新韵。玉纤趁，南风来解幽愠、低云鬓，眉峰敛晕娇和恨。'"

《苕溪渔隐丛话》云："东坡云：余旧好诵陶潜《归去来》，尝患其不入音律。近辄微加增损，作《般涉调·哨遍》，虽微改其词，而不改其意。"

东坡《水调歌头·序》云："欧阳文忠公曾问余'琴诗何者最善？'答以退之《听颖琴师诗》。公曰：'此诗奇丽，然非听琴，乃听琵琶诗也。'余深然之。建安章质夫家善琵琶者，乞为歌词，余久不作，特取退之词，稍加檃括，使就声律以还之云。"（《苕溪渔隐丛话》载此略同。）

观此四事，即东坡为词，又非不能协音者。

故其所自言唱曲不如人者，非不能，乃非所长而已，犹之吃酒之固非不能也。而他人评其词为"不协音律"者，盖必另有其故。

三

词之乐谱，已多不可知；东坡词之究合音律与否，亦不可复案。据上所引各条，似东坡非不知音者，而当世之人，则不谓然。

《复斋漫录》载晁补之云："东坡词，人谓多不协音律，然居士词横放杰出，自是曲子内缚不住者。"晁为苏门四学士之一，其所云"人谓"，乃当时或人之语，而晁谓"曲子内缚不住"，亦承认或人之有言矣。

《苕溪渔隐丛话》载李清照之言曰："苏子瞻学际天人，作为小歌词，皆句读不葺之诗耳，又往往不协音律。"又前所引放翁亦云"公非不能歌，但豪放不喜剪裁以就声律"云云，并足明东坡词之不合音律，必为事实也。

东坡之所以非不知音，而又非知音者，盖有二因：一则词人之于音律，有专精与粗通之异，以专精视粗通，亦无怪其非疵矣。

李易安生北宋之末，于前辈作家少有许可，故以晏元献、欧阳永叔与苏东坡，同讥为"不协音律"，至南宋之张玉田，则并周美成而讥之矣。其言曰："美成负一代词名，所作之词，浑厚和雅，善于融化诗句，而于音律，且间有未谐，可见其难矣。"

易安于东坡，既后进，而于音律又有专精，其评东坡之语，乃当然之事。玉田与美成，皆为专精音律者，乃亦有微词者，则益进益精之故也。

盖自温飞卿"能逐弦吹之音，为侧艳之词"（《唐书·文苑传》），至柳耆卿之"变旧声为新声"（李清照语）、"音律谐婉"（陈振孙语），周美成之"最为知音"（沈义父语）、"律最精切"（刘熙载语）、"好音乐，能自度曲"（《宋史·文苑传》），经李易安至姜白石之"通阴阳律吕、古今南北乐部，凡管弦杂调，皆能以词谱其音"（张羽《白石道人传》），以至吴梦窗、张玉田于音律一道，蔑以加矣。然两宋词人之多，无虑百数，固非人人如此。以易安、玉田等人之观点观之，则多可目为"音律不协"；若以略通歌谱为准，则两宋作家，其不通此道者，可谓绝无。良以词为当代乐府故也。

且词曲一道，骋词则易破律，守律则每害词。故东坡所为，就音律言之，诚有未至；且以"字音"合"乐音"为准，亦可谓之为不知音。然就文章之核心言，则或正因不拘于律，专于造意，而反增高其价值也。况乎略识曲谱，不害于歌，亦未始不可谓为知音乎！故"十七八岁女郎，执红牙拍，歌'杨柳岸，晓风残月'固可；而"关西大汉，执铁绰版，唱'大江东去'"，亦无不可也。故论东坡词者，当分别言之。

1947 年 7 月 2 日昆明

董解元和《西厢记诸宫调》考索

一

　　董解元在文学史上的贡献和他的《西厢记诸宫调》在戏曲史上的地位，是从事文史工作者尽人皆知的。但他的生平经历，我们却几乎全无所知。最早提到他的，是元钟嗣成的《录鬼簿》卷上，列董解元于"前辈名公有乐府传于世者"之首，只说他是"金章宗时人。以其创始，故列诸首"。其次是元陶宗仪《辍耕录》第二十七卷"杂剧曲名"前小序说："金章宗时董解元所编《西厢记》，世代未远，尚罕有能解之者。"明初，朱权《太和正音谱》卷上说："董解元，仕于金，始制北曲。"清毛奇龄《西河词话》则说董解元"为金章宗学士"。综上所言，没有超过《录鬼簿》和《辍耕录》所记者；至于"仕于金"，"金学士"云云，皆望文生义，臆说无据。此后，凡提到董解元的皆辗转相袭，没有提出任何新资料。

　　但是，到了近年，董解元的名字，却有了新说：

　　1. 游国恩等《中国文学史》，人民文学出版社 1964 年版 733 页注②："明汤显祖评本《董西厢》说他名朗。"

　　2. 中国社会科学院文研所《中国文学史》，人民文学出版社 1979 年版 708 页注②"卢前《饮虹簃曲籍题跋》引《玉茗堂（抄本）董西厢》清代柳村居士跋云'董解元，名朗，金泰和（1190—1208）时人。隐居不仕'"。

　　3. 凌景埏校注《董解元西厢记》，人民文学出版社 1980 年版，前言 2 页："董解元佚其名。近年有人说，曾见汤显祖《董西

厢》亲批本，批云姓董，名良；又有人说，据天一阁某抄本董解
元名琅。"

4. 孙逊著《董西厢和王西厢》，上海古籍出版社 1983 年版
21 页："以前有人说，曾见汤显祖《董西厢》亲批本，云作者姓董
名良；又有人说，据天一阁某抄本董解元名琅。"

显然，孙逊的说法是转抄自凌景埏；而凌景埏所说"名良"、
"名琅"，又只是根据"有人说"，实属耳食无据。如果这样抄下
去，就会越抄越错。游等《文学史》小注中说汤显祖批本《董西
厢》说"董名朗"，似乎很确凿，但一查现行汤批本，却不见此
说。只有文研所《文学史》小注较为明确，指出了"名朗"一说的
来历，不是来自汤显祖批，而是来自汤所批的一个抄本上柳村居
士的跋。《文学史》编者没有亲见这个有跋的本子，而是转引自卢
前的著作。不过总算把线索搞清了。"名良"、"名琅"，都是传论，
而"名朗"，有了来历。只是在毫无其他佐证的情况下，可信的程
度仍很低。所以一些新辞典以至《大百科全书》"诸宫调"条，都
没有引用此说。

二

值得高兴的是近年出土的戏曲文物，却给我们提供了不容忽
视的资料。那就是 1959 年山西南部侯马发现的金墓。墓主董明[①]，
墓内有地契文记载：大金国……泰和八年（1208）买墓地，大安
二年（1210）葬。泰和是金章宗年号，大安是金废帝年号。可见
墓主人活动的时期，正是金章宗时代，与董解元同时，此其一。
董明、董朗，明、朗皆从月旁，似属同辈兄弟，此其二。董明墓
内有砖雕戏台，台上有五个戏俑，说明墓主人死后也被安排在戏
曲环境中，和写《西厢记》的董解元不妨联系起来考察，此其三。
1973—1979 年在稷山县马村和化峪、苗圃等地发现十五座宋、金
时的墓葬群，其中九座有大批戏曲砖雕，种类繁多，形象各异，

多半是金章宗时的东西，与侯马董墓中的戏俑大致相同。^②可见
这时期，这一地区散乐（包括戏曲院本和诸宫调在内）繁荣的情
况。在这样的社会环境中，出现有创造性的大作家，是很自然的，
此其四。1977 年山西襄汾永固公社南董大队（注意仍是董姓住地）
村西金墓中，发现三十六块散乐砖雕。同县另外九个金墓中，也
有发现。^③如此众多的散乐砖雕，普遍存在于墓中，供死者欣赏，
那活人中的演出，不更可想而知吗？此其五。

依上五点，如果董朗是董明的兄弟行，在金章宗这个"知音"
的皇帝的影响下，在侯马、稷山、襄汾相去不过百十里的范围内，
散乐戏曲演出如此繁盛普及的环境中，创作出伟大的《西厢记诸
宫调》，是毫不奇怪的。

何况"诸宫调"的创始人为泽州（今山西晋城）孔三传。他
虽在汴京献艺，但诸宫调流行于他的家乡一带，特别是北宋亡国
后——却是事实。^④现存的比《董西厢》较早的《刘知远诸宫调》，
写的也是山西人在山西的故事（刘知远是山西孝义人），和《西厢
记》写蒲州故事一样，都是用山西流行题材写的。还有，不敢相
信"董朗"说，无非是怕出于伪造。但试想卢前如果没有看见玉
茗堂抄本《董西厢》上柳村居士的跋，为什么要无端捏造？而柳村
居士跋中，如果没有任何根据又为什么要编造"名朗"一说？如果
捏造了个金章宗时的诸宫调作者董朗，却怎么竟与新出土的也是
金章宗时刻有戏曲砖俑的墓主董明排行相连？不是太巧了吗？我认
为：柳跋至少是根据传说。柳村居士，不知何许人。清康熙、乾
隆间平阳人徐昆，能诗、能文、能曲，作有小说一种，戏曲三种。
他号柳崖居士。柳村、柳崖，是否即一地的别称？如果柳村居士
即柳崖居士，那他倒真的可能听到董朗传说而偶然批在《董西厢》
抄本上的。

依上，虽尚难确证，但不妨推论：董解元，名朗，绛州曲
沃人。解元为当时士子敬称。当金章宗时，绛州一带，杂剧（院

本)、歌舞、讲唱等散乐十分繁盛，新起的诸宫调也盛行于此时。他于是创作了《西厢记诸宫调》这部不朽著作。至于他的为人，则可以从《西厢记》篇首"引词"中约略看出。他说："携一壶儿酒，戴一枝儿花。醉时歌，狂时舞，醒时罢。每日价疏散，不曾着家。"（《整金冠》）"好天良夜，且追游，清风明月休辜负，但落魄一笑，人间今古。""俺平生情性好疏狂，疏狂的情性难拘束，一回家想么，诗魔多爱选多情曲。"（《太平赚》）可见他是个狂放不羁、饱经风霜而寄情于词曲的才子文人。从他的生活情调和思想感情中，已可以看见以关汉卿为首的不少元杂剧作家们的影子。他的《西厢记诸宫调》，虽还不是戏曲，但其成就的卓越和影响的深远，确是首屈一指的。

三

诸宫调创始者是孔三传，而《董西厢》则代表着这一艺术新体的顶峰。当时的鼓子词，是用一曲调反复重叠来歌唱故事，赚词则用同一宫调中的若干首曲子联成一套来演唱故事，而诸宫调则进一步用不同宫调的若干套曲，联结起来，间以散白来演唱故事。这一来，就扩大了内容的容量，增加了音乐美，提高了表现力。这便是孔三传的创造。孔是宋徽宗崇宁 (1102) 以来创造并演唱诸宫高调的著名艺人。他以"传奇、灵怪入曲说唱"（据《东京梦华录》和《东城纪胜》），所作的诸宫调本子就应该不只一本，只是没有保留下来，无可考见。北宋亡国 (1126) 后，诸宫调的流传本分为两支：一支在北方金统治下，主要流行于河东南路，于是便出现了《刘知远诸宫调》⑤，残存有七十六套曲子，可见规模是不小的。随着金代平阳一带文化的繁荣，诸宫调的传唱盛行于民间，可惜无人记录。而董解元《西厢记》的出现，就足以说明其基础之雄厚。另一支随朝廷南渡，盛行于南宋首都杭州。由北入南的张五牛 ⑥，所作《双渐小卿诸宫调》，时间略与《刘知远诸宫调》同时，而赵真真、杨玉娥，以演唱商正叔 ⑦《双渐小卿》改编本得名。《太平乐府》卷七有杨立斋的《鹧鸪天》、《哨遍》、《耍孩儿》套曲咏其事，说"张五牛创制似选石中玉，商正叔重编如添锦上花"，"赵真真先占了头名榜，杨玉娥权充第二个家"云云。《水浒传》第五十一回，白秀英"说唱诸般宫调"，唱的也是"双渐小卿"，可见这个诸宫调本子影响之大，只是原本已佚。关于诸宫调在南宋演唱情况，除上举赵真真、杨玉娥外，还有秦玉莲、秦小莲、高郎妇、黄淑卿、王双莲、秦本道等人，见于《青楼集》和《武林旧事》等书。而《梦粱录》说："熊保保及后辈女童，皆能唱诸宫调"，可谓盛极一时。《武林旧事》所载"杂剧段数"中《诸宫调霸王》、《诸宫调挂册儿》；杂剧作家石君宝也作有《诸宫调风月紫云亭》；元末南戏《张协状元》开场，有末唱"南诸宫调"作为家门。上举这些作品，虽已多不可考，而王伯成的《天宝遗事诸宫调》，尚存残曲五十多套（据赵景深所辑）。所以，今天我们能考见的诸宫调，按时间来排，当是：

① 佚名《刘知远诸宫调》，残；

② 张五牛《双渐小卿诸宫调》，亡；

③ 董解元《西厢记诸宫调》，存；

④ 商正叔重编《双渐小卿诸宫调》，亡；

⑤ 王伯成《天宝遗事诸宫调》，残。

董解元在其《西厢记》中自我表白说："也不是《崔韬适雌虎》，也不是《郑子遇妖狐》，也不是《井底引银瓶》，也不是《双女夺夫》，也不是《离魂倩女》，也不是《谒浆崔护》，也不是《双渐豫章城》，也不是《柳毅传书》。"《双渐豫章城》，就是双渐小卿故事，有诸宫调本子，其他所举故事，是否都有诸宫调本子呢？未敢臆断，但从上下文气来看，可能都是有的。为什么这么多的本子都不存在了呢？大概是由于它们都为杂剧所取代，而独《董西厢》，虽也有王实甫被称为"天下夺魁" ⑧ 的五本《西厢记》，却没有取代了董作。不但相得益彰，而且照评论家汤显祖等人的看法，有不少地方王作沿袭董作或不及董作。可见董作在艺术上所达到的高度了。董自谓"比前贤乐府不中听"，实是自谦；"在诸宫调里却着数"，绝不是吹嘘。

元代一统以后，诸宫调逐渐衰歇，原因是在讲唱故事方面，诸宫调要求高，创作演唱较难，远不如说话、讲史自由；在表演方面，又远不及杂剧更形象、更吸引观众。以致后来连诸宫调这一艺术体制，都少有人知了。⑨端赖《董西厢》的硕果独存，使这一艺术体制，永放光芒。

四

董西厢之所以能超逸绝尘，是由它的思想内容和艺术技巧所决定。自从唐元稹写《会真记》(《莺莺传》)后，这一崔张恋爱故事，广泛地被人喜爱，屡见于文人的词曲吟咏。⑩北宋赵令畤的《商调·蝶恋花》鼓子词，除首尾二首外，用同一曲调十二首，全面地歌咏了崔张故事，是歌曲的新发展，但内容上却无所发明，仅就原文分段歌咏之而已。到了董解元的《西厢记诸宫调》，才使崔张故事来了一个巨大的转变。

《西厢记诸宫调》用十种宫调，一百九十来套曲子，结合着散文叙说，把原来不满三千字的《莺莺传》，一下子扩大到五万多字，真是一个少有的飞跃！拿现存的王实甫《西厢记》杂剧五本来对比，就会发现王剧的全部情节，基本上都本之于董作。像惊艳、借厢、酬韵、寺警、赖婚、琴挑、传简、拷红、送别、惊梦、传书、争婚、团圆等等，都已具备；而且有了相当细致的描写。它既为王剧提供了蓝本，又促成了元杂剧的加速成熟。在思想内容上，董作首先把原《莺莺传》的爱情悲剧（郑振铎认为只能称为怪剧），变成了合情合理的喜剧；其次把"始乱终弃"、"文过饰非"、宣扬女子是祸水的迂腐的张生，改变成忠于爱情、始终不渝、有情有义的男子；再其次把在封建意识重压下柔弱畏怯的莺莺，改变成在一定程度上敢于冲破礼教、追求自由的女性；最后把婢女红娘塑造成一个机智勇敢、舍己为人、生动活泼的少女；还加添了一个勇武侠义的法聪和尚。在这一系列的改变下，突出了作者在男女爱情问题上，反封建、反礼教、争自由、争解放的进步思想。而这一爱情主题，乃是千百年来，无数男女为之奋斗牺牲，直至近代还没有彻底解决的社会问题之一。董解元以他的《西厢记诸宫调》所具有的艺术魅力，代表着千百年来无数青年男女的共同愿望。这也就是王实甫《西厢记》把它改为杂剧后，千百年来一直活在戏曲舞台上、历久弥光的缘故。

五

董解元《西厢记诸宫调》的艺术创造，不仅表现在巧妙地使用说唱结合、曲白相生的方法，充分发挥了诸宫调这一体制的表现力，更表现在情节组织上，一喜一悲；山穷水复，柳暗花明；由高潮转向低潮，又由低潮转向高潮，使读者听者的情绪，时时刻刻为作品的情节所调动而不自知。他善于抒情，也善于写景，在抒情写景中，显现人物的性格形象。看他写张生初恋："有甚心情取富贵，一日瘦如一日。""写个帖儿倩人寄，写得不成伦理。"（《庆宣和》）"霎时雨过琴书润，银叶笼香烬。此时风雨正愁人，怕到黄昏，忽地又到黄昏。"（《虞美人缠》）"几番修简问寒温，又无人传信，想着后，先断魂！"（《应天长》）"待登临，又不快，闲行又闷，坐地又昏沉。睡不稳，只倚着鲛绡枕头儿盹。"（《万金台尾》）把心思情绪写得那样既平淡又真切！最出色的送别一段，用十几只曲子，把暮秋的凄凉景色和凄惨的离恨，融化在一起，使人不忍卒读。分叙处好似喁语，合叙处如亲见亲闻。试看，一个说："妾守空闺，把门儿紧闭。不拈丝管，罢了梳洗。你咱是必把音书频寄！"（《斗鹌鹑》）一个说："莫烦恼，莫烦恼，放心地，放心地，是必是必，休恁做病做气！"（《雪里梅花》）他两个："君瑞啼痕污了衫袖，莺莺粉泪盈腮。一个止不定长吁，一个顿不开眉黛。"（《恋香衾》）"马儿登程，坐车儿归舍。马儿往西行，坐车儿往东拽，两口儿一步离得远如一步也！"（《出队子尾》）⑪作者的笔下饱和着自己的无限深情，而又出之以通俗口语，令人倍感亲切。

王实甫改写的《西厢记》，基本上搬用了董作的情节，不少地方还袭用董作的词句。当然情节也有所改，词句也有创新。改的地方，有的改高了，像从法聪分出了个惠明，并把冗长的战斗场面删减；有的改低了，像把莺莺、张生双双出走，改成杜将军自己来相助，就毫无道理。词曲中绝妙好词显然不少，但像前人已指出董的"莫道男儿心似铁，君不见满山红叶，尽是离人眼中血！"（《玉翼蝉尾》），何等鲜明，何等激越！而王的"晓来谁染霜林醉，总是离人泪！"（《端正好》），却变得模糊起来，成了雾里看花！⑫

《董西厢》尽管也有它的不足和瑕疵，但无妨于它的伟大，无妨于它的承前启后作用。明胡应麟《少室山房笔丛》说："《西厢记》虽出唐人《莺莺传》，实本金董解元。董曲今尚行世，精工巧丽，备极才情，而字字本色，言言古意，当是古今传奇鼻祖。金人一代文献尽此矣！"基本上是符合实际的。

注释：

① 董明，最初报道误作董圮坚，乃误读地契文所致。见《宋金元戏曲文物图论》附录二，山西人民出版社1987年版。

② 见《宋金元戏曲文物图论》图六十二。

③ 见《宋金元戏曲文物图论》图七十二。

④ 参考廖奔《金世宗、章宗时期河东杂剧的兴起》一文，《中华戏曲》第二辑。

⑤《刘知远诸宫调》，俄柯智洛夫探险队于1907—1908间，在发掘西夏黑水城遗址所获汉文书籍中有此书，专家认为是平水版。

⑥ 张五牛是南宋"绍兴年间"名艺人，见《梦粱录》，《都城纪胜》"绍

兴年间"四字,作"中兴后",实际一样。

⑦ 商正叔,名道,曹州人,元好问的朋友。元作《曹南商氏千秋录》,称其"滑稽豪侠,有古人风","癸丑(1253)二月","年甫六十,安闲乐易"云云,其改张五牛《双渐小卿诸宫调》当在此时前后,较《董西厢》略晚。

⑧《录鬼簿》卷上王实甫下词云:"新杂剧,旧传奇,西厢记,天下夺魁。"

⑨ 明代人已不知诸宫调这一名目。或称《董西厢》为"说唱本"(徐复祚),或称为"弹唱词"(徐渭),或称为"词说"(胡应麟),或称为"搊弹院本"(王骥德)。

⑩ 秦观、毛滂,都曾用《调笑令》来歌咏崔张恋爱事。

⑪ 引文并见汤评本《董西厢》卷一。

⑫ 引文并见汤评本《董西厢》卷四。

伟大的戏曲家关汉卿

关汉卿（约 1220—1300），号已斋，解州（今运城西境）人。他出生于"医户"家庭。元代山西属中书省，称为"腹里"。山西的"医户"，属太医院管辖，所以《录鬼簿》说他是"太医院户"。金元之际，山西南部民间戏剧十分繁荣，固定的砖瓦戏台，普遍出现于乡村。关汉卿便是由热心的业余演员，进而走上编写杂剧道路的。元代盛行的杂剧，是在宋杂剧、金院本的表演基础上，吸收了"诸宫调"的唱词结构而形成的。关氏是这一新发展的关键性的创造者之一。

元世祖忽必烈在统一北方前后，大量选拔汉人知识分子，加以重用，使北方在战争破坏之后，逐渐走上安定。关汉卿以三十来岁的壮年，亲到大都，进献他所作新剧《伊尹扶汤》。其内容正是汉人参加蒙元政权现实的反映，因之得到统治者的赏识，而他也便从业余演员而成为剧作家，放弃了"医户"，而进入士大夫阶层。元人杨维桢的《元宫词》写道：

开国遗音乐府传，白翎（曲调名）飞上十三弦。大金优谏关卿在，《伊尹扶汤》进剧编。

乃是关氏献剧的纪实。但后人却因诗的第三句，把"大金优谏"误会为金代的官吏。其实"优谏"是对演员的美称，和下句"进剧"联系在一起，说明"进剧"的意义，和古代优人"进谏"相同。杨维桢为王晔的《优戏录》作序，说书中记载历代优人，从"楚国优孟至今人玷瑁头"的事迹，而谓："优谏之功，岂可少乎！"说明"优谏"的"优"字，指的是优人，也可证明关氏曾做过演员。关氏后来虽已进入士大夫阶层，但有时还参加演出，所以臧懋循《元曲选·序》中说他"躬践排场，面敷粉墨"，还笑他"偶倡优而不辞"，哪知这正是他的本色呢！所以关汉卿是：由金入元的医户出身，业余演员，以献剧留居大都，成为杂剧第一个著名作家的。

关汉卿在成名之后，到过开封——北宋的首都。蒙元统一南方后，又到了杭州——南宋的首都，可能就老死于杭州。他的为人，从他的《南吕·一枝花·不伏老》散套中，可以看出梗概：

> 我是个普天下郎君领袖，盖世界浪子班头。愿朱颜不改常依旧，花中消遣，酒内忘忧。……
>
> ——《梁州第七》

> ……我是个经笼罩，受索网，苍翎毛老野鸡，踏踏得阵马儿熟。经了些窝弓冷箭镴枪头，不曾落人后……
>
> ——《隔尾》

> 我是个蒸不烂、煮不熟、捶不扁，炒不爆响珰珰一粒铜豌豆……我玩的是梁园月，饮的是东京酒，赏的是洛阳花，攀的是章台柳。我也会围棋，会蹴鞠，会打围，会插科，会歌舞，会吹弹，会咽作，会吟诗，会双陆。……
>
> ——《黄钟煞》

充分说明他是一个饱经风霜、久经锻炼、生活狂放而又多才多艺的人物。惟其如此，他对底层社会非常熟悉。他了解底层被侮辱、被损害的人们的辛酸生活；他同情许多地位卑微的人，能从污浊、庸俗的空气笼罩下，发掘出那些人物的优秀品质。因为他曾经是那些人中的成员，而他的丰富的知识学问也是长期生活实践经验中得来的，所以他彻头彻尾没有丝毫士大夫气。他的这种生活经历，正是他作为一个伟大戏剧家的创作源泉。

关汉卿的剧作，有目可考的达六十五种之多。除少数几种还有疑问外，确知是他的作品的至少在六十种以上。这在元代、在历代、在世界上都是少有的。现存十七种，即《诈妮子》（《调风月》）、《哭存孝》、《蝴蝶梦》、《单刀会》、《救风尘》、《拜月亭》、《金钱池》、《双赴梦》、《切脍旦》（《望江亭》）、《玉镜台》、《绯衣梦》、《窦娥冤》、《谢天香》、《裴度还带》、《陈母教子》、《五侯宴》（？）、《鲁斋郎》（？）。习惯上以《窦娥冤》、《救风尘》、《单刀会》和《拜月亭》，作为他剧作的代表。这四本剧，有悲剧，有喜剧；有英雄，有儿女，的确有一定代表性，但更重要的是他的全部剧作（就现存的而言）所表现的强烈的现实性和深厚的人民性。他的杂剧和他的散曲不同，散曲是抒情的，往往写一时一刻的思想感受，不一定和社会现实联系，而杂剧则始终面向社会，干预现实。即使写的历史事实或传说故事，也都是借古喻今，古为今用。他广泛、深刻地反映了蒙元统治下存在的各种社会问题和尖锐的阶级矛盾，给人们提供了认识现实、改造现实的依据。关汉卿的人民立场是十分鲜明的。他把善恶是非分得很清楚，他不只同情一切被压迫、被损害、被侮辱的下层人物，而且能发掘出他们的高尚品德，支持他们曲折的斗争，歌唱他们的点滴胜利。他不只憎恶一切残酷、黑暗的势力，而且尽情揭露他们的卑劣丑恶的灵魂和无耻的罪行，指出他们必然遭到报应的命运。更难得的是关汉卿从来都是乐观主义，他的笔下，从来没有灰心丧气、听天由命的思想。哪怕是根本没有斗争条件，哪怕是已遭到严重牺牲的情况下，仍表现了决不屈服的坚强意志。所以在很大程度上，他可以称为人民的代言人。

关汉卿剧作的艺术性也很高。由于他既有多方面艺术修养，又有丰富的舞台经验，所以他充分注意到了剧本的演出效果。他对故事的剪裁、人物的集中塑造，戏剧的冲突和高潮、场景变换和完整结构的把握，都表现了他的匠心独运，而词曲语言的"当行本色"，尤为后世评论家所乐道。惟其如此，所以他的剧，对后代影响很大，有不少以他的原作为本的改编本，直到今天仍活跃在舞台演出中。

试论章太炎先生的诗

一

　　章太炎先生不是诗人，而是著名的民主革命家，是近百年来杰出的思想家和具有多方面贡献的学者。学术界早有定评。一般人称他为"朴学大师"、"汉学大师"或"国学大师"，虽无不可，但没有接触到他学术所至的精神所在。至于文学，有些人喜欢非议他的文学界说而很少谈他的文学创作。偶然谈到他的文章的，如说"枚叔文章天下第一"的宋恕，主要是指他的论学、论政之文；说他的文章"所向披靡，令人神旺"的，如他的大弟子鲁迅，也明确指出"战斗的文章，乃是先生一生中最大最久的业绩"，是"活在战斗者的心中的"。都不能算评论他的文学创作。至于诗，评论的人也一样少。就作诗来看，他既不能像李白那样"斗酒诗百篇"，也不像杜甫那样"语不惊人死不休"，更无暇像白居易那样"遇物辄一咏，一咏倾一觞"，"不知老将至，犹自放诗狂"（白居易《洛中偶作》）。至于那些论体分派，矜奇立异，寻章摘句，分题日课之类的诗人们，与章先生就更不相干了。然而章先生的诗，却具有一种独特的感人力量。人们一读起来，就会感到一种逼人的气势；再读三读之后，更会因其深厚的内涵和真挚的激情，而为之心魂震荡，不能自已。所以他的存诗不过百首，而其多数篇章对读者精神上的震撼，却绝非一般诗人所可企及。

　　章先生论诗，首主情性。他说："在心为志，发言为诗。吟咏情性，古今所同。""本情性，限辞语，则诗盛。"他认为汉代的诗，就是"主情性"的，故"大风之歌，拔山之曲"，"为文儒所不能举"。他还认为"王粲、曹植、阮籍、左思、刘琨、郭璞诸家，其气可以抗浮云，其诚可以比金石。终之上念国政，下悲小己，与十五国风同流"（上引并见《辨诗》）。在"主情性"之外，又提出"气"、"诚"二字，而"气"、"诚"二字，则植根于"念国政"，"悲小己"。故项羽、李陵、魏武、刘琨一类作者，他便一再称道。而他的诗作，正与这一类人的诗作精神相通。他绝不为作诗而作诗，作诗只是发抒他胸中的郁结、沉忧之气。他在《韵文集自序》中说："余生残清之季……艰难险阴，备尝之矣。既壹郁无与语，时假声韵以寄悲愤。"显然和那种"为文造情"的作者们，不可同日语。他曾说他的"治学"，"虽有师友讲习，然得于忧患者为多。提奖光复，未尝废学"（《自定年谱》）。其实，他的治学如此，作诗尤其如此。所以他的诗是革命家的诗，也是学者的诗。惟其革命，故富于战斗精神；惟其笃学，故具有深厚意蕴。二者是结合在一起的。二者缺一，就不能成为他的诗；不这样看，就不能认识他的诗。

自鸦片战争以来，满清政府昏聩腐朽，对内横恣残暴，对外屈膝投降。丧权辱国，割地赔款，危难日深，无可救药。"洋务"失效，"变法"失败，亡国灭种之祸，迫在眉睫。这是当时全国人民所面临的严酷现实，也是先知先觉者所不能不痛心疾首、竭智尽虑、以谋缓解的最大课题。章先生是先知先觉者中的优秀代表之一，他深感对国家民族的兴亡负有重大责任，而自觉自愿勇敢地挑起了国家民族救亡的重担。然而他和孙中山、黄兴等革命家大同之中又有不同，那就是他自认为挑的是两副担子，一副是革命，一副是文化。在当时列强环伺的形势下，中国不革命，就难立于世界各国之间，难免于侵略者的虎口。而革命的首要任务是推翻满清政府；只有推翻清政府，才能振作民气，奋发图强。这是革命者的共同认识。而章先生则更进一步考虑到：不革命，则民族危亡；民族危亡，则几千年的"宏硕壮美"之文化，必将随之消灭！因之，保卫并发扬祖国文化，就成为更深一层的重任。

谁能承担这一重任呢? 对祖国文化没有深厚感情的人, 不行; 虽有感情, 而没有深厚广博学识的人, 也不行。于此, 他感到"当今天下, 舍我其谁"! 挺身而出, "义不容辞"。当年顾亭林、王船山都有过关于"亡国"、"亡天下"的议论。顾氏认为: 改朝换代叫作"亡国", 被异族统治, 叫作"亡天下", 于是提出"天下兴亡, 匹夫有责"的口号。王氏认为: 历代"亡国", 无足轻重, 只有南宋之亡, 则衣冠文物亦与之俱亡! 所以本民族的政权, "可禅、可继、可革, 而不可使异类间之"。见于《日知录》、《黄书》、《读通鉴论》等书的这类观点, 不一而足。章先生在私塾从外祖父朱有虔受教时, 即受到这种教诲, 成为他反满革命思想的基础。到了清末, 形势全不同了。如果列强瓜分了中国, 那就有连文化都被消灭的可能。虽不能定为必然, 但章先生是十分认真、真诚地这样考虑的。所以为了民族生存, 为了文化延续, 他便不得不忧深思远, 为之奋斗而生死以之! 章先生在他的《癸卯狱中自记》中充分表现了这种心情。大意说: 老天爷把"国粹"任务交给我, 我不仅要"抱残守缺", 还要"恢宏而光大之"。假如自己牺牲了, "金火相革"的革命事业, 是有人继续下去的, 而中国的"宏硕壮美"之学, 可能会"斩其统绪", 使"国故民纪, 绝于予手", 那将是自己的罪过! 这种发自内心深处的声音, 并无狂傲夸饰之意。古代孟轲论文, 既提出"知人论世", 又提出"以意逆志"。是的, "以意逆志"是必要的, 而必以"知人论世"为基础。明乎此, 才可以读章太炎先生的诗, 才可以较好地理解章先生的诗。

二

章太炎先生的诗, 存世可见者虽不足百首, 但五七言、古歌行, 五七律、绝句皆备, 而其具有沉雄刚健之美的, 首推五言古。其长篇以《艾如张》、《董逃歌》、《杂感》等篇为代表; 短篇以《东夷诗》、《八月十五夜咏怀》、《怀旧》等篇为代表。

《艾如张》原题《泰风》，以首二字名篇，后改此题，乃借汉乐府"铙歌"十八曲之一的旧曲名新诗。《董逃歌》为其姊妹篇，也是借汉乐府"相和歌辞"中的旧曲为名。是否别有取义，难于臆度。这两首诗，是章先生由维新变法转向革命的关键时刻的思想感情的真实反映。"甲午之战"，给中国人民的打击太大了，为了救亡图存，章先生毅然走出宁静的"诂经精舍"，以满腔热血参加了康有为领导的维新变法活动。哪知从理论到实践，他和康氏的一套格格不入。因之矛盾丛生，终于决裂。这是他的爱国行动的第一次挫折。接着他应以延揽人才、致力维新出名的湖广总督张之洞的邀请，到武昌去主持《正学报》，满以为可以有为、不料遇到的却是个外示革新、内实顽固的两面派。他的爱国热情，再一次受到打击。而"戊戌变法"也很快失败，又给他提供了一个严重的教训，促使他下定了由"革政"转向"革命"的决心。这两首诗，正显现了一个忧深思远、上下求索者的形象。

《艾如张》的原诗如次：

> 泰风号长扬，白日忽西匿，南山不可居，啾啾鸣大特。狂走上城隅，城隅无栖翼。中原竟赤地，幽人求未得。昔我行东冶，道出安溪穷。酾酒思共和，共和在海东。谁令诵诗礼，发冢成奇功。　今我行江汉，侯骑盈山丘。借问仗节谁？云是刘荆州。绝甘厉朝贤，木瓜为尔酬。至竟盘盂书，文采欢田侯。　去去不复顾，迷阳当我路。河图日已远，枭鸱日已怒。安得起槁骨，掺袪共驰步。驰步不可东，驰步不可西，驰步不可南，驰步不可北。　皇穹鉴黎庶，均平元九服。顾我齐州产，宁能忘禹域。击磬一微秩，志屈逃海滨。商容凭马徒，逝将除受辛。怀哉殷周世，大泽宁无人。

全诗二百一十字，可分五段。我们可以从作品中所体现的作者的思维活动来进行理解。第一段开始，他首先想到的是民族危亡的严重形势。头两句"泰风号长扬，白日忽西匿"，已写了大地的一片凄凉。然后他想到了据说秦文公时由于滥伐森林使终南山的神牛（大特）无处藏身；他想到汉成帝时讹传大水而纷纷奔向城头的人群；他想象锦绣中原将成为赤地千里，而想望中的人物则无处去找。充满了急迫之感！第二段他回想曾在福建安溪遥望被日本割去的台湾。而日本人占领台湾，正像《庄子》所说强盗挖人家的祖坟却用"诗"、"礼"来粉饰！揭出了帝国主义的本质。接着第三段，想到他被张之洞请到武昌以后的亲见亲闻，想到张之洞写《劝学篇》向慈禧太后献媚，正和汉武帝时外戚田蚡伪造《盘盂》以谄事王后一样无耻。在此情况下，他决然要离开这里。于是转上第四段，想唤起一些古代志士，携手同行，但却苦于处境恶劣，无处可去。最后第五段，他想作为一个中国（齐州，中国别称）人，在统一的国度里，应该像古代一些有骨气的人那样，向残暴的统治者（受辛即纣）进行讨伐。末句以"大泽宁无人"作结，强烈地表示了对革命的想望。诗前有一长"序"，把作诗的背景写得很清楚。使我们对他的思想感情，得到充分的理解。

　　诗的最大特点，不在于对艺术技巧的追求，而在于从现实出发，展开了想象的翅膀，使古往今来多方面毫无联系的人和事，奔赴笔底，造成一种强烈的气氛，增强了作品的深度与广度。在曲折断续的陈述中，蕴藏着将要冲破黑暗的火光。这里没有个人的叹贫嗟卑，没有个人的牢骚失意。悲歌慷慨而全无"小己"之私，低徊沉郁而具有刚健之气。

　　《董逃歌》写于"变法"失败之后，其写作方式和《艾如张》相同。诗一开始就用春秋时夏姬导致陈国灭亡的史实，以指斥祸国殃民的西太后。中间委婉地讽刺了康有为等鼓吹孔教、自命教主以进行变法斗争的失策，但毫无幸灾乐祸之意。在他心中实际上已得出坚定的结论，那就是：如愿救亡，只有革命一途。

另一篇《杂感》，是一百九十字的长篇，仅比《艾如张》少二十字。也是在"戊戌变法"失败之后，总结血的教训，向"维新"者提出告诫的，希望他们不要再走错路。真是语重心长。试读："血书已纷飞，尚踵前王武（还要保皇）！何不诵《大明》（写武王伐纣事），为君陈亥午（革命）！""隼厉击孤鸾，鸾高先杀翮（失败了），杀翮亦良已，畏此缯矰多（到处网罗）。举头望天毕（星名，亮则太平），黯黯竟如何！浊流怀阿胶，谁能澄黄河！"写得何等铿锵有力，说得何等恳切！

另一篇《西归留别中东诸君子》与《杂感》异曲同工，和前三篇在一起，是章太炎先生诗中最有力量、最有特点的杰作。

章先生的五言古体，存三十几篇，在存诗中比例最大。除《东夷诗》十首是写在日本的见闻外，大部分都和中国革命进程联结在一起。题材上虽有咏史，有咏怀，有怀旧，有纪闻，而中心主题却只有一个，那就是抒写忧国忧民之情。其艺术风格，不在于清辞丽句，文采斑斓，而在于自然浑成，风韵遒上。置之佚名古诗曹、刘、阮、左之间，毫无愧色，而思想内容却远非前人所可比。

章先生曾有过近体已无希望的言论，收于他的《文录》中的诗，也没有一首律诗。然而后出的《文录续编》，却存有他手录的律绝达三十二首之多，其未经收录往往见于报章、杂志和友生笔记书信中的，也多为近体。也许这是因为古体虽有容量大、韵律自由、表现力强的优点，而近体却有结构工整、节奏感强、声韵谐和、篇幅较短、运用方便之妙。以博学多识、精研声韵的大师，从事近体创作，自然更会得心应手，出口成章。他的近体诗，以五言律为主；而五言律体中，最脍炙人口的，首推《狱中赠邹容》。原诗如次：

　　邹容吾小弟，被发下瀛洲。快剪刀除辫，干牛肉作馐。

英雄一入狱，天地亦悲秋。临命须掺手，乾坤只两头！

诗是 1903 年 7 月 22 日在上海租界巡捕房监所写的。章先生的入狱，是因为当时震惊中外的"苏报案"。《苏报》发表他为邹容的《革命军》所写的序言和他自己的《驳康有为论革命书》的主要部分，而《革命军》和《驳康书》，是革命志士投向满清政府和保皇党的重磅炸弹。于是清政府勾结英租界当局制造了查封《苏报》，逮捕章、邹等人必欲置之死地的反革命镇压事件。这就是这首诗的写作背景。诗一开头直呼"吾小弟"，语气亲密，如闻其声。实际上一个三十六岁、一个才十九岁。年龄差距很大，但他们却建立了亲如骨肉的同志关系。接着写邹"下瀛洲"那样豪迈，"除辫"那样坚决，"干馍"那样辛劳，三句画出了英雄形象。然而"英雄"没有大展身手却突然"入狱"，这是多么大的打击！打击的不是个人，而是革命事业！故天地为之兴悲，以致风云变色，四节失常！他深知革命必然流血，所以甘愿携手共命，以两个头颅来唤起人民，以鼓舞士气。

与此同时，章先生还写了《狱中闻沈禹希见杀》。沈禹希（荩）是在武昌"自立军"起义失败，潜入天津，被捕见杀的。他闻到噩耗，提心在口，喊出：

不见沈生久，江湖知隐沦。萧萧悲壮士，今在易京门。
魑魅羞争焰，文章总断魂。中阴当待我，南北几新坟。

以高亢的调子，唱出痛苦的心声。较之易水古歌，更为动人心魄。读"中阴当待我，南北几新坟"之句，仿佛看到了战场上"前仆后继"的壮烈景象！在狱中还有《闻湘人某被捕有感》两首，是对那些认不清敌我、弄巧成拙以致无谓牺牲的人们的告诫，他的思想深处是为革命斗争总结经验。"辛亥"后的五律，以

《癸丑长春筹边》二首和《留别唐元帅》二首为代表。虽不如前期的壮怀激烈，而忧国忧民之情，毫无二致。当然也有像《六十岁生日自述》，就难免有点消沉了。

章先生诗五绝较少，七绝多一点。像《咏南海康氏》："北上金台望国氛，'对山救我'带犹存。'夺门'伟绩他年就，专制依然属爱新！"用第三者的口吻，讽刺康党宣称以"保皇"代革命的荒谬！其《杂感》二首之一："万岁山前老树秋（崇祯死处），瀛台今复见尧囚（指光绪）。诸公辛苦怀忠愤，尚忆扬州十日不？"也是讥讽"保皇"的，调子都有点冷，但辞旨婉切，发人深想。

章先生的七律不如五律多，早年的像 1901 年的《漫兴》：

花暗乾坤野马飞，春江凭眺故依依。天涯雷电惊朱雀，海国风尘化缟衣。梅福上书仙宦薄，园公采药素心违。登台欲望南屏翠，苍水陵高蕨豆肥。

无论格律、用典、对仗，都那样自然工整。内容反映的是在"庚子"八国联军入侵之后，他面对国难，无可奈何，远念张苍水，以寄排满光复之志。这里值得特别提出的是他的"活剥"诗。我见到的五首都是剥唐人七律的。"活剥"一词，大概意思是：去其骨肉，单取皮毛，稍加修改，便成新制。最先用此二字的，可能是鲁迅；而鲁迅的"活剥"诗，却是受老师的影响。章太炎先生早期写的一首"汉阳钢厂锁烟霞"是剥李义山《隋宫》以刺张之洞的。后来还有剥杜甫《秋兴八首》之五的"蓬莱宫阙对西山"，剥《秋兴八首》之七的"瀛台湖水满时功"，剥崔灏《黄鹤楼》的"此人已化黄鹤去"。而鲁迅的"阔人已骑文化去"也是剥的此诗。这里把剥李义山《筹笔驿》的一首，抄录于次：

袁四犹疑畏简书，芝泉长为护储（副总统）胥。徒荣上将挥神腿,终见降王走火车。饶、夏(饶汉祥、夏寿康)有才原不忝,蒋、张(蒋翊武、张振武)无命欲何如!可怜经过刘家庙(车站),汽笛一声恨有余。

这是讽刺黎元洪的。和前几首一起都是政治讽刺诗。巧妙地就前人名作,略改数字,为现实服务,可以说是既经济而又有效。因为原诗人们都熟悉,不用宣传;而所改之处,多使用俗语、趣语,引人注意,不见油滑,反启深思!

其他尚有七言、杂言、歌行之类,虽都只有少数几首,但其根于忧患,发自肺腑,为国为民,终始如一,与章太炎先生全部诗作相同。

三

康有为序黄公度《人境庐诗草》,说黄诗"上感国变,中伤种族,下哀生民,博以寰球之游历,浩渺肆恣,感激豪岩,情深而意远"云云。着重谈了思想内容,可谓推崇备至。黄自序己诗是:"不名一格,不专一体,要不失乎为我之诗。"黄是"戊戌变法"的拥护者,是晚清时期最重要的著名诗人。康对他的评价和他的自评,符合实际。章先生以革命家、学者而余事为诗,与黄相比,思想更先进,学问更深博,诗的数量虽少,而"不名一格,不专一体"则一样。至其诗中所体现的献身革命、生死以之的崇高精神,则非一般诗人所可比。晚清诗人不膗百家,"宗唐"、"宗宋",与由"宗宋"而到风靡一时的"同光体",虽不无佳作,但从社会角度来看,即使不是"嘲风月,弄花草",也难免重艺术轻思想之讥。有些评论家用当时所谓诗坛的论点看章诗,自然便得出"简古"、"自然高古"一类品题,实际没有什么意义。

刘熙载有言:"诗可数年不作,不可一作不真。……彼无岁无诗,乃至无日无诗者,意欲何明?"(《艺概·诗概》)"真"字抓住了诗的根本。章先生的诗，正突出了这个"真"字。王国维说："文学者，不外知识与感情交代之结果而已"，"苟无敏锐之知识与深邃之感情者，不足与于文学之事"。(《文学小言》) 这虽不专谈诗，而诗尤其如此。章先生的诗、文，正是知识、感情的高度结合。

对章先生诗做直接评价的，最早的可能是他的朋友兼政敌梁启超。梁在《广诗中八贤歌》中写道："枚叔理文涵九流，五言直逼汉魏遒，蹈海归来天地秋，西狩吾道其悠悠。"(《新民丛报》第三号) 先称赞他"直逼汉魏"，后说他"吾道悠悠"，意谓有志不申。那时他二人在思想上已分道扬镳，但究竟还是相知的。只有《旧民诗话》中的一则，谈得较全面："章太炎炳麟先生，为现今学术界之泰斗，遇捕七次，被禁三年，艰苦备尝，志不少挫。其文章每一出，学者珍之如获大贝。先生不多为韵语，然偶一为吟咏，令人穆然见其为人……"(1906 年《汉帜》二期)。王国维说："无高尚伟大之人格而有高尚伟大之文章者，殆未之有也。"(《文学小言》) 吾于章诗亦云。而对他的诗佩服得五体投地的，则是严复。严的《与章太炎书》中说："昨复得古诗五章，陈义奥美，以激昂壮烈之韵，掩之使幽，扬之使悠。此诣，不独非一辈时贤所及，即求之古人，晋宋以下何可多得耶？"结合先生的文章，进一步说："至于寒寒孜孜，自辟天蹊，不可以俗之轻重为取舍。则舍先生，吾谁与归乎！有是，老仆之首俯至地也。"这位比章先生年长十六岁的近代思想界的前辈，又是诗人、古文家，对章先生的诗文，竟如此倾倒，足见先生作品感人的力量是如何深切了！

1992 年

诗歌的生命与新旧诗的合一

就本题的形式看，显然是可以分为二部叙述的，所以我们不妨先叙诗歌的生命。

诗歌的生命是什么呢？这问题我想一般人都可以简单地答出是"感情"，这个答案本不算错。但如果再问感情为什么是诗歌的生命？感情如何才能成为诗歌的生命？这二点恐怕便要详细研究了。

就诗歌的起源来说，诗歌的产生于感情，为人们公认之事实。像《诗序》所言"情动于中，而形于言，言之不足，故嗟叹之，嗟叹之不足，故咏歌之"云云，已为诗歌史上常识，不须多赘。故今所言者，乃再从原理方面，加以论列。

在人类天赋的本性中，有三种潜存的能力，即智慧、意志和情感。智慧的表现，是对于外界一切事物的认识；意志的表现，是决定一切行为的趋向；而情感的表现，是喜、怒、哀、乐、爱、恶、欲——所谓七情。但情之表现，如仅限于喜怒哀乐……则无他可言。而事实上，它要进一步表现于言语文字上的，这就是诗歌发生的过程。不过这种单纯抒情的诗歌，仅是原始形的。其特点是"矢口而出"，是"率直"，是"自然"，也就是所谓"天籁"，是以情感为整个的内容的。我们不妨以之为诗歌的第一阶段。

由诗歌的演进看，此第一阶段，显然的，并不是诗歌的止境。因为人对于情感的抒写表达，要抒写得好，表达得妙，同时就要把复杂的情感，尽量道出。于是诗歌便很自然地由简单变为复杂，由朴素变为华美，由质实变为空虚，由萌芽而蔚为大观了。不过无论如何，骨子里仍以情感为主，这可称为诗歌的第二阶段。第一阶段可称为无目的的，也可以说是平民型的；第二阶段则可称为有目的的（指广义的目的言），也可以说是文人型的。但同以情感为其生命。

以上所言，仅说明诗歌的生命是情感，尚未说明"情感如何才能成为诗歌的生命"。故下文即就此加以申说：

（一）情感与诗歌中的情感——情感人人有，但不一定人人都会作诗。此一事实，便证明了"情感"与"诗歌中的情感"是有相当距离的。本来人人有情，那是天赋的。人人有感，那是不得不然的。但此情要变成诗歌中的情感，却非经过一种过程不可。这个过程，便是思与想了。经过思想，才能使情感表现于诗歌。譬如项羽的《垓下歌》："力拔山兮气盖世，时不利兮骓不逝，骓不逝兮可奈何，虞兮虞兮奈若何！"本是民歌一类"矢口而出"，并没有有意的思索或修饰，但它所表现的，已不是单纯的情感了。虽然他率直地喊出几句，但他的心中是把过去的经验里的一切纷杂的事，久已思之而复思之，故能这样简括。他一生的苦乐，和他最后的遭遇，久已激荡他的思想，而诗中的情感，已是被思想锻炼过的了，所以情感要变成诗歌中的情感，是要借助于思想的。

（二）思与想——说到思想，便先要知道思与想的分别，思是思索，想是想象。综合分析，是思的工作。事物形象的回忆与推测，是想的工作。思的对象是抽象的，想的对象是具体的。二者在诗歌中都非常重要。例如苏东坡的《水调歌头》道："明月几时有？把酒问青天，不知天上宫阙，今夕是何年？"酒、明月、青天、宫阙等，是由回忆过去的经验中的形象而来，"不知天上宫阙，今夕是何年？"是根据已知的观念来推测未知的。但何以只想这几种呢？这因为对于别的并非不想，而是思把它净化了，思把它从纷繁的理想里整理起来了。所以人如果只有情感，至少不足以表现为好的诗，或者竟不能作诗。因之，思与想可说是诗歌的第二生命。

（三）诗歌中的情感与思想——思与想对于诗歌中的情感，有绝大的决定力。换句话说，在诗歌中情感是要受思想左右的。如乌孙公主歌（即悲愁歌）的"吾家嫁我兮天一方，远托异国兮乌孙王……愿为黄鹄兮归故乡！"及李陵歌的"老母已死，虽欲报恩将安归"，虽都是直抒式的，和项羽《垓下歌》相类，但思想已占了其中的相当地位。至如《诗经》里的"昔我往矣，杨柳依依，今我来思，雨雪霏霏"，则思想益多。它不直写光阴易逝，而只借杨柳雨雪代表时节；也并非有意写杨柳，只因它是回忆中最显著的印象。思想多，表现就较深了。又如南北朝乐府"驱羊入谷，白羊在前，老女不嫁，蹋地唤天"，思想少，意味也浅。而白居易的"惟向深宫望明月，东西四五百回圆"，情感和上首相类，但写得却非常深刻，这就是用思想多的缘故。李义山的"嫦娥应悔偷灵药，碧海青天夜夜心"，他本要写孤独的情感，但却想嫦娥虽在美丽的月宫，但每夜对着碧海青天，一定后悔不该去的，这是深了几层的写法。又如"刘郎已恨蓬莱山远，更隔蓬山一万重"，这是写隔离之情的，却以汉武恨蓬莱山之远做比，不仅如此，更进一层说比蓬莱还要远一万重，那么他的恨如何深呢？而这样意味深厚的诗，便是思想的力量，所以思索愈细密，想象愈丰富，其情愈能表达，其作品愈有价值。

（四）境界——现代人论诗歌，每以境界为第一。境界是什么呢？简单说就是情感、思索、想象的融合体。此三者同时并用，交互错综，然后形成一意境，表现于诗歌中，便是境界。昔人评诗常用"情景交融"四字，就字面说，是未免忽略了思想，这是不对的。凡好诗无不具有一种境界，如刘禹锡的"朱雀桥边野草花，乌衣巷口夕阳斜。旧时王谢堂前燕，飞入寻常百姓家"，文字表面没有一个悲哀腔调的字眼，但读了之后，便立刻使人有一种惆怅之感。不但令人如亲临朱雀桥看见斜阳、燕子，而且令人仿佛回到六朝以前，看见王谢的全盛。而且令人回忆到经验中的一切人世沧桑。这便是境界，而此境界即是情与思想的融合。

由上所述，可知诗歌的生命是"情感"、"思索"、"想象"的融合体。从另一方面说，就是有境界的诗，才是有生命的诗。所以只说"情感是诗歌的生命"，是不算完备的，仅可说大体不错而已。

诗歌的生命，即已确定了，以下便可以讨论"新旧诗的合一"。为方便起见，仍分三点来说：

（一）理论上的合一——根据前面所说"诗歌的生命，是情、思、想的融合——境界"，那么不论新旧诗歌，应该没有例外。所以就"生命"一点来说，诗歌是不分新旧的。不但不分新旧，而且连中西也是不分的。也就是说，不论任何诗歌，都要有情、思、想为它的灵魂，而一般所谓新旧诗的问题，不过是体裁和文字问题而已，亦即说新旧诗的问题，应该是形式问题。

有人说，旧诗是代表着旧时代思想的，新诗是代表新时代思想的。不知所谓新旧诗，不是指作者的历史背景而言，乃是指其体裁而言。如果指其历史背景，则新诗也同样不能代表新时代思想，因为时间是不停留的。如果指体裁而言，则新旧诗都是抒写情感的工具而已。工具只应问好不好，不应问新不新。而且在理论上说，新旧并不是绝对的，也可以说在理论上根本无所谓新旧（此为哲学问题，此处不多谈）。何况事实上凡诗都是随着时代而新的呢。

如就其所代表的思想说，则宋律不同于唐律，唐五古不同于魏晋五古，任何一时代，皆不同于其他时代。这不是有意如此。然就其所以能有生命，所以能流传于世来说，则是没有差异的（都以情、思、想为生命）。所以，除过体裁的不同外，新旧诗是没有内容上的分别的。

（二）形式的选择——因为新旧诗的形式既然不同，所以应该从形式方面加以讨论。为避免纠纷，我们不就本有的二种形式，或毁或誉（事实上二种都有可毁可誉之处），而仅就原则上来说。

诗体的形成，是依着作家们实际的需要的。诗体的存在，是为了作家们表达情感的。而由此两点，便可以确立诗歌形式的标准。就是说，凡是能使情感表达得充分、有力，而又经济的形式，就是我们所需要的好形式，当然不必问它的新和旧。

但如何才能达到上列——充分、有力、经济——三点呢？我认为首要注意的便是"实"，这是虚实问题（此实不是写实之实）。诗贵虚不贵实，即使是写实，也只能写事物的意象，所以诗里尽管用许多实字，而其力量全在虚处。往往用一二字便可以把意象表现得深刻而生动。如王维的"渡头余落日，墟里上孤烟"，"落日"、"墟里"、"孤烟"都是实物的意象，然其中着一"余"字、"上"字，而境界便活跃在眼前了。又如孟浩然的"气蒸云梦泽，波撼岳阳城"，用"蒸"字便立刻觉得洞庭湖的伟大，好像看见雾腾腾无边无岸的情况；用一"撼"字，立刻觉得波浪滔天的情况。前二句是静的境界，此二句是壮的境界。但它的妙处，都是能从虚中充分表现出来意象，既经济而又有力，所谓死板与灵活也就于此分别。假如死板板地写，将不知道要说多少话，还不见得能表现得那样真切！不过这里我要声明一点，就是我所引的例，只是引例而已，只是指出这类写法的需要，而非说律诗体裁最好，或其他体裁不好的问题。

其次所要注意的是"音节"。音节在语言文字的表达上有极大的效力，这是不可否认的事实。譬如一个人说话的音调和语气轻重，是很可以决定他所说的效力的。而诗歌尤其如此。在各种不同的音节之下，可以表达各种不同的情感，也可以发生不同的效力。我们虽无法规定某种情感必须要用某种音节的诗，而音节的重要，却是诗歌形式上所绝不可忽视的要件。我们试读刘禹锡的《竹枝词》："江草青青江水平，闻郎江上踏歌声。东边日出西边雨，道是无情却有情。"姑不问它的内容如何，单看它那清切的音调，读来已立刻感到轻松愉快了。

再次要注意的是"修辞"。本来修辞是任何文学作品所不可忽略的，其原因当然也是能增加文字的力量。但如何修辞才算好？像所谓"典雅"、"华丽"是不是就算好？根据我们的标准，是可以不问这些的，只要合于我们表现情感的条件，那便是好的，不论新词旧词，也不论俚语文言，只看它加于作品上的效力。像"西陆蝉声唱"的"西陆"二字，不但没有效力，而且使意思晦塞了。"桂华流瓦"，"流"字写境界本来极好，而"桂华"二字，却使词意大晦。至如"悠然望南山"的"望"字，当然不如"见"字；"僧推月下门"的"推"字，当然不如"敲"字，这关键全在有无效力。所以修辞能达到增加效力的，那便是好的形式中的应有的条件。

（三）打破新旧界限——凡所谓界限，都是一种成见。旧者不肯吸收新的，新者不肯接受旧的，因之便成了两个壁垒。但如果根据以上的理论，则可以不受新旧的限制。有人说，旧诗太为格律所拘束了，其实旧诗的格律，虽不是恰到好处，但至少它注意的，都是诗歌本身应注意者。有人说新诗太俚俗了，其实俚俗虽不是诗歌的必要条件，但在要充分表现的目的下，俚俗是当然不应避免的。又有人说：旧诗只能用旧词，新诗只能用新词。其实新诗无法避免旧词，旧诗正不妨多用新词，何况新旧词本无一定界限呢。所以如果打破了旧诗固定的格律，增加了新诗对音节等的注意，更扫除了世俗固执的分划，而专注意诗歌本身所当注意的事，则二者不自然地会合一起了吗？所以，我们应该认清了诗歌的共同的生命，根据最有效、最经济的基本条件，以平等的眼光，对各类诗歌加以深刻的研究，才能融合二者为一，才能有新的成就。

1948 年于昆明

关于古典文学作品的分析问题

——为山西高中文学教师暑期学习班讲

目前，中学的古典文学教学，大体上存在着这样几种现象：有的把作者介绍占了主要位置，或者把作者的事迹叙述，代替了作品分析；有的在训诂上钻牛角，弄得"支离破碎"，占去了很多时间，有的拿前人诗文评论上的说法，或近人论文中的论点代替自己对作品的钻研。谈到具体分析作品，大家都感觉到很困难。我现在所能谈的，也只是个人的一些体会而已。

首先我认为谈作品分析，必须从作品本身出发，就是从精读作品出发。

在这里我们有必要对作者进行了解，但了解作者的目的，正是为了更好地深入作品，所以对作者，必须抓他的主导思想、主要事迹，尤其要以他的思想、事迹和作品的关联为重点。比如我们谈司马迁，就应抓住他的思想中的叛逆性和他的不幸遭遇与作《史记》的态度，这样就容易理解他所以赞扬信陵君的"仁而下士"，是由于信陵君的作风，能为那些不得志的人们解决些问题，能使贤能而贫贱的士有可能有所施展，客观上帮助了"士"阶层。也可以理解他歌颂荆轲——失败了的英雄，就在于荆轲体现了人们对专制最高统治者的恨，而且对最高统治者进行了有力的打击。《信陵君传》、《荆轲传》(高中文学课本一册，第八课)的主要倾向，是和作者司马迁的思想密切联系着的。

在精读作品中间，我们当然要借助于注释；但借助只是借助，绝不能满足于旁征博引，停留于名物训诂，而放弃了对作品中的思想感情的体会和意义的贯通。

在精读作品中间，我们可以参考前人的旧说和近人的新论，但这只是借它来启发自己的思考。通过个人的思考后，我们当然可以采用某家的成说，但绝不是依赖别人，硬性搬用。我们如果对旧说存着一个"去古未远，必有所受"的看法，对近人又存在着权威崇拜，这就不可能充分地理解作品，就不可能做具体分析。即使搬用得不错，也不会解释得有肉有血、灵活生动，因为自己思想上没有成熟。

其次，在精读作品的基础上，进一步要肯定作品的中心：抒情的，抒的是什么情？叙事的，写的是什么事，中心问题是什么？主要纠纷何在？……

有些作品的中心，容易肯定，但有些作品却很难抓住。比如《诗经》中《黍离》一篇（高中文学课本一册，第一课）究竟说的是什么？各家说法不同。《诗序》说："彷徨不忍去，而作是诗也。"《文学》课本的注者，基本上采用此说。但细读全篇，却无论如何找不到"故宫禾黍"的痕迹；究竟哪里能看出"禾黍"是长在"故宫"的废墟上呢？诗人只说："彼黍离离，彼稷之苗"，这只是一个田野的景象，结合下边的"行迈"可以看出诗人是在田野里走，却无法连在"故宫"上。"行迈靡靡，中心摇摇"，也只知道他慢慢走，心里很难过，难过的是什么？可能他的出行——"行迈"是被逼的？具体事实仍然不知。"知我者谓我心忧，不知我者谓我何求！"这可以知道他所忧的，有不被人了解还被猜疑的因素。"悠悠苍天，此何人哉？"这可能是他被"暗箭"所伤，而发出"天哪！这是谁呀！"的呼声。因此我们可以判断这章诗所写只是一个被迫出行——受了打击的人的痛苦心情，而非什么"闵宗周"一类的说法。何况我们如果真认为《诗序》"近古，必有所受"，那么《韩诗》解这诗为尹吉甫的儿子伯封找寻他的哥哥伯奇不得所作,《鲁诗》解这诗为卫宣公的儿子寿,闵其兄伋之见害忧思而作等说,又作何解呢!

所以我们必须习惯于由字义、句义而理解章、篇;由篇、章大意,再考究字句。反复地、全面地进行思维,不断地分析、比较、综合,来抓住作品的主要内容、主要倾向、故事主干等等,来肯定其中心思想。

再次,在抓住作品中心的基础上,来考虑它的典型性、思想性问题。这一步就是把作品中的人物、思想、事件、问题放在作者当时的具体环境之中和作品所产生的具体条件下来考虑。看它的人物体现的是哪个阶级,看它的思想所代表的哪些人,看它所包括的事件和社会斗争有何联系,看它反映的问题,在社会生活中的性质……然后就它所反映的深度、广度来分析它的典型性、思想性。

比如,《论语·乘桴浮于海》一章(高中文学课本一册,第二课),我们就必须联系孔子一生的积极政治活动和他所遭受的无数的挫折与打击,以至在当时政治情况下一般学者可能走的三条路:爬上去做新贵;逃避了做隐士;欲救世而受排斥。孔子正代表着怀抱理想而积极救世的一类人。他们虽然在根本问题上是维护奴隶主统治者的统治的,但他的理想却多少注意或符合于人民利益,而抑制着统治者的奢侈、享乐、淫欲、淫威。因此他们受打击,受排斥。以致使像孔子那样积极的人,也竟然沉重地喊出"道不行,乘桴浮于海"了!这正是黑暗现实环境所促成的。而孔子的感喟,就会在无数志士的心中起着共鸣。而这章散文所写的典型人物的意义,也即在此。

又如《冯谖客孟尝君》(高中文学课本一册,第六课)基本上是写知遇之感。就人物来说冯谖是一个贫贱而有才能、有抱负的人物。他不轻易拿出自己的本领,他对有名的孟尝君要一试再试三试之后，才自报奋勇代为"收债"。他了解人民的痛苦，也能看出孟尝君这个贵族世家的危机，他勇敢决断的"焚券"，最后得到信任，大展其才。他的心情和"毛遂自荐"的心情是相同的，他是智能之士求自见的典型人物。而孟尝君则是有气量、有涵养、能用贤才的一个比较难得的贵族，冯谖的三次非分请求，他都答应了。但他已注意到这位客的特殊行动，所以说："客果有能也。"而且立刻道歉，他是早已估计到此客有能了。"焚券"虽出他意外，可是他仅于"不悦"，所以效果一见，立刻信任冯谖，相得无间了。没有他，冯谖一类的人可能挨饿；没有他那样的气量、涵养，冯谖一类人的才能也就无从施展。这两人的一段佳话，是战国时期"士"阶层争取参政斗争所表现的形态之一。两人都有一定的典型性。

再其次，要指出作品的艺术特点。艺术特点，必须以典型事物为中心；而任何有典型的事物，又必须通过艺术形象才能表现出来。所以谈艺术性，首先看它所创造的形象是否真实、具体、生动，"如闻其声，如见其人"；事件是否合情合理；问题是否有产生的必然，有与环境不可分割的联系。然后看他的技巧运用、组织结构是否能恰当地为作品中心服务；描写是否用在最需要加强的地方，增加了力量；语言是否能在最关键的地方发挥了好的效果等等。

比如《史记·刺客列传》里的几个人物，同样是刺客而各有他的鲜明的个性；同是凭三尺剑、匕首来解决问题，而荆轲却那样有修养。司马迁特别写荆轲"好读书击剑"、"沉深好书"，他受盖聂、鲁句践的斥辱，不做意气之争。但在燕市却饮酒高歌，"旁若无人"；闻田光荐己，不让；受太子丹"劫秦"重托，仅略辞即诺；取樊于期首级时那样有成算在心；在秦殿上秦舞阳色变，他又那样镇静，"顾笑舞阳"；刺秦王未得，"被八创"仍"倚柱而笑"；他担任了惊天动地的大事而始终从容不迫。他的精神面貌，通过司马迁的笔，活跃于纸上，真不愧为高度的艺术品。

在技巧上，像《陌上桑》（高中文学课本一册，第九课）写故事本身——即中间对话一节——所用篇幅不到全诗的三分之一，而突出地表现了"使君"的"以贵凌人"和罗敷对"使君"的轻蔑。在对话中夹着传话人"吏"，夹着吏眼中看出罗敷的年岁，同时还夹着作者的叙述，紧凑、精练，无以复加。而前边三分之一的篇幅，专写罗敷的美，后边三分之一的篇幅，专写罗敷丈夫的"殊"，结构也是很不平常的。

在描写上，像《孔雀东南飞》（高中文学课本一册，第九课）写兰芝被弃时在痛苦的时刻却"严妆"起来，在极愤恨的心情下，而谦和委婉地拜辞婆婆，深刻地刻画了兰芝个性的坚强和强烈的自尊心。又如写兰芝的泪，在严重的关头她没有泪——被弃时，被逼嫁时——她的泪只落在别小姑时，只落在母亲面前，正说明她在斗争中是横了心的。

《羽林郎》（高中文学课本一册，第九课）写胡姬尽力周旋"金吾子"："就我求清酒，丝绳提玉壶；就我求珍肴，金盘脍鲤鱼。"她明知对方不怀好意，因而在自己职业上便极力做得让他无法挑剔，这是斗争的准备，所以一当对方越过分界时，便立时"不惜红罗裂"，予以断然拒绝，而那四句描写，就使我们觉得非常深刻有力了。

总之，作品的艺术性，必须从作品内容出发，必须是围绕着作品中人物、故事中心的。绝不是什么笔调、花样一类东西，也不可以拿公式来套，或从一些词汇、字眼上来理解的。

最后对作品评价时，我认为应该是：根据典型性、思想性，来发掘它的社会意义；根据艺术感染力和创造特点，来肯定它的艺术成就。而好的作品，又必然是思想与艺术的统一。

我们分析作品的武器，当然是辩证唯物主义、历史唯物主义，当然是马列主义的文艺理论。但永远不能教条地来理解，教条地来应用——因为马列主义和任何教条主义是不相容的——必须贯彻在钻研与分析作品的全部过程中。至于教学上的灵活运用，尤其是要看具体作品的特点而不同了。

1956 年 7 月

略谈三晋文化的特色

晋，三晋，作为山西地区的代称，源自春秋战国。地处《禹贡》所划冀州之域，位于黄河之东，太行、恒山之西。四千多年前，传说中的尧、舜、禹的故都，都在这一地区的南部。《尚书·虞夏书》所存各篇，虽出于周代史官之手，把传说理想化了，但却不是毫无根据。中国原始公社和部族联盟的影子，借此可以考见其仿佛。尤其大禹以冀州为起点的历经十三年的治水活动，足迹所至，已达现在中国的大部地区。共同的灾难，共同的奋斗，使各部族之间联系加强了。而见于《禹贡》所记：九州的划分和其地理方位，土地、物产，名山走向，巨川流域，都有了最早的系统记录。《尧典》、《皋陶谟》等篇涉及当时的农、工、山林、鸟兽、刑法、礼、乐等各个方面，全有了专门的分工管理。特别是通过长期观测，确定了一年"三百有六旬有六日，以闰月定四时，成岁"的记载，成为我国三千年通用的"夏历"的基础。这是对华夏民族以至人类文明的重大贡献，其渊源所自，都是以晋南为基地。

这些资料，也许有夸大之处，但《尚书》经孔子手订后，成为几千年封建时代的经典；"唐虞之世"成为后世向往的圣世；"唐虞之治"成为后世君主不可企及的典范。其影响之大，无与伦比。去文求质，这一地区，称为华夏文化的摇篮，似不为过。

一

经过夏、商、周，到春秋战国，是中国从奴隶社会向封建社会转变的大动荡时期，生产的大发展，旧制度的破坏和新制度的滋生，战争频繁和邦国间的大兼并，政权的移易和阶级的升降，士阶层的兴起和百家争鸣的出现，形成了几支不同的文化。最主要的有邹鲁文化、燕齐文化和三晋文化。①鲁是周公的封国，得用天子礼乐，伯禽到鲁国后，"变其俗，革其礼"。难度大，所以成效慢，三年，才向朝廷汇报工作。不像太公封于齐那样，"简其君臣礼，从其俗为"（《史记·鲁世家》），五个月就治理完毕。所以鲁国是最能守周公之礼的，所藏周代的典籍也最丰富。后来孔子因之，孟子继之，遂创建了邹鲁文化，开创了儒家学派。太公的齐国，在施政上既然是"因其俗，简其礼"（《史记·齐世家》），而其俗与中原大不相同。它和燕国，都靠近大海，阴阳风雨晦明，变幻无常，民间多海外奇谈。邹衍因之，邹奭继之，形成了燕齐文化，开创了阴阳家学派。唐叔虞的晋国，地处诸戎之间，开始施政，就是"启以夏政，疆以戎索"（《史记·晋世家》），即用中夏政令来诱导，用戎狄的法纪来治理。这是从客观现实出发的决策。春秋之季，晋国先后吞并了同姓异姓二十几国。自文公起为诸侯盟主者百余年，成为当时最富强先进的大国。其主要一条，就是能因时改革它的法令。文公的"披卢（地名）之法"，是整顿"唐叔之所为法度，以经纬其民"，而"夷（地名）蒐之法"，却是赵宣子（盾）所制，范宣子（士匄）著为"刑书"，赵鞅、荀寅铸于"刑鼎"，而被孔子斥为"乱制"的（《左传·昭公二十九年》），显然已富有改革精神。其进步性，不仅由于公布法令而已，加之"骊姬之乱，诅（发誓）无畜君公子"（《左传·宣公二年》），从此晋国的公子们，再没有当政掌权的了，削弱了宗法制的"亲亲"原则。晋国的当权者，常能从贤能有功的大夫中选拔，比别的国家较为先进。郡县的出现，对世袭制是很大冲击，县在晋国出现较早，而且在边地设置了有更大权力的郡，为郡县制代替分封制，开了个头。这些进步的因素，形成了与邹鲁、燕齐不同的三晋文化，为后来法家的兴起，准备了条件。

二

韩、赵、魏三家分晋，成为"战国七雄"之三，习惯上统称为"三晋"。它们以故晋为基地向外扩张。其疆域所至，包括了今天山西的全部，河北、河南的大部，陕西的东边、北部和内蒙古的南部。所以它们常以"天下莫强"自诩。但是当时国与国间的形势，除燕国较弱外，东齐、西秦、南楚，都是吞并了十几、几十个小国的强国，它们之间，已不是过去的尊王争霸，而是图王争帝。三晋介于其间，在故晋文化的基础上，出现了为现实服务、以富国强兵为目标的法家学派。《汉书·艺文志》所载先秦法家六人，全属三晋。他们是：李悝，相魏文侯；商鞅，事魏相公叔痤，后入秦，相秦孝公；申不害，相韩昭侯；慎到，赵人，未仕；韩非，韩国的诸公子，为韩王使秦，被杀。另有赵人处子，无考。他们都有书传世（不一定是自著），虽多已亡失，但有佚文可考。只有韩非的《韩子》（今名《韩非子》）五十五篇，保存比较完整，基本上是他自著。

法家思想的特点，首先是：重变法。所谓法，不单纯是法律刑罚，而是包括一切国家制度在内的。所以商鞅变法，就是从变军制开始。商鞅首先提出"三代不同礼而王，五伯不同法而霸"，"治世不一道，便国不法古"的变法理论。韩非承之，更根据社会发展历史和不同时代的要求，进一步提出"世异则事异，事异则备变"（《五蠹》）、"法与时转则治，治与世宜则有功"（《心度》）的著名论点，以说明因时变法的绝对必要。其次是：行法治。商鞅说："失法任私，则乱。故立法明分而不以私害法，则治。"（《商君书·修权》）申不害说："圣君任法而不任治。"（《艺文类聚》引《申子》）慎到要求"官不私亲，法不遗爱"，反对"舍法而以身治"（《群书治要》三十七引《慎子》）。韩非认为"明主之国，令者最贵者也，法者最适者也。言无二贵，法不两适。故言行而不轨于法者，必禁"（《问辨》）。因为"立法令者，以废私也。法令行而私道废矣"（《诡使》），所以必须"刑过不避大臣，赏善不遗匹夫"（《有度》）。可见强调"法治"，是所有法家的共同观点。再其次是：严刑。商鞅认为："行刑，重其轻者，轻者不至，重者不来。是谓以刑去刑。"（《韩非子·内储》引）韩非非常赞赏"重刑"主张，他说："赏莫如厚而信"，"罚莫如重而必。"（《五蠹》）理由是"重刑者，重一奸之罪，而止境内之邪"，"厚赏者……报一人之功，而劝境内之众也"（《六反》）。后来李斯《上秦二世书》中说："商君之法，刑弃灰于道者。夫弃灰，薄罪也；而被刑，重罚也。""夫罪轻且督深，而况有重罪乎! 故民不敢犯也。"他们认为只有重刑，才可达到"以刑去刑"的目的。最后是："循名责实"。申不害说："为人君者，操契（文书）以责其名。名者，天地之网，圣人之符，张天地之网，用圣人之符，则万物之情无所逃之矣。"（《群书治要》卷三十六引《申子》）韩非说："术者，因任而授官，循名而责实，操杀生之柄，课群臣之能者也。此人主之所执也。法者，宪令著于官府，刑罚必于民心，赏存乎慎法，而罚加于奸令者也。此臣之所师也。君无术则弊于上，臣无法则乱于下。"（《定法》）这是说臣行法，而君用术来控制、检查、监督。也就是据文书上所载严格要求行动，这就是"循名责实"。法家创始人李悝《法经》的第六篇"具法"，专谈"名例"，到了《唐律》就称为"名例律"。"循名责实"，就是根据这种"名例"，要求严格执行。这是实行法治的基本方法和基本原则，也于此产生了"刑名之学"。

　　法家最反对空论，所以他们的言论，都是作为实行的理论根据的。他们的总目标都是富国强兵。李悝著《法经》，不仅行之当世，而且是秦、汉、晋、唐法律之所本。《史记》提到他的"尽地力之教"，《汉书·食货志》做了详细说明。结论是："行之魏国，国以富强。"商鞅变法"行之十年，秦民大悦。道不拾遗，山无盗贼，家给人足。民勇于公战，怯于私斗。乡邑大治"(《商君列传》)。"申不害相韩""终申子之身，国治兵强，无侵韩者"(《老庄申韩列传》)。慎到、韩非没有掌权，而李斯辅秦始，全国实行了韩非的学说，统一六国，建立了空前强大的秦帝国，这是法家的最大成功。然而法家理想的实现，要靠君主；而君主的好坏，法家却无能为力。因之他们所强调的"术"、"势"，只能导致专制独裁。像秦始皇，用法家的严刑重罚，把全国人民投入到无限的兵役力役中去，终致刑徒遍野，群起亡秦，变成了法家的最大失败。贾谊《过秦论》曾总结秦之所以败，说是"仁义不施"。其实何止仁义，按韩非、李斯的主张，是连文化教育、学术思想等一概都排斥的。

汉兴，"改秦之败"，曾用黄老之术"与民休息"。到汉武帝"罢黜百家，独尊儒术"，实际却是阳儒阴法。法与儒家合流，成为统治阶级统治思想的重要组成部分。而历代的政治家、改革家，也只在儒法之间畸轻畸重上选择，没有超出这一范围的。而作为学术思想，三晋法家对中国文化更是做出了巨大贡献，他们所提出的一些规律性的东西，至今仍有参考价值。对三晋地区的社会文化传统，也有不可磨灭之处。其影响于人民性格品质的，有遵法守纪、勤劳俭朴、重视现实、富于献身精神等好的一面；也有保守落后、迂谨迟钝、少想象少追求、缺乏开拓精神等坏的一面。尽管时与境迁，变化不少，但从民族气质来看，仍随时会隐隐地显露出来。

三

自秦汉建立了大一统的帝国后，三晋文化的发展，基本上与全国同步。其较为突出可得而言者，大致有二方面的内容：

其一是民族的融合。中国是多民族的国家，而汉族本身也是多民族的融合体。由于三晋地处华北，历代与北方强族为邻，因之在民族融合中，起着熔炉作用。历代的北方强族：周有猃狁，秦汉有匈奴，魏晋北朝有鲜卑、柔然，五代、宋有契丹、女真，最后有蒙古、满洲。他们多以游牧、狩猎为生，而以掳掠人口、牲畜、财物为生产手段之一，因而从荒漠的北地向富庶的南方进攻，乃其必然；而中原对他们的抵御以至讨伐，也是事有必至。南侵北伐，史不绝书，三晋首当其冲，长城就是见证。而总趋势却是各族先后南下，包括自愿内附和武力进占。这其间有几件事值得提出：一事，春秋末晋悼公采纳魏绛的"和戎"政策，把过去的用武力对付周围戎狄的办法变成和平共处，以民族平等思想，代替了民族歧视。这是民族关系史上了不起的创举。二事，战国后期，赵武灵王进行的"胡服骑射"，吸收胡人（当时指林胡、楼烦）的长处，改革自己的短处。从此中原各国都跟着以骑兵代替战车，提高了战斗力。"胡服"是为了便骑，但也改进了中原服制。这是公开向异民族学习的好例。三事，汉光武接受南匈奴投降，把他们八部四五万人安置在北地、朔方、五原、云中、定襄、雁门、代等郡。后四郡全在山西。南匈奴与汉人杂处，受免纳赋税的优待，进行农牧生产；也助汉守边，防北匈奴南下。出现了"边城晏闭，牛羊布野"的和平景象，开创了与降人和平共处的局面。四事，东汉末，南匈奴人口繁衍已达数十万。曹操进一步把他们迁入内地，分居于兹氏（汾阳）、祁县、蒲子（隰县）、新兴（忻县）、大陵（文水），而右贤王居平阳（临汾），加快了他们的汉化速度，促进了民族融合。同时北匈奴分裂，又有二十万人南来投汉，进入云中等四郡。五事，"五胡十六国"的混乱期间，首先是匈奴族刘渊，在左国城（离石）起兵建立汉国，其后定都平阳。其子刘聪、族侄刘曜灭晋，改称赵。接着羯（匈奴的一支）人石勒，据平阳建立后赵（后迁襄国）。石勒曾明令不许胡、汉互歧视。当时匈奴汉化程度很高，其下层生产生活已和汉人一致；其上层，像刘渊父子，不但早改汉姓，而且能读汉人经典，甚至能诗能赋，和汉士族无别。他们是五胡中最早取得中原政权的。六事，在"十六国"混战、最后由鲜卑族拓跋氏统一建立北魏的过程中，魏道武帝、太武帝、孝文帝，都曾大力推动了汉化工作，从姓氏、语言文字、国家制度以至风俗习惯，都进行了改革。道武帝灭北凉后，还曾把太行山以东各族杂夷三十六万、百工技巧十余万迁往平城（大同），以充实首都畿内（今雁北地区）。这种移民，当然给民族融合提供了便利。总的看来，尽管在长期混战中，各族劳动人民所遭受的屠戮、灾难极其严酷，但民族融合的影响，却也有好的一面。那就是：匈奴、鲜卑等族的贪残凶暴削弱了，文明文化提高了，从落后的奴隶制跨入较进步的封建时代。土著汉人原有的文明文化虽受到了摧残，但凝固的社会、安土重迁的保守意识，受到了极大冲击，民风民俗夹杂了胡风，特别是增加了强悍尚武精神。

其二是佛教的兴盛。佛教从东汉初传入中国后，到魏晋南北朝而大盛，三晋地区最为显著。"八王之乱"、"十六国之乱"，各族人民被屠杀的动辄数十万，被迫流亡、迁移的，也动辄数十万。他们在黑暗重压下，挣扎在苦难的深渊中，朝不保夕。而各族上层人物，也在争夺残杀中，少有宁日。这就为宗教流行打开了广阔的道路。统治者想靠宗教转祸为福，转危为安，并妄想长命富贵；劳动人民则想从宗教麻醉中，得到空幻的安慰。特别是"因果报应"一类宣传，把人生的安富尊荣、屈辱卑贱的原因，归之于前世；而把今天的向往又期之于来生。这就是佛教流行的社会基础。三晋地区，佛教首先盛行于北魏。这时有同年生的两个著名僧人，一个叫法显(334—420)，一个叫慧远(334—416)。法显是平阳（临汾）人，他是第一个去"西天"（印度）取经的人，比玄奘早二百六十年。他在佛徒中，聪明正直，品行端正，受到人们尊敬。他看到当时佛门严重的腐败现象，发愿到天竺去求戒律。他经西域到中亚，到中天竺，遍历印度各地；他苦学梵文，把许多印度口传的经典，都记录下来，再转译为汉文，对保存古代文化典籍功绩不小。他以六十五岁的高龄徒步西行，经三十多国，最后附商船由海上归来到山东登陆，前后十四年。七十九岁了，还不断译著。艰苦卓绝，令人钦敬。他的《佛国记》，记述了佛教历史和中印间的交通史料，千百年来为世界学术界所重视，曾被译为多国文字。只有玄奘的《大唐西域记》，可与比拟。慧远是雁门（代县）人，他是前秦时佛学大师道安的徒弟，曾从道安二十五年，后来被派往南方，住在庐山，集合一百多名名士和信徒，结"白莲社"，宣传佛教。因为他对儒家经典很有修养，尤其对老庄更喜爱，因之他把儒道佛结合在一起，使佛学在哲学上成为汉化的佛学，影响十分深远。同时他又宣传生死轮回，要人们通过念佛投生西方净土，成为净土宗的先导。法显、慧远，是弘扬佛法的大"功臣"。法显去世后五十六年，雁门又降生一位名僧昙鸾(476—542)，他对儒道经典，都曾潜心研习，曾到建业（南京）和梁武帝萧衍进行过辩论。归返北魏后，住汾州玄中寺（在今交城），著书布道，弘扬净土法门，被称为"净土宗"的开创者。他的再传弟子善导，离开玄中寺，到唐朝都城长安，在诸寺开讲。所著《观无量寿经疏》，传入日本，开创了日本净土宗。直到今天，日本僧人还以玄中寺为祖庭。北魏统治者对弘扬佛法，是不遗余力的。太武帝首先接待了后秦译经大师鸠摩罗什的徒弟惠始，来平城传教；接着在平灭了北凉后，把俘虏的僧徒三千人安置在平城，大大加强了佛教的势力；又在凉州僧人昙曜倡议下，开凿了云冈石窟（现在编号为第16窟到第20窟）。后来继续开凿，其中最大的一窟（第6窟）是孝文帝时所凿。经过北齐、隋、唐，建成石窟群，使云冈成为我国既早且大的佛教艺术宝库。全国著名的佛教四大名山之一的五台的佛教建筑，也开始于北魏。大孚灵鹫寺，即创于孝文帝时（一说是汉明帝时，证据不足）。经东魏、北齐，寺庙已达两百多所。到唐代曾增加到三百六十所，成为中外闻名的佛教圣地。其他始于魏齐的寺庙，在三晋地区，所在多有。专家统计：这一地区存在于地上的宋金以前的古建筑，占全国百分之七十以上，而佛教建筑约占其中百分之八十。三晋佛教盛况，可想而知。而佛教文化，普及到社会各个阶层，在学术上丰富了哲学思想；在群众中增加了宗教生活。有迷信的一面，也有劝善的一面。而伴随着佛教而兴起的佛教艺术，也给文化增添了光彩。

注释:

① 道家也代表着一支重要的文化，但地区性很小，此处省略了。